中国新闻传播学
自主知识体系建设工程

| 当代中国新闻理论研究 |

新闻事实论
（新修版）

News Facts

杨保军◎著

中国人民大学出版社

·北京·

本书系中国人民大学科学研究基金项目

"当代中国新闻理论研究"

（批准号：18XNLG06）成果

总　序

2022 年 4 月 25 日，习近平总书记来到中国人民大学考察调研时指出，加快构建中国特色哲学社会科学，归根结底是建构中国自主的知识体系。没有知识体系这个内涵，三大体系就如无本之木。习总书记的这一重要论述，为中国特色新闻传播学学科体系、学术体系、话语体系建设指明了方向。当前，面向新时代的使命任务、面向新媒体的变革、面向全球化背景下人类文明交往的新形势，新闻传播学科面临转型升级的迫切要求，需要在回答中国之问、世界之问、人民之问、时代之问中实现学科的系统性重组与结构性再造，新闻传播学的知识体系也需要以此来锚定坐标、厘清内涵外延。

中国人民大学新闻学院是中国共产党亲手创办的第一所高等新闻教育机构，是新闻传播学科"双一流"建设单位，主动布局和积极开展自主知识体系建设是我们应有的使命担当。为此，学院开展了"中国新闻传播学自主知识体系建设工程"重大攻关行动，组建了十六个科研创新团队，以有组织科研的形式开展专项工作，寄望以此产生一批重大基础性、原创性系列成果，这些成果将在中国人民大学出版社的支持下陆续出版。

中国新闻传播学自主知识体系建设，首先要解决这一体系的逻辑性问题。这需要回到学科发展的历史纵深处，从元问题出发，厘清基本逻辑。在过去的一百多年中，报纸、杂志、广播、电视、通讯社等风起云涌，推动了以大众传播为主体的职业新闻传播事业的迅猛发展。这种实践层面的动向也必然会反映到理论层面，催生和促进新闻传播学的发展。如果从1918年北京大学新闻学研究会成立算起，新闻学在中国的发展逾百年，传播学全面进入中国学界的视野已超过四十年，从1997年正式成为一级学科，新闻传播学在我国的发展则有二十多年。在长期的发展过程中，新闻传播学形成了以史、论、业务三大板块为支柱的知识图谱，并在各专门领域垂直深耕，形成了蔚为壮观的学科阵列。应该说，已有的发展为构建中国新闻传播学自主知识体系提供了良好的基础，但离自主知识体系的要求尚存在不小的差距。主要表现在：长期跑马圈地扩张而以添砖加瓦方式累积形成的知识碎片如何成为有逻辑的知识图谱？主要面向大众传播而形成的知识概念何以适应新媒体时代传媒业结构性变革的新要求？多源流汇聚、面向多学科开放而形成的知识框架如何彰显本学科的主体性？马克思主义新闻观作为"中国特色"的灵魂如何全面融通进入知识体系？这些问题的解决必须超越各种表层因素，从元问题出发并以其作为逻辑起点展开整个知识体系的构建。新闻传播学的一个重要特质就是关注"对话与沟通"及由此对"共识与秩序"的促成，进而推进人类文明和文化的理解与融合。在今天的社会语境下，对于新闻传播学的这一本质意义的认识是重建学科逻辑的关键。在当今的新兴技术革命中，新闻活动从职业语境走向社会化语境，立足于职业新闻活动的新闻学也必须实现根本性转换，将目光投向更广阔的人类传播实践，将新闻学建立在作为人之存在方式、与人之生活世界紧密相连的"新闻"基础之上，建立在新闻、人、事实和生活世界之间相互交错的深厚土壤中。

中国新闻传播学自主知识体系建设，必须要处理好中国特色与世界普遍意义的关系问题。中国的历史、中国的新闻传播实践赋予知识概念以特殊含义，如何将这种"中国特色"阐述清楚，是新闻传播学理论首先要解决的问题。"中国特色"强调对中国问题、中国历史传统和现实特征的观照，但这绝不是自我封闭的目光向内，而是要处理好中国经验与世界理论的关系。建构自主的知识体系应该是一个对话的过程。马克思主义基本原理同中国具体实际相结合、同中华优秀传统文化相结合的过程，是吸收、转化、融入的过程，从学术上讲，实际上是马克思主义与中国传统对话、与中国现实对话的过程。建构自主的知识体系应该关切、关怀人类共同的问题和命运，这就要以产出中国知识、提供全球方案、彰显世界意义为目的，在古今中西的十字路口展开对照和对话。换言之，我们构建自主的知识体系不是自说自话，而是要通过知识创新彰显中国贡献，使中国的新闻传播学屹立于世界学术之林，这是一个艰难而复杂的进程。如果以此为目标做战术层面进一步细分的话，自主知识体系的构建大体可以分为三个向度：

其一，能够与世界同行开展实质有效的深层对话。

这部分主要是指那些具有特别鲜明的中国特色、短期内难以达成共识的内容，比如中国新闻学，从概念到理论逻辑均与西方学术话语有着较大的差异和分歧。对于这部分内容，我们至少在短期内可以以能够开展实质有效的对话为目标，不一定能够达成共识，但至少应努力做到和而不同。这需要我们首先建立一套系统的、在学术上能够逻辑自洽的中国新闻学理论体系。作为中国新闻学的灵魂，马克思主义新闻观不能成为被表面尊崇实则割裂的"特区""飞地"，而应"脱虚向实"，真正贯穿本学科的知识图谱。这就需要将马列关于新闻传播的经典论述与中国共产党从其领导下的百年新闻事业中不断总结提炼的新闻理论相结合，与中国历史传统特别是优秀传统文化相结合。当前，特别要立足于马克思主义新闻观与新时代中国新闻传播事业，加强对习近平文化思想、习近平关于新闻舆论工作重要论述的系统性理论阐释，全面梳理互联网环境下新闻实践的基本理念、原则、方式方法，充实和完善新闻学的本体论、认识论、方法论，构建较为系统完整的知识地图。这既是中国新闻学理论链条的最新一环，也将实现理论创新的层级跨越。

其二，能够与世界同行开展实质有效的交流合作。

这部分主要是指那些与西方学术话语有相通之处、面临共同的问题和挑战的内容，比如一直面临着基础理论创新乏力的传播学，我们可以在实质有效的合作交流中共同发展，做出中国贡献，形成中国学派。要实现这一愿景，中国的传播学必须坚持问题导向，立足中国现实问题，开展基础理论研究和应用对策研究：一方面，扎根中国大地，形成具有中国特色、世界意义的原创性理论；另一方面，面向中国实践，形成一套有解释力的观念体系。从国家加强国际传播能力建设的重大使命任务出发，当前尤其要加强国际传播基础理论建设，尽快构建中国的国际传播理论体系，推动与国际同行的学术交流和对话，加强国际学术话语权。

其三，能够为世界同行做出实质有效的独特贡献。

这部分主要是指那些新兴领域或者中国具有独特资源的领域，我们与世界同行基本处于同一起跑线，甚至有些还有一定的先发可能，要把握历史主动、抓住难得的机遇期。当前中国社会正处于转型期，呈现出大量西方社会较少见到的现象，这给中国新闻传播学研究在理论建构上做出世界贡献提供了机会。同时，要利用好中国在新媒体方面的技术优势和实践优势，提早布局、快速产生重大成果，为未来传播的新时代实现中国新闻传播学科建设的"弯道超车"创造条件。比如，目前各种人工智能技术已被广泛运用到新闻领域乃至整个传媒产业，带来了智媒化发展的大趋向，我们需要通过跨学科的视野梳理智能传播的基本架构以及知识体系，并在此基础上深入探究智能传播中的焦点问题：智能化媒体应用趋势、规律与影响，人工智能时代的算法，智能环境中的人与人机关系等。

自主知识体系建设是新闻传播学科在新的历史阶段开展"双一流"建设的重要历史机遇。如果说第一轮"双一流"建设是在筑基与蓄力，那么从第二轮"双一流"建设开始，我们的重要任务就是真正开启面向全球场域、建设世界一流，全面提升学科的国际对话能力，实现从一般性国际交往到知识创造、从理论互动到以学科的力量介入全球行动、从场景型合作到平台构建的"转向和超越"。在走出建设中国特色、世界一流大学新路的过程中，自主知识体系建设将起到至关重要的赋能作用，通过知识创新实现中国经验与世界贡献的有机融通，为中国的新闻传播学科屹立于世界学术之林夯实基础。这当然不是一所学院所能胜任的事情，需要整个学科共同体的努力。2023 年 11 月 4 日，中国人民大学新闻学院联合国内四十多所兄弟高校新闻传播学院共同发起成立"中国新闻传播学自主知识体系联盟"并发布倡议，希望以学科的集体力量和智慧推进这一重大行动，我们有理由期待未来更多高质量相关成果的推出。

新时代给新闻传播学科的发展赋予了无限动能与想象空间，这是我们的幸运，也是我们的责任。我们坚信，中国新闻传播学自主知识体系构建要锚定的基点，在于"以中国为根本，以世界为面向"，要充分了解、辩证看待世界，在广泛吸收人类文明优秀成果的基础上，回到本学科、本领域事业发展的历史和现状，回到中国的历史和优秀文化传统，以中国问题、中国现实为观照来构建自主知识体系，为推动中国更好地走向世界服务，为构建人类命运共同体做出贡献。

是为序。

2023 年 11 月 16 日

于中国人民大学明德新闻楼

写在前面的话

"新闻十论"的来龙去脉

"新闻十论"就要集纳成十卷本出版了，这对我来说，是对过去 20 多年来新闻学研究的一个主要总结，估计也是最重要的总结了。至于我关于其他领域一些问题的思考和研究，还得等待另外的机会进行总结。

"新闻十论"就要以新的"完整"的面貌与读者见面了，不再是过去的零散样式，想象到那像模像样的十卷，不仅感到欣慰，内心还有点兴奋和激动。对于一个研究者或思想者来说，能给社会、他人的最大贡献莫过于自己的著述了。这自然也是作为研究者、思想者精神生命中最具意义的部分。

关于"新闻十论"写作的来龙去脉，没有多少生动鲜活的故事，也没有什么摇摆不定的曲折起伏，就像一个研究者或思想者的生活一样，四季流转、朴素平淡。但毕竟是 20 多年才做成的一件事，总得给读者交代一下大致的过程和相关的情况。

当初写第一论《新闻事实论》时，我只是个"大龄"的博士研究生。1998 年 9 月，我 36 岁，来到中国人民大学新闻学院跟随童兵教授读博士，面试时就大致确定攻读博士期间主要研究"新闻事实"问题。

2001 年 10 月，新华出版社出版了我的博士学位论文《新闻事实论》。写作《新闻事实论》时，没想着要写那么多论，但出版后，就有了新的写作计划，当时只是想写"新闻三论"，即除了《新闻事实论》之外，再写《新闻价值论》和《新闻自由论》两论。

我的导师童兵先生在给《新闻事实论》写的序言中，做出了这样一个判断："'三部曲'搞成了，是对中国新闻传播学基础研究的一个贡献。"这大大鼓舞了我的士气，也增强了我做基础研究的信心。

写"十论"的想法产生于 2001 年年底，当时《新闻事实论》已经出版，我开始着手写《新闻价值论》了。写作过程中，我产生了一个想法，那就是能否在全国范围内找一些年富力强的学者，就新闻基础理论问题做个系列研究，三五年内撰写出版一批专著，为新闻理论研究做一些铺垫性的工作，也可以从根本上回击"新闻无学"的喧嚣。我当时博士毕业留到中国人民大学新闻学院任教不到一年，没有这样的组织号召能力，于是就把自己的想法告诉了童兵先生，渴望童先生通过自己的影响力组建一个团队来做这件事情（童先生当时担任国务院学位委员会新闻传播学学科评议组组长）。童先生说他先联系一下看看如何。大概过了半年多，童先生从上海来北京（童先生 2001 年年底从中国人民大学新闻学院调往复旦大学新闻学院工作）开会，我去看望先生，谈及前说组建写作团队一事，先生说找过一些人，但大都"面露难色"，此事不好做，随后话锋一转对我说："你若情愿，就一个人慢慢做吧。"我也没敢答应，此事就此搁浅了。

契机出现于 2003 年。当年，我出版了《新闻价值论》，《新闻自由论》两三万字的写作大纲也基本完成，想着再用两三年时间，写完《新闻自由论》，"三部曲"就结束了，然后再做其他问题的研究。记得是 11 月前后，有一天晚上快 11 点了（具体日子已经记不清了），有人给我家里打来电话，我拿起电话刚想问是谁，对方不紧不慢，"笑眯眯"地说（那语调、声气让人完全可以想象出来）："祝贺你，保军，你这个小老鼠掉到大米缸里啦，你的论文《新闻事实论》入围全国百篇优秀博士学位论文啦！"电话是方汉奇先生打来的。听到这样的好消息我当然高兴。老人家又鼓励了我几句，我表达了深深的感谢，并告诉方先生我自己会继续努力，好好做学问。

获得全国百篇优秀博士学位论文奖不仅名声听起来不错，而且还是件比较实惠的事情，可以申报特别科研资助基金。我申报了"新闻理论基础系列专论"研究的课题，承诺写三部专著——《新闻本体论》《新闻真实论》《新闻道德论》。这一下子等于自己把自己给逼上梁山了。但也正是从此开始，我正式规划"新闻十论"的写作。

"十论"具体写哪"十论"，其间有过精心筹划，也有过犹豫、选择和调整，现在的"十论"，与最初的设想还是不完全一致的，比如，《新闻自由论》转换成了《新闻精神论》，当初想写的《新闻文化论》也最终变成了《新闻观念论》，而想写的《新闻媒介论》最终没有写。但说老实话，转换、调整的根本原因是《新闻自由论》和《新闻文化论》太难写了，自己的积淀、功力远远不足，只好选择自己相对有能力驾驭的题目，那些难啃的硬骨头留给"铜牙铁齿"的硬汉们吧。

如果从1999年《新闻事实论》的写作算起，到2019年《新闻规律论》画上句号为止，"新闻十论"整整用了20年时间。这个时间，说长不长，说短不短，但它用去了我整个的中年时代。回头望去，就如我在《新闻规律论》后记中说的，二十多年过去了，我由青年、中年开始进入老年，黑发变成了"二毛"、白发，但当年的愿望也由头脑中的想象一步一步变成了摆在面前的文本，思想变成了可触可摸的感性事实，说实话，也是相当欣慰的。做了一件自己想做的事，并且在自己的能力、水平范围内做完了、做成了，也算给自己有个交代了。

不过，不管是起初设想的"三部曲"，还是最终写成的"十论"，这些著作只是对既往劳动心血的奖赏，一经面世，便是过去时了，对自己其实也就不那么重要了。至于这些著作对学术研究的意义和价值，对相关社会实践的作用和影响，就不是我自己能够评判的事情，只能留给他人和历史。我想做的是眼下与未来的新事情，继续自己的观察分析、读书思考、写作出版，争取对新闻学研究做出一些新的贡献。当然，我也会抽出一些时间，整理自己其他方面积累的一些文字，并争取出版面世的机会。

"新闻十论"能以十卷本聚合在一起的方式与读者见面，必须感谢中国人民大学。2018 年 4 月，"新闻十论"以"当代中国新闻理论研究"课题方式，列入中国人民大学重大规划项目。有了项目资金的资助，出版也就可以变成现实了。

2019 年，"新闻十论"的最后一论《新闻规律论》由中国人民大学出版社出版后，我便着手整理过往出版的"九论"——其中，《新闻事实论》于 2001 年由新华出版社出版，随后的《新闻价值论》（2003）、《新闻真实论》（2006）、《新闻活动论》（2006）、《新闻精神论》（2007）、《新闻本体论》（2008）、《新闻道德论》（2010）皆由中国人民大学出版社出版，2014 年《新闻观念论》由复旦大学出版社出版，2016 年《新闻主体论》由人民日报出版社出版。这些专著，除了新近出版的《新闻规律论》《新闻主体论》和《新闻观念论》，其他在市场上已经见不到了。有些朋友曾向我"索要"其中的一些书，我手头也没有。

尽管"十论"的结构方式、写作风格是统一的，大部分著作的篇幅差别不是很大，但有几本之间还是有一定差异的，比如作为博士学位论文的《新闻事实论》只有 16 万字左右，而 2014 年出版的《新闻观念论》超出 70 万字，面对这种情况，或增或减都是不大合适的，保留历史原貌可能是最好的办法。因而，这次集纳出版时，我并没有为了薄厚统一"好看"去做什么再加工的事情。顺其自然，薄就薄点，厚就厚些。

根据出版社编辑建议，"新闻十论"集纳出版之际，我专门撰写了《中国新闻学基础理论研究》，从一定意义上说，这本书是"十论"的"总论"，也是对"新闻十论"的总结。为了方便读者的阅读，我把原来分散在各单行本著作中的"前言"或"导论"集纳在一起，构成了该书的第二编。需要说明的是，有几本当初没有写类似"前言"或"导论"的文字，或者是写得过于简单，比如《新闻价值论》《新闻真实论》，为了形成一个比较完整的结构，我特意为这几本书补写了相当于"导论"的文字。由于是补写，就不可能回到当初的写作状态，但我尽可能以原来的文本为根据，去呈现原来著作的内容，类似于内容介绍，而不是站在现在的角度展开阐释。每一本书的"导论"，如果原来有题目，我就保留原来的，如果没有，我便从原作中找一句代表性的话作为题目；同时，为了阅读方便，我也特意提炼了各部分的小标题。总的来说，一个大原则就是尽可能完整保留原作的面貌，不用"后见"改变"前见"。

"总论"《中国新闻学基础理论研究》与"十论"合在一起，总字数超出 400 万字。

"新闻十论"在过往十几年中，得到了新闻学界的普遍肯定。一些学者撰写了评价文章，给予不少溢美之词；有些专著被一些新闻传播学院列为研究生、博士生必读书目或参考书目。"十论"中的多半著作获得了不同类型、层级的奖项，比如，《新闻事实论》获得了全国百篇优秀博士学位论文奖，《新闻价值论》《新闻活动论》《新闻道德论》《新闻观念论》分别获得了第四届、第五届、第六届、第八届中国高校人文社会科学研究优秀成果奖三等奖、二等奖、三等奖、一等奖，《新闻观念论》还获得了第七届吴玉章人文社会科学优秀奖，《新闻规律论》获得了北京市第十六届哲学社会科学优秀成果奖二等奖，《新闻精神论》《新闻规律论》等也曾获得中国人民大学优秀科研成果奖。但这些著作到底价值几何，获奖并不能完全说明问题，还是要交给未来的时间去说话。

伴随"新闻十论"的出版，我还撰写了数量不少的研究论文，这些论文大都是围绕"十论"主题的后续研究成果，可以说是相关主题研究的不断扩展和深化。如果借着本次出版机会把这些论文作为附录编辑在相关著作后面一起出版，也许有利于读者更好地了解我的研究进展情况，但这将使"新闻十论"显得过于庞大或"膨胀"，同时也会给编辑工作带来更多的繁重劳动。出于这些考虑，我放弃了编辑"附录"的想法，等将来有了机会，我再专门编辑出版相关研究论文。但这里需要稍微多说几句的是，"新闻十论"中的每一本著作都有其历史性，这也决定了它们对相关主题的研究成果不可能完全反映当下的实际情况。尽管"新闻十论"专注于基础问题，所得出的研究结论具有一定的稳定性和长久性，但对日新月异的新闻领域来说，这些著作中的一些见解、观点、看法还是需要补充、调整和修正的，我们需要根据新的现象、新的事实、新的发展做出持续的探索。新闻研究的本体对象在持续变化，新闻认识论、价值论、方法论等当然也要跟着变化。

由于"新闻十论"的写作前前后后长达约20年，每一本书的写作，都有当时的时代背景、环境特点，都是当时自己认识水平、思想水平和学术水平、表达水平的产物。因而，本次集纳出版时，出于对历史的尊重，也是对自己的尊重，更重要的是对读者的尊重，基本保持了每本书当年出版时的文字原貌。但在这次集纳出版时，按照中国人民大学出版社最新出版编辑规范的要求，调整、订正了注释方式以及参考文献的排列方式，对发现了的写作上或编辑上的个别明显问题，当然都做了必要的修正。

还需要特别说明的是，尽管"新闻十论"的每一论都是围绕某一个核心问题（范畴、概念、观念）展开论述，但这些核心问题之间有着内在的关系，自然也会存在共同的或交叉性的问题。因而，在论述过程中，一些内容就难免必要的重复。在"十论"集纳出版时，如果把这样的文字删掉，可能会影响相关论述的完整性。因此，为了使每一论都能自成体系、保持完整，我保留了各本著作出版时的原貌。

"新闻十论"不是一次性规划的作品，而是在研究、写作中逐步构想、形成的一个具有内在统一性的系列。"十论"中的每一论都是对一个新闻理论基础概念、基本观念的成体系的研究，完全可以独立成篇。而它们组合在一起，就初步形成了对新闻理论基础概念、基本观念的系统化研究。可以说，"新闻十论"为整体的新闻理论体系构建做出了初步的但确实重要的铺垫工作。

正是因为"新闻十论"不是先做整体策划，之后逐步写作，而是写了几本后才有的规划，因而，"十论"之间并没有形成明晰的先后或历史逻辑关系。但现在要集纳在一起出版，为了方便读者阅读，我把作为"总论"的《中国新闻学基础理论研究》一并纳入考虑，主要依据内容构成特点，将"总论"与"十论"分成几个单元，并按照内容之间大致的逻辑关系做了个排序：

（1）《中国新闻学基础理论研究》（总论）

（2）《新闻活动论》

（3）《新闻主体论》，《新闻本体论》《新闻事实论》

（4）《新闻精神论》《新闻道德论》《新闻观念论》，《新闻真实论》《新闻价值论》

（5）《新闻规律论》

这五个单元之间的关系，图示如下：

这五个单元之间的关系，可以大致这样理解：第一，《中国新闻学基础理论研究》是"新闻十论"提纲挈领的总介绍，具有统领的也是"导论"性质的地位与作用。第二，《新闻活动论》是"新闻十论"逻辑上的一个总纲，设定了"新闻十论"的宏观范围或问题领域。第三，新闻活动是人的活动，是人与人之间以交流新闻信息为主、为基础的活动，因而，人与新闻的关系问题是新闻活动的总关系，也是新闻学的总问题，这样，《新闻活动论》大致就可分为《新闻主体论》与《新闻事实论》《新闻本体论》两个单元：《新闻主体论》重点讨论的是新闻活动中的"人"的问题

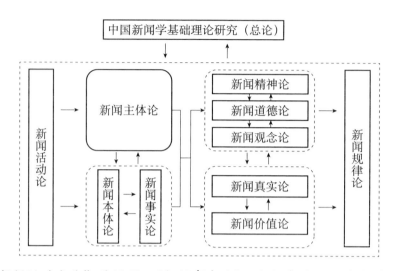

或"新闻活动主体"的问题；《新闻事实论》《新闻本体论》重点讨论的是"事实"问题、"新闻"问题，而"事实与新闻的关系问题"构成了新闻理论的基本问题。第四个单元可以看作第三单元的逻辑延伸：《新闻精神论》《新闻道德论》《新闻观念论》主要是关于"新闻活动主体""精神世界"的讨论，《新闻真实论》《新闻价值论》是在新闻认识论、新闻价值论视野中关于新闻与事实、新闻与主体价值关系的讨论。这两个小单元之间的关系，依然可以看作关于"人与新闻关系总问题"的进一步延伸。第五个单元是在规律层面上对新闻活动内在关系的揭示，也可以看作在前述各个单元基础上的总结。

需要再次说明的是，上面关于"新闻十论"逻辑关系的梳理，只是写作完成后对"十论"内在基本关系的一个反思性认识，并不是一开始的"顶层设计"。事实上，要建构比较完整的新闻基础理论研究大厦，不是这"十论"能够完成的，诸如关于新闻媒介、新闻语言（符号）、新闻技术、新闻制度、新闻文化等都需要以专论的方式展开系统深入的研究，这自然是一个长期的过程，也不是某一个人或几个人可以完成的任务，而是需要整个新闻学界展开持续的研究和探索。

致　谢

对于一个读书人、教书人、写书人来说，出版几本书是分内的事情，也是生命、生活过程的自然呈现，没有什么过多值得说的东西，但在自己的背后，却有许许多多要感谢的人，要感谢的单位，也有许许多多想说的事。这里不可能大篇幅展开叙说，但有些话还是要留下历史性文字的，一定要让它们成为美好的记忆。

读书、思考、研究、写作需要时间，需要安宁、清净，但自己有了时间，有了安宁、清净，有些人就得为你忙起来、跑起来。人们容易看到台前的人，很难看见幕后的人，但没有幕后人的辛劳，台前的人是表演不好的。

我从1998年读博开始，应该说正式步入了自己独立自主的思想探索、学术人生。经过几十年的慢慢前行，现在有一些被称作"成果"的文字放在那里。回头去看，这一路走来，在自己成长的道路上，需要感谢的人实在太多。我在已经出版的每一本著作的后记中，都有真真切切的记录，也一再表达了自己真诚的感谢，我愿在"新闻十论"出版之际，再次表达对他们的深深谢意。

感谢我的硕士生导师郭云鹏、赵馥洁、王陆元、伍步云诸位先生，是他们将我带进了学术的殿堂，让我初步懂得了学问的真谛、思想的珍贵，给我涂抹上了学术人生的底色。他们中有的已经驾鹤西去，但影响却深深留在了我的身上和心里。

感谢我的博士生导师童兵先生，是他指点我、引导我迈上了学术的台阶，开始了真正的攀登。如今他虽已年过八十，但依然与时俱进、笔耕不辍，活跃在中国新闻研究、新闻教育教学的前沿阵地，是我学习的榜样。感谢我的师母林涵教授，她敏锐智慧、性格耿直，无论在学术上还是在生活中都给我以特别的启示。导师和师母塑造了传奇式的"林中童话"，成为我们晚辈经常阅读、传说、交流的美好故事。

感谢我的博士后合作导师曹璐教授，她是那种充满母爱式的导师，温和宽容，不管是学术指导还是生活交流，总是一副慈祥的样子，让人感到放松和温暖。在跟从曹老师的学习过程中，我不仅得到了学术的滋养，也学到和体会到了一些如何与学生、与晚辈、与他人交往的真经。

感谢我的著作的出版者、编辑者，我的论文的审阅者、刊发者，是他们把我一步步扶上了学术的阶梯，帮助我不断向上攀爬，能够看到更高、更远的风景。感谢新华出版社的王纪林女士、中国人民大学出版社的司马兰女士、陈泽春女士、李学伟先生、王宏霞女士，复旦大学出版社的姜华先生，人民日报出版社的梁雪云女士，还有众多学术刊物的编辑们。他们中的一些人可能已经不在原出版单位工作了，但不管他们是退休了，还是另有高就，我都会一直记得他们，感谢他们。

感谢新闻传播学界的前辈学者刘建明教授、罗以澄教授、董广安教授、杨秀国教授、白贵教授……他们在我的学术道路上，以各种方式关注过我、帮助过我、提携过我，对我的学术工作、研究成果予以鼓励和肯定；感谢所有关心过我、帮助过我的同行朋友们，恕我不再一一列名。

感谢所有帮助过我、支持过我的朋友们。我要特别感谢樊九龄、朱达仁、李东升、栾肇东、党朝晖、郑瑜、杨武、李刚、刘吉发、任莉娟、贾玉峰……你们在我人生道路的一些关键节点上给予我不同方式的重要帮助，使我充满信心，克服了各种各样的困难，向着自己的目标前进。

感谢我所有的学生，包括我教过的中学生、本科生、研究生、博士生，是你们与我一起塑造、构建了我人生的主要场景，描绘了我人生的主要画面。与和你们一起成长相比，"新闻十论"不过是"副产品"，当然也是我与你们一起学习、共同进步的"正产品"。你们中的每个人，都以各自的方式在为社会服务的同时展开自己的生活、成就自己的人生，很多人都已成长为不同领域的佼佼者，这使我感到相当欣慰。你们中的一些人也常常与我联系、交谈，这使我获得了另一种特别美好的感受。

一个人的人生，不是一个人单独行走的过程，更不是独自默默绽开，而是所有相关者共同绘制、编织的结果。记得马克思说过这样的话，一个人的发展取决于和他直接或间接交往的其他一切人的发展。是的，我们是交往、交流中的存在，所有交往、交流中的人都是我们得以成长的不同助力者。在我们的人生道路上，会不断得到"贵人"相助，这是幸运的事、快乐的事、幸福的事。凡是以各种方式帮助过、支持过我的人，都会永远留在我美好的记忆之中，会成为我不时"念叨"的人……

感谢我的母校渭南师范学院（原来的渭南师专），我在那里读的是大专，学的是物理专业，但正是在那里，我阅读了大量的文学艺术作品和人文社会科学著作，奠定了后来成长的基础。

感谢我的母校西北政法大学（原来的西北政法学院），我在那里读的是硕士研究生，学的是哲学专业，方向是哲学认识论。正是在那里，我开始真正研读哲学史上、思想史上的一些经典著作，真正开始以学术的方式、独立自主的方式思考一些有意义、有价值的问题。

感谢我的母校中国人民大学，我在这里读的是博士研究生，学的是新闻学专业，专注于新闻基础理论研究，2001年毕业后留校任教。正是从步入中国人民大学新闻学院开始，我进入了新闻专业研究领域，开启了具有自身特点和风格的学术研究活动，并逐步形成了自己对研究领域比较系统成型的看法，"新闻十论"便是我在中国人民大学新闻学院20多年来学习、教学、科研工作成绩的重要组成部分。

感谢中国人民大学新闻学院的所有同事们，我们一起创造了一个学术环境宽松、人际关系和谐的学院，在这里我感到了难得的温暖和美好。20多年来，我得到了前辈老师们学术上的指点、扶持和提携，感谢甘惜分先生、方汉奇先生、郑兴东先生、何梓华先生……。20多年来，我在这里得到了更多老师在教学、科研、生活方面的关心和关照，感谢涂光晋老师、陈力丹老师、张征老师、倪宁老师、郭庆光老师、喻国明老师……。我还要特别感谢在我遇到特殊困难时安慰我帮助我的陈绚老师（她不幸英年早逝）、钟新老师、彭兰老师、赵永华老师、王润泽老师、赵云泽老师……

感谢我曾经工作过的陕西省耀县（今铜川市耀州区）柳林中学（它坐落在深山里，背靠大山，面临小河，如今它已不在了，变成了山中一座像模像样的宾馆），感谢我曾经工作过的西安市第六十六中学，感谢我曾经工作过的陕西日报社。在这些不同的地方、不同的工作岗位上，我能以不同的视野、不同的方式并在不同层次上经验中国社会、了解中国社会、理解中国社会。特别是在陕西日报社近八年的新闻工作中，我真正开始了解中国新闻、经验中国新闻、实践中国新闻、理解中国新闻，并初步思考和研究中国新闻。陕西日报社的工作经历，是我最终走上新闻研究之路的"动力源"。我看到的事实、我亲历的实践、我遇到的问题与困惑，促使我踏上了新闻研究的征程，从一个新闻一线的工作者转变成了一个新闻理论研究者。

在"新闻十论"出版之际，我要再次特别感谢我所在的中国人民大学，正是学校经费的支持，才使"新闻十论"以这样"风光"的形式与读者见面。在此，我要特意感谢中国人民大学科研处的侯新立老师，他不仅为"新闻十论"的出版协调各种关系，还对我如何安排"新闻十论"的结构提出了很好的建议。我要特别感谢我所在的新闻学院前任执行院长胡百精教授（现在为团中央书记处书记），现任院长周勇教授，主管科研工作的副院长王润泽教授。他们为了"新闻十论"的出版，专门与我商谈并在不同场合推介"新闻十论"以扩大它的影响，让我感到特别的欣慰。

我要特别感谢中国人民大学出版社，特别感谢人文分社，感谢人文分社的总编辑翟江虹女士，为了"新闻十论"的顺利出版，她上下左右协调各种关系，不辞劳苦、到处奔波，不厌其烦地回答我的各种问题，耐心细致地指导我如何按照相关规范修订、编辑书稿，组织编辑力量保证出版工作顺利进行。我要特别感谢"新闻十论"的责任编辑田淑香、李颜、汤慧芸、黄超、徐德霞、陈希。

我要特别感谢中国人民大学新闻学院十多位博士研究生，他们组成了一个工作团队，帮助我解决书稿编辑中的技术问题，他们是樊攀（他是这个博士生团队的组织者、协调者）、杜辉、王敏、刘泽溪、孙新、潘璐、张博、曾林浩、刘少白、余跃宏、李静、吴洁等，感谢他们帮助我调整、订正注释和参考文献的编排方式，感谢他们帮我查阅一些文献的新版表述，有些文献经斟酌还要保留旧版表述，这都是琐细繁杂、劳心费力又很费时的工作，要是没有他们的倾力相助，"新闻十论"的出版速度就会大大放慢。需要特别感谢的是我的博士生樊攀和刘泽溪两位，在校订书稿的过程中，他们随时都在帮助我解决遇到的各种技术问题。

"新闻十论"的出版，让我再次深切感受到一个学者的成长，一个研究者和思想者的学术成果的传播，绝不仅仅是一个学者、研究者、思想者自己可以单打独斗的事情，而是需要各种组织、机构的支持，需要个人的努力和别人的帮助。其实，所有的精神产品都不可能是某一个人独立的产品，而是一些组织、一些机构、一些人共同努力的结果。

最后，我要特别感谢自己的亲人们。感谢我的父母、岳父母，老人家们其实并不完全知道我整天为什么要读那么多书、要写那么多文字，但他们似乎都知道我在做"大事"。因而，每每与他们通话或见面时，总是要我做好自己的事，不要太挂念他们。天底下的父母，最爱的就是他们的孩子，孩子们好了，他们就觉得一切都好了。感谢我的兄弟姐妹，他们大都在父母身边或离得比较近，在赡养、关照父母的事情上付出了更多的辛劳。每次通电话，他们也总是让我放心，老人们有他们照顾。其实，我总感问心有愧，没有抽出更多的时间看望父母、陪伴父母。

对于她来说，"感谢"一词就过于轻淡了，即使给前面加上各种各样的修饰词，也增加不了任何分量。语言的能量其实太有限了，只能表达能表达的，却表达不了不能表达的，而那些不能表达的、难以表达的，才往往是最深沉的东西。

我从学物理转到学哲学，从学哲学转到学法律，再转到学新闻，这一转再转，需要读书，需要思考，需要时间，需要安静……我从这个学校的中学老师转成那个学校的中学老师，又从中学老师转成研究生，又从研究生转成新闻工作者，又从新闻工作者转成博士研究生，又从博士研究生转成大学教师，这一转再转，越来越需要时间，越来越需要读书、思考、写作，越来越需要更多比较安静的时间……

给我时间的，让我安心的，有许多人，但所有的其他人，都不能胜过她，所有的其他人，都不能代替她，因为所有的其他人，都不是她。她是唯一的。她就是那个平凡得不能再平凡、朴素得不能再朴素的人——我的爱人——成茹。不需要说她为我、为父母、为孩子、为兄弟姐妹、为亲朋好友、为我的老师、为我的学生做了什么，因为太多、太琐细、太婆婆妈妈，我说不完，更说不过来，但所有这一切却是我行走的背景，而没有背景又哪来的前景呢？谢谢你，成茹，辛苦了！

杨保军

2023 年 10 月 9 日

于北京世纪城

目　录

第三部分　作为说话手段的新闻事实
——对新闻事实的功能探索

前　言

演化新闻传播理论的"基因"

一

　　翻阅国内已有的四五十部（本）理论新闻（传播）学著作，几乎都有关于"新闻事实"或多或少、或深或浅的论述，因为这是任何一种新闻传播理论都绕不过去的基本问题；浏览数以百计的新闻实务著作，更会发现时时处处都显现着"新闻事实"的踪影，因为新闻传播实践就是与新闻事实"打交道"的工作；回望一下不同时期关于新闻基本理论问题的争鸣与探讨，不管是新闻的本质问题，还是新闻传播规律问题，抑或是新闻的诸多特征问题，又有哪个能避开或超越对"新闻事实"的讨论呢？显然，新闻事实，是个永远也"冷"不下来的论题，说不完的论题。但也正因为如此，选择"新闻事实"来作研究对象，似乎多少有点"陈旧"的感觉，没有"填补空白"或"开创新天"的诱人魅力。然而，对我来说，几乎是一踏进中国人民大学的校门，就决定选择这一论题，并且雄心勃勃，期望"推陈出新"。经过几年的学习和思考，尽管对当初的"期望"有了更加理性的审视，但那股"意气"始终未消，一直贯注在我的探索与研究之中，终于促成了放在眼前的这部《新闻事实论》。

二

新闻事实这一范畴，在整个新闻传播理论体系中的地位，犹如存在论中的"存在"、价值论里的"价值"、经济学中的"商品"、美学里的"美"，不仅是建构新闻传播理论的逻辑起点，也是演化新闻传播理论的"基因"，更是新闻传播实践的"核心"。也正如人们一直在寻问"存在"是什么、"美"是什么等（但不同时代人们的寻问方式不同、重点不同，甚至以否定这些问题本身的意义而"纠缠"其中），对于新闻事实，同样会随着时代的变迁、研究的深入，出现新的思考、新的认识。何况，与哲学、经济学、美学等相较，"无论中外，新闻学的研究及其理论水平的提升，一直较为落后与迟缓"①。一些基本的学术范畴、理论问题，还远未得到应有的广泛而深入的探讨，"新闻事实"便是其中之一。

新闻事实是具有新闻性的客观事实，表征新闻事实的是它所发送出来的信息。"客观存在的新闻事实是新闻信息所依附并赖以生发出的物质原体……新闻传播的信息来源于新闻事实，没有事实就没有新闻"②，即新闻信息在本源上总是依存于新闻事实。其实，对物质的依存性是所有信息的基本特性之一，"信息不能是某种超越物质的东西，它归根结底还是一种物质的属性"③。"任何信息总是产生、传达在事实之后……从本质上说，（信息）是附丽于事实的，离开了事实，信息就失去了意义。"④ 因此，没有新闻事实，就无从谈起新闻信息。这也正是我把新闻事实看作理论新闻传播学逻辑起点的主要根据。

但是，新闻传播、报道的是表征新闻事实的信息。新闻信息可以与产生它的新闻事实分离开来（可与所表征的客体分离是信息的突出特征），通过传播者这一独特的中介"落脚"于传媒介质。而新闻事实"一旦被发现、转述、

---

① 童兵．中西新闻比较论纲［M］．北京：新华出版社，1999：3．
② 李元授．新闻信息概论［M］．武汉：武汉大学出版社，1994：25．
③ 苗东升．系统科学辩证法［M］．济南：山东教育出版社，1998：64．
④ 张国良．传播学原理［M］．上海：复旦大学出版社，1995：85．

传播，就不再是事实本身，而是传播者对事实的反映，成为客观事物的某种信息形态了"①，传播媒介负载的就是信息形态的新闻事实，受众解读、接受的也是信息形态的新闻事实。从客观存在的新闻事实到信息形态新闻事实的符号化建构、传播，再到对符号化新闻事实文本的解读、接受，构成了新闻传播的现实逻辑。"新闻事实论"也基本上是循着这一逻辑而展开的，在某种意义上说，亦可看作是从一个向度上构建的新闻传播理论。

三

面对这样一个理论色彩较为浓厚、实践关联也不轻淡的题目，我把目标设定在以下两点上：

一是建立比较系统的新闻事实论，有意追求论述内容上的全面性、结构上的系统性和逻辑上的严整性。在对新闻事实进行静态解剖分析的基础上，重在从理论视角上观照新闻事实在整个新闻传播过程中形态的演化，并探究其在各方面所呈现出的功能作用。力求为创建新闻理论传播体系做一些"地基"性工作，提供一条可以参照的思路。

二是努力在传统研究的论域内提出一些富有启发性的看法或观点，并进而扩大或开拓新的问题域。具体的表现就是，在每一章中至少"点燃"一个或强或弱的"亮点"。比如第一章中关于新闻性内涵的"四态"说；第二章的新闻事实结构分析与类型研究；第三章中关于确立新闻事实逻辑前设的概括，对个体事实信息资源的开发原则和方法的说明；第四章对再现新闻事实原则的重新厘定、对不同媒介符号间"互译"的阐释；第五章关于新闻文本的特征与解读、接受样式的概括；第六章关于倾向信息的"理性与非理性"讨论；第七章对新闻真实性的哲学考量；第八章对新闻事实在创造媒介世界中的主导作用等。我期望这些或强或弱的"亮点"，能够连成一条"亮线"，闪烁贯穿于整个论文的始终，能够对读者形成一定的刺激和吸引，能够抛砖引玉……

① 王中义. 记者传播模式论［M］. 北京：新华出版社，1996：17.

四

本文没有采用"三段论"式的方式——历史考察，现实如何，应该怎样——构建这一论题，而是将关于论题的既有成果作为背景语言，将新闻事实在新闻传播中的形态演化作为认知和反思的对象，并根据各部分、各章节在整个论文中的重要程度，使用了不同的文字篇幅（总体上是两头轻、中间重），设计了在我目前看来较易驾驭也较为合理的框架。只是为了方便，才将新闻事实在新闻传播中显现的功能作用单列一部分进行集中论述。已有的成果被我"散漫"地运用于论文的各处，现实的逻辑则是我反思、叙述的主线。

本文思考问题的方式大多是思辨的，致思的学术取向在于提出定性的原则和看法。由于定性原则和看法在内容和形式上更具普遍性，因而其出现偏误的可能性也会增多不少，人们提出不同观点的可能性也会更多一些，自然争论也会多一些。但本文并未因此而缩手缩脚，而是既大胆又小心地将自己的想法端拿出来，让大家"过目"，期望听到直率的批评和高明的指点。在具体考察相关的问题时，更注重于"怎么说"，以求提供新的视角。适度利用了系统科学、传播学、语言学、符号学、解释学等学科的一些成果和方法，努力在多维视野中分析新闻事实在传播过程中的形态演变。

思考的方法与致思的取向，促使我割去了近乎所有"枝枝蔓蔓"的实例，好处是论文篇幅不那么虚张声势，读者也尽可以"添枝加叶"，举一反三；短处是论文显得骨硬肉瘦，可能降低了阅读的趣味。

在叙述语言上，力求保持理论新闻传播学应有的独立性、自主性和规范性，未取当下流行的那种"散文化"的潇洒和"食他不化"的玄虚。

我总以为，做人做事做文章，总是"规规矩矩"在先，"自由自在"在后。

第一部分 作为客观事实的新闻事实
——对新闻事实的静态分析

　　作为必要的铺垫，这一部分将首先对"事实"进行一般的考察，重点说明事实的含义和特征，并对与事实相关的一些概念，如事物、实事、事情等，在比较之中做出简明扼要的分析和说明。

　　本部分的核心在于阐释论证新闻事实的内在规定性。我们将主要从哲学认识论的主-客体相关原理出发，从传受主体与新闻事实的多重关系出发，对新闻事实的存在方式、表现形式、信息个性、价值特征等做出新的阐述，提出姑且称之为"四态"说的一种假说。从而比较全面、深刻地揭示出新闻事实的本质规定性。

作为对新闻事实进一步的深层次把握，在本部分的第二章中，将从要素构成、事项构成和软硬成分构成三个视角，解剖新闻事实的结构；将依新闻事实的客观属性和主（传受者）客（新闻事实）体关系两条原则，对新闻事实的类型从理论角度进行较为细致的研究，并力求以画龙点睛的方式，指出每种类型划分的实践意义。

第一章　新闻事实是特殊事实

理性地说，事实是不依赖于所有我们正确的和错误的观点而中立地存在的。

——李普曼

主要特征是一种属性，所有别的属性或至少是许多别的属性，都是根据一定的关系从主要特征中引申出来的。

——丹纳

世界是由种种事实组成的：严格地说，事实是不能定义的。

——罗素

事实世界是由各种各样具体的事实构成的。不同事实既有共同性，又有各自的特殊性，如此，它们才都被称为事实，又互相区别开来，被称为名目相异的事实。当以新闻眼光观照事实世界时，其中具有新闻性的那部分事实便被称作新闻事实。因此，新闻事实既是客观存在的事实，又是具有新闻性的特殊事实。为了深入分析新闻事实的内在规定性，很有必要对一般事实首先进行一些考察。

一、事实的一般考察

"事实是生活中用得最多的概念，同时也是最模糊、最不确定的概念"①，存在着与事实概念意义相近、相关而又相别的一系列概念，比如，事物、事、物、实事、事情等等。即使在理论研究中，事实概念的运用也是极其多义、广泛的。这里，主要从哲学层面上简要讨论事实概念的基本含义以及事实的基本特征。

（一）事实概念

什么是事实？金岳霖先生在他的《知识论》中说，要回答这个问题，"似乎不是一件容易的事"②。罗素在他为维特根斯坦的《逻辑哲学论》一著所写的导论中说："世界是由种种事实组成的：严格地说，事实是不能定义的。"③ 然而，两位哲学家又都给"事实"下过定义，做出过甚至不止一种的界定。这既说明"事实"研究的难度，同时也说明事实是可以把握的。在具体论述"事实"问题时，哲学家们的看法不尽一致，总括起来，主要有以下几种典型观点。

1. 经验事实观

经验事实论者认为，"所谓事实就是经验事实"④。事物不是事实，事物是客观存在的"东西"，只能用概念或语词来表达，而事实是关于事物实际情况的断定，是知识的一种形式。"事实是人们对事物的某种实际情况所做出的判断而被陈述出来的，它是认识的主体——人所获得的一种认识，也就是人所把握的一种知识形式"⑤，这是"事实"一词的"本意所在"。用金岳霖先生的话说："事实是（被意念）接受了的或安排了的所与。"⑥ "事实与我们发生知觉的关系"，"没有知觉成分的情形我们既不能

---

① 艾丰 . 新闻写作方法论 [M]. 北京：人民日报出版社，1994：75.
② 金岳霖 . 知识论 [M]. 北京：商务印书馆，1983：748.
③ 维特根斯坦 . 逻辑哲学论 [M]. 郭英，译 . 北京：商务印书馆，1962：12.
④ 彭漪涟 . 事实论 [M]. 上海：上海社会科学院出版社，1996：6.
⑤ 同④2.
⑥ 同②738.

说它是事实，我们当然也不能把它当作事实看待"①。

经验事实论者认为，事物的实际情况是事实的内容，知觉、感觉、判断是事实的形式，即事实的内容是客观的，形式是主观的。"经验事实作为人所认知、经验的事实，是人们以概念、判断所把握的事实，经验事实就其内容而言是客观的，其客观规定性是不因人的认识如何而可随意改变的。"②

在经验事实论者看来，理论原理、正确的认识以及对事实的解释都不是事实。"事实是能直接或间接观察到的"，"同客观事物有直接的同一性"，而"一切理论原理都不是事物个别的、表面现象的反映，而是事物的普遍联系和本质的反映……因而是不能为人所直接感知的"③。显然，在经验论者看来，事实总是特殊的，不存在普遍的事实。普遍的事实，只不过是说某一相同事实的多次重复，而不是说某一事实本身是普遍的。

经验事实论最突出的特征是不承认离开感觉、知觉的所谓纯客观事实的存在，不承认本体论意义上"自在事实"的存在。经验论者认为客观存在和发生的事物、现象和过程本身不是事实，主体对事物实际情况无所断定的时候，根本就谈不上事实不事实的问题。"孤立于人的认识之外的客观事物，没进入人的认识领域，那只是纯粹的'自在之物'，不可能成为认识主体所把握的事实。"④ 一切事实都必然是主观与客观、感性与理性的统一与结合。

2. 多元事实观

多元事实论者认为，"事实"世界是由多种事实构成的，不只是像经

---

① 金岳霖学术基金会学术委员会 . 金岳霖文集：第一卷［M］. 兰州：甘肃人民出版社，1995：507.

② 秦志希 . 论新闻事实的确立与意见的生成［J］. 新闻大学，1997（3）：15 - 20.

③ 彭漪涟 . 事实论［M］. 上海：上海社会科学院出版社，1996：3.

④ 同③4.

验事实论者所说的那样，除了经验事实外，再无任何别的事实。比如，苏联著名哲学家柯普宁就将事实含义概括为三点：第一，现象、事物和事件本身被称为事实；第二，人对事物及其特性的感觉和知觉也被认为是事实；第三，事实也指我们想用它们来论证或反驳某种东西的不容置疑的理论原理。① 我国也有学者撰文认为有四种不同类型的事实：一是自在事实——是客观自在事物的现象、过程和规律；二是客观事实——是被人类的实践活动影响过的客观事物的现象和过程；三是经验事实——是人们在社会实践中观察得到的事物外部特征和外部联系的知识，是关于客观世界的现象方面的知识；四是理论事实——是人们通过思维所把握的客观世界的内在联系或本质。② 我国已故著名哲学家冯契先生主编的《哲学大辞典》"事实"条目下写道："作为认识论范畴通常是指已被正确认识到的客观事物、事件、现象、关系、属性、本质及规律性的总称。"③ 其中既包括了经验事实，也包含了理论事实。如果把以上这几种观点整合在一起，那事实简直与存在范畴成了近乎同等意义的概念，涵盖了物质世界与精神世界的所有存在。

3. 辩证事实观

实践唯物主义在辩证处理本体论和认识论关系的前提下④认为，事实就是事物的真实情况，即经验事实论者所说的经验对象才是事实，它是经验事实的来源，经验事实不过是对它的反映。我们不能因为只有通过知觉、感觉才能判断发现事实、知道事实、陈述事实，就说那些事实是由于

---

① 柯普宁. 科学的认识论基础和逻辑基础 [M]. 王天厚，彭漪涟，等译. 上海：华东师范大学出版社，1989：204.

② 徐天芬. 自然辩证法教学疑难问题探讨 [M]. 上海：华东师范大学出版社，1987：269-270.

③ 冯契. 哲学大辞典 [M]. 上海：上海辞书出版社，1992：958.

④ 本体论的断定依赖于认识的结果，而认识的结果恰好证明本体论断定的真实，其中超越思维逻辑的乃是马克思主义哲学所理解的实践。

我们的经验才存在的，我们也不能因为现实的认识活动是主客两极共同构成的，就否认作为对象存在的事实具有外在性和先在性，否认本体论断定的意义和价值。如果根本就不存在客观事实，人们能经验事实吗？因此，"事实在指客观事实时，它是一种客观存在，一种物质现象……而经验事实是一种认识，一种判断，是对客观事实的认识和理解，属于观念范畴的东西"①。所以从哲学本质层面上说，事实只有一种，就是客观事实，它不以任何人的意志为转移，自在地存在着，它为人们进行一切认识活动提供了基本前提，为一切认识活动创设了无限的、潜在的对象世界。

在辩证事实观看来，经验事实论的缺陷在于抛弃了"本体论"意义上的客观事实。但事实上，它是抛不开的，它所说的"事物的实际情况"不是客观事实又是什么？把事实范畴限制在认识论范围内，不承认与"经验事实"相对应的自在的客观事实的存在，实质上是不彻底的唯物主义的表现。多元事实论则泛化了事实概念，将其近乎等同于存在范畴，并且将事实与对事实的反映并列起来，都称为事实，模糊了它们之间的本质区别，也是不恰当的。辩证事实观认为，不存在所谓的"理论事实"，理论就是理论，事实就是事实，理论即使是真理，它也是观念性的存在，而非物质性的现象。当然，也应该尊重人们在概念运用中的一些习惯，但在运用这些概念时，我们应该懂得其本质的含义。

对事实作了上述理解后，我们对与其相近的一些概念作一些必要的说明。事实是事物的真实情况。那么，"事实"与"事物"是什么关系呢？按照习惯的理解，人们把"事物"等同于"东西"一词，即等同于一个个具体的"物"。如果如此理解"事物"，事实和它是不一样的。事实是指事物的实际变动、出现、发生和发展过程的各种情况，而不只是单独的"事

①　姚福申.事实是客观存在还是经验陈述 [J].新闻大学，1998（1）：93.

物"，事物是发生这些实际情况的主体。罗素就曾在《我们关于外间世界的知识》一书中写道，"当我谈到一个'事实'时，我不是指世界上的一个简单的事物，而是指某事物有某种性质或某些事物有某种关系"①。看得出，谈论事实是不能离开事物的，同样，客观世界中的任何事物都有多姿多彩的变动情况，不变动的事物是不存在的，正是从这一意义上，人们也把指"物"或"东西"意义上的"事物"也说成是事实。我们目前看到的关于事实的有些定义，就将"东西"意义上的"事物"包括在内，比如，"所谓事实，就是一种客观存在的事物或事件"②，"现象、事物和事件本身被称作事实，也就是把客观实在的现象、事件、事物本身称作事实……叫做'本体论'意义上的事实"③。同样是罗素，他关于事实的另一定义，就将"东西"意义上的事物包容进去了，"事实这个名词照我给它的意义来讲只能用实指的方式来下定义。世界上每一件事物我都把它叫做一件'事实'。太阳是一件事实；凯撒渡过鲁比康河是一件事实，如果我牙痛，我的牙痛也是一件事实……"④。有些定义虽然也将"东西"意义上的"事物"包括在内，但更注重将事实落脚于事物的变动情况，比如，"事实，是自然和社会的一切存在事物实体，属于物质范畴，它本身有发生、发展过程。"⑤"事实是发生于世界各个角落的最新发展，它是一个客观存在物。"⑥"事实是客观事物已经发生过的相对独立的完整的过程。"⑦"事实是已经发生或存在过的情况，它是一个客观存在物。"⑧"事

① 罗素. 我们关于外间世界的知识 [M]. 陈启伟，译. 上海：上海译文出版社，1990：39.
② 刘九洲. 新闻学范畴引论 [M]. 武汉：华中师范大学出版社，1995：22.
③ 刘大椿. 科学哲学 [M]. 北京：人民出版社，1998：55-56.
④ 彭漪涟. 事实论 [M]. 上海：上海社会科学院出版社，1996：101.
⑤ 徐培汀. 新闻与事实 [J]. 新闻大学，1985（9）：21.
⑥ 甘惜分. 新闻学大辞典 [M]. 郑州：河南人民出版社，1993：1.
⑦ 艾丰. 新闻采访方法论 [M]. 北京：人民日报出版社，1989：78.
⑧ 黄旦. 新闻传播学 [M]. 杭州：杭州大学出版社，1997：140.

实是一种能够被人们直接感知的客观实在，它是客观事物在相互联系及其矛盾发展中的产物，有一定的内部结构和运动变化的形态，表现为一些可以证实的现象、过程和结果。"[①] "事实就是实实在在发生和确实存在过的情况。"[②] 除了对"事物"的上述习惯理解之外，也有人将事物一分为二，即"事物＝事实＋物"。这样，事实不过是事物中的一个部分，当然不能与"物"等同了。

事实与"实事"也是既有联系又有区别的概念。什么是"实事"？毛泽东有过经典的论述，他在解释"实事求是"时说，"实事"就是客观存在着的一切事物。可见，这个"事物"，既包括"事"，也包括"物"，是事与物构成的统一的客观存在。这样，事实与实事的联系与区别，也就可以归结为上述事实与事物的区别与联系了。

还应注意的是，"事"与"事实"也是虽有联系但并不相同的两个概念，事实就无须多言了。"事"意指"人事"，即"指人们变革自然和社会的各种活动"，它是与"指独立于人的意识而存在的物质客体"的"物"相对应的概念[③]，在这一意义上，可以说客观世界是一切"事"与"物"的总和。

至于事实与事情是大致同义的，事情指的就是事实，"情，实也"[④]，事情是"事物的真相，实情"[⑤]。

（二）事实特征

在对"事实"做出了上述阐释之后，再来分析一下事实的一些主要特

---

① 姚里军. 新闻写作艺术与技巧 [M]. 北京：中国广播电视出版社，1994：22.

② 蒋亚平，官健文，林荣强. 新闻失实论 [M]. 北京：中国新闻出版社，1986：121.

③ 苗东升. 系统科学精要 [M]. 北京：中国人民大学出版社，1998：302.

④ 商务印书馆编辑部编. 辞源 [M]. 北京：商务印书馆，1980：122.

⑤ 汉英大词典 [M]. 上海：上海交通大学出版社，1990：551.

征。根据对事实的辩证理解，其主要特征有如下几点。

1. 客观性

客观性是一切事实的根本属性，它的意思是指事实的存在不以人的意志为转移，不依赖于判断的正误，也不依赖于对它做出何种评价。总之，它外在于任何人的意识，它的存在不是知识和知识者所创造的，它不随知识的存在而存在，不依赖于我们的感官而存在。[①] 因此，事实总是真实的，不存在虚假的事实，虚假的就绝对不是事实。所谓虚假事实，指的是主体主观想象的"事实"，在真实世界中是不存在的。自然，事实是不可捏造的，但"捏造"本身可以成为事实。事实本身也无正误问题，正确与错误只能就对事实的判断或陈述而言，陈述事实的判断是否是正确的，是需要论证和检验的。客观性的另一含义是说，正确反映事实的经验事实，尽管它的表现形式是观念性的，渗透着主体感性的、理性的种种因素，但其内容是客观的，这是从哲学认识论角度出发对事实客观性的把握。

2. 具体性

任何事实都是具体事物变动、发展的真实情况，只能存在于特定的时空之中，一般说来，是人们通过感觉、知觉可以直接经验的感性存在。事实的具体性还表现在对事实的陈述上总是使用特殊命题形式。普遍命题、严格意义上的全称命题表达的不是事实，而是源于事实的理论或一般认识。真的特殊命题所肯定的内容就是具体的客观事实，假的特殊命题表示的内容没有相对应的客观存在，不是事实。事实的具体性表明，关于事实陈述的真假，从根本上说，不能直接以逻辑的方法去证明，而要以直接经验为中介看它是否与客观实际相符合。

---

① 许全兴，陈战难，宋一秀 . 中国现代哲学史［M］. 北京：北京大学出版社，1992：428.

3. 不变性

我们能够创造一种新的事实，人与自然、社会的实践交往，就是一个不断创造新的事实的过程。但人却不能改变一件既有的事实，改变后的事实乃是新的事实，已不是原来的事实。因此，事实一旦产生，便具有其相对的不变性。恩格斯说过，"事实本身……不管我们喜欢与否……照样要继续存在下去。"① 金岳霖先生在他的《知识论》中也说："事实是我们拿了没有办法的。所谓修改事实，只是使得将来与现在或以往异趣而已。"② 我们可以在知识形式中改变一件事实的内容，但不能把经过改变的事实还当作是原来的事实。也正因为人在把握客观事实的过程中，有可能在认识中改变事实的本来面目，对事实的判断、陈述才有真和假的问题。认识的真假问题，不是事实的"责任"，而是认识者的问题。③

4. 独立性

就像世上不存在两片完全相同的树叶一样，客观世界中也不存在两件完全相同的事实。事实一旦产生，便具有唯一性，它是不可重复的。事实总是在一定的时空构成的四维世界里产生存在的，任何新事实的出现，相对以往的事实，其时空条件是全新的，因此，说可以重复某一事实，只具有相对的意义。科学哲学中所说的事实的重复性，是指某种观察事实在相同条件下可以复现或进行复核，但"相同条件"本身就是相对的，这些重复事实本身都是独立的事实，所谓重复不过是在"相同条件"下的类似事实而已。独立性的另一含义是指任何事实都有自身产生、演变、发展、结束的独立轨迹，有其自身的客观逻辑性，是可以与其他事实相区别的，是

---

① 马克思恩格斯全集：第 38 卷 [M]. 北京：人民出版社，1972：363.
② 金岳霖. 知识论 [M]. 北京：商务印书馆，1983：784.
③ 这就从本源上提醒人们，在寻求新闻报道失真的原因时，应该从主体出发，而不是从报道对象出发，对此，我们将在后面的讨论中给予充分的重视。

可以从环境中进行识别的。应当注意的是，事实的独立性，并不是说某一具体的事实可以离开其他事实而产生和发展。

5. 联系性

联系性是相对独立性而言的，任何具体事实都产生于一定的环境中，不是孤立的现象，总要同其他事实发生某种联系，有时这种联系是简单的、一目了然的，但有时事实间的联系是极其复杂的，表现为多向度、多层次的联系。这正是认识事实的客观难度之所在。

二、新闻事实是特殊事实

新闻事实无疑是事实，但它是怎样一种事实？它的特殊性何在？它的内在规定性是什么？都是需要认真分析思考的问题。对这些问题的正确回答，是建构新闻事实理论的基础，确立新闻事实观的前提，透视新闻传播过程的基点，这些问题也是建立整个新闻传播理论大厦首先要解决的根基问题。

（一）本体论承诺：客观事实

新闻事实是客观事实的一部分。但由于新闻报道过的、正在报道的事实，都是被一定主体经验到的事实，因此，一些人认为新闻事实不是客观事实，而是认识论意义上的经验事实。新闻事实"是对客观事实的判断、描述或反映，是体现着新闻传播主体的主观性的'经验事实'；'新闻事实'是客观事实的主观化，或者说，它是主观化的客观事实"①。看来，新闻事实是不是客观事实，并不是一个一目了然的问题，需要首先从哲学本体论和认识论两个层面做出必要说明。

---

① 刘九洲. 新闻学范畴引论 [M]. 武汉：华中师范大学出版社，1995：29.

事实能够成为新闻事实，从辩证唯物主义的观点看，首先在于事实本身的属性，只有事实本身在客观上具有不同于其他一般事实的某种特殊性时，它才能成为与其特性相应的某种事实。因此，某一事实是否是新闻事实，在于其自身的特性，它的这种特性先在于并外在于任何人的意志和意识，并不依赖于认识与否、传播与否。新闻事实本身就是客观事实，并不是主观化了的客观事实。对客观存在的新闻事实进行认识反映后，形成了观念化的新闻事实①，进而形成包含客观事实内容的新闻作品。从严格的理论原则上说，将观念化的认识以符号化的方式表现出来的不再是新闻事实，而是新闻作品。当然，客观存在的新闻事实能否转化为观念形式的新闻事实、新闻作品，能否得到媒体的顺利传播，则取决于传播者的认识反映能力以及其他许多因素（对此，我们将在下文进行集中的论述），但我们不能因此就说新闻事实的存在也离不开新闻传播者和新闻媒体。按照科学认识论的逻辑，"我们只有依靠观察、知觉，才能发现、认识那些确实已经存在的事物，而不能说那些事物只有依靠我们的观察、知觉才能存在；只能说只有依靠我们的观察、知觉，我们才被提供了相信事物存在的根据和理由，而不能说只有我们的观察、知觉才是那些事物之所以存在的根据和理由"②。同样，是否在事实世界中存在着新闻事实，只有在经过认识之后才能知道，但不能说新闻事实的存在是因为有了认识它才存在，这种本与末的关系不可颠倒。以为有了认识，才知存在，从而说存在是认识的产物的逻辑，恰恰忘记了认识的来源乃是人们感性的实践活动，而物质的、感性的实践活动是不能在观念中进行的。正是实践活动超越了认识的逻辑，以直接的现实性方法证明了外在世界的实在性、事实

---

① 这种观念化了的新闻事实具体称为什么，目前理论新闻界还没有一个统一的概念，是否可以称作"报道事实"，可作讨论。本著没有引入新的概念，而是在具体的论述中加以意义上的界定。

② 夏甄陶. 认识的主—客体相关原理 [M]. 武汉：湖北教育出版社，1996：119.

世界的客观性。因此，在本体论意义上，新闻事实是客观事实，而不是经验事实。这是唯物主义在新闻本源论上必须坚持的原则，对此，陆定一早就以简明扼要的语言阐述过了，他说："事实是第一性的，新闻是第二性的，事实在先，新闻报道在后。"① 这是一个科学的论断，我们理应坚持。

（二）认识论判断：经验事实

从认识论意义上说，新闻传播活动本质上是认识活动，新闻事实就是被认识的对象。在建立起的认识关系中，认识者与其对象二者的地位是平等的，是两极性的关系存在，离开任何一方谈论认识都是无意义的，并且认识者或者说主体具有"逻辑先在性"②，即主体与客观世界的认识关系，是在主体的主动性和能动性的促使下产生的。

在客观世界中，一旦出现新的事实，一旦发生各种各样自然的、社会的变动，不管作为主体的人是否意识到这些事实的出现和变动，它们便都与人建立起了实实在在的客观关系，构成了对人的实际影响。这些关系对不同的主体而言，其紧密、强弱的程度会有很大的差别，有些关系甚至可以看作是无关系的关系。

人们之所以把事实世界中的一些事实叫作新闻事实，就是因为他们与这些事实之间建立起了已经意识到的新闻关系（也许在一定的历史条件下不称作新闻关系）。在这种关系中，新闻事实自然是经验到的事实，是由感觉、知觉、概念等把握了的客观事实。那些没有意识到的可能存在的新闻关系，只能说是潜在的新闻关系。在这些潜在的关系中，有些可能会在某一时刻现实化，使新闻事实为经验所把握；有些则可能会长久地，甚至永远地处于潜在关系状态，这样，客观存在的新闻事实就不会转化为经验

---

① 陆定一. 我们对于新闻学的基本观点 [M] //陆定一新闻文选. 北京：新华出版社，1987：2.
② 孙正聿. 哲学导论 [M]. 北京：中国人民大学出版社，2000：174.

到的新闻事实。因此，它对新闻传播来说，在认识论上是无意义的存在。在新闻性的主客体关系中，人们把事实所凸现出来的某些客观属性称为新闻性。可见，讲事实的新闻性时，尽管不能离开客观事实而谈，但也不能离开主体而言，相反总是相对主体而言的。离开与主体的关系，很难有意义地言称事实有某种属性。事实的新闻性是在这种主客体的相关中界定的。事实上，由于人的实践和认识方式的多样性，自然会与事实建立起丰富多彩、形式多样的关系，在这些不同的关系中，事实的不同客观属性会凸现出来。当人们以新的不同的方式、抱着不同的意向或目的去把握事实时，事实的某一属性或内涵就会得以显现。诚如有的学者所指出的那样："事物（作为关系者）及其本质是由特定的关系来定义的，关系的改变，在一定条件下对应于对象及其本质属性的改变。"[①] 这正是我们在认识论意义上对事实属性的理解，也是我们对事实新闻性的理解。也正是在这种主客体"关系论"的前提下，我们才具体讨论什么是事实的新闻性。还需指出的是，这里所说的主体，其范围是所有的人，不只是传播者、接受者或控制者之一或之二，而是全体。新闻性是对主体全体而言的（但并不否认新闻性对不同主体的相对性），不是只对某一部分主体而言的。但由于在新闻传播实践中，受众总是大众，因而，人们往往是从受众与事实的关系角度去界定事实的新闻性，这基本上是合理的、实用的。

（三）新闻性"四态"规定

事实世界是由五彩斑斓的具体事实构成的，任何事实都是多属性的，以不同的属性可以归入不同的事实类型。从新闻角度说，任何事实都有可能成为新闻事实，只要它具有新闻性。反过来说，任何新闻事实其实就是

---

① 罗嘉昌. 从物质实体到关系实在 [M]. 北京：中国社会科学出版社，1996：22.

其他事实中的那些具有新闻性的事实，或者说是具有新闻价值的事实①。新闻性是新闻事实内在的规定性，它因而也是从理论上阐释新闻事实的基本任务。那么，人们又是依据什么来认定事实的新闻性的呢？

以往人们大都是根据事实相对大众的重要性、新鲜性、普遍兴趣性、接近性等等来界说新闻性的内涵，中外无不如此，只要翻阅一下任何一本新闻学基础性著作，就可证明这一点。这种界定虽无不对之处，但总使人觉得有些零碎。下文试图从上述主客体关系论的方法论原则出发，依据新闻事实的存在方式、表现形式、信息个性和价值特征，从不同侧面、不同层次以描述的方式揭示新闻性的内涵，提出一种权称"四态说"的看法，力求对"新闻性"做出一种新的阐释和说明。

1. 存在方式：现实态

日本新闻学家小野秀雄曾给新闻下过这样一个定义："新闻是根据自己的使命对具有现实性的事实的报道和批判，是用最短时距的有规律的连续出现进行广泛传播的经济范畴的东西。"② 所说的"现实性的事实"，"相当于我们所说的新闻价值"③。他是从时间和空间两方面把握"现实"的含义的，"从时间方面来讲，现实性应是'接近现在'，从空间而言，它又要引起'普遍的关心'"④。小野秀雄对"现实性"的理解和阐释富有启发意义。我们想在这一概念的基础上提出一个"现实态"的概念，来说明新闻事实的存在方式。因为在我们看来，新闻事实首先是一种"现实态"

---

① 我在这里之所以不用"新闻价值"这个概念，是出于这样的考虑：首先，新闻价值概念容易与新闻的价值混淆。顺便说一下，在我看来，这是两个既有联系又有区别的概念。新闻价值所依托的主体是客观存在的事实，而"新闻的价值"依托的主体是新闻作品，因此，新闻价值是新闻的价值的客观基础，新闻的价值是对新闻价值的实现。其次，新闻价值概念，没有新闻性这一概念直截了当、含义明确。新闻价值概念，由于受价值概念的约束，反映的是一种属性与需要间的关系，而"新闻性"反映的就是事物或事实的新闻特性。

② 小野秀雄. 新闻学原理 [M]. 中国人民大学新闻系，译，1960：153.

③ 张昆. 传播观念的历史考察 [M]. 武汉：武汉大学出版社，1997：136.

④ 同③.

的存在。

事实总是存在于一定的时空中，但有些事实并不"现在"，而是"曾在"，存在于已经消失的历史时空之中，大多要通过间接的方式证明它的"曾在"；有些事实则可能是"将在"，还谈不上"事实"的问题，只是一种可能。与历史事实和未来可能的事实相较而言，新闻事实是一种具有直接现实性的事实，它是人们当下可以感觉、知觉和进行判断的事实，可以说是一种"现实态"的事实。

"现实态"的内涵十分丰富，我们将从四个方面加以说明。

首先，现实态表明新闻事实在时间存在方式上是"现时"的，是现在时态的存在。"现时"是一个模糊概念，并不是指即刻的精确瞬时，而是具有一定的时间跨度，包括最近的过去和最近的未来。陆定一新闻定义（新闻，就是新近发生的事实的报道）中的"新近"二字①，人们只作"新近过去"的理解，内涵中没有包括"正在"和"新近未来"，这是需要修正的。"现时"是一个时间段，是以"现时"为基点向"过去"和"未来"的短距延伸。"现时"作为一个时间段到底应该有多长，很难用准确的时间单位去作严格的度量。但从新闻传播要求及时、迅速的规律性来看，只能是越短越好，因为"人们常说没有比昨天的新闻更老的东西了。报纸的新闻只有一天的寿命"②。有人说得更加形象精彩："今天的新闻是金子，昨天的新闻是银子，前天的新闻是垃圾"③。

其次，现实态是说新闻事实在空间上是"现在"的，是人们在现时存在的空间中可以直接经验的存在。任何新闻事实，也许它的主要内容是历史事实，比如考古新发现，或未来可能事实，比如预告某项重大活动，但

---

① 陆定一. 我们对于新闻学的基本观点 [M] //陆定一新闻文选. 北京：新华出版社, 1987：2.

② 童兵. 中西新闻比较论纲 [M] 北京：新华出版社, 1999：337.

③ 王欣荣. 传播报道学 [M]. 北京：中国广播电视出版社, 1991：83-85.

它的"由头"总存在于现时的空间中，必然是"现在"的。只有"现在"的事实，才能引起人们的普遍兴趣。进而言之，由于"现在"的事实总是处在特定的区域，因此，特定区域的人们会对它更感兴趣，这就是所谓的空间接近性。当人们由于情感的共鸣关注"现在"的事实时，便会产生心理上的接近。

再次，现实态是指新闻事实总是"现识"的，只有现时发现、认识的事实才能被称为新闻事实。具有这"性"那"性"的事实，如果进入不了传播者的"现识"视野，那么它也许会对人们的现实生活产生实际的效应，但很难成为媒体中传播的新闻。新闻事实的新鲜性、吸引力，很大程度上就是因为它是"现识"的，"已识"的是旧闻，"未识"的是不闻。

最后，现实态是说新闻事实是"现实"的，是实实在在的客观存在，不是艺术的想象物，是"现时"和"现在"的统一，是在"现识"中发现、认识的现实存在。

2. 表现方式：非常态

新闻事实，之所以能与一般事实区别开来，最突出的一点就在于它在现实态的表现形式是"非常态"的。麦尔文·曼切尔说："新闻是关于突破事物正常轨道或出乎意料的事件的情况。"[①]"常常是新奇的、不同一般的、意想不到的。"[②] 毫无疑问，按照辩证唯物主义的观点，形式的"非常态"是内容"不一般"的外在表现，因此，这里的"非常态"既是对新闻事实外在表现方式的描述，同时也是对新闻事实内容特征的描述。

"常态"是自然事物、社会生活运动、变化、发展平常的、正常的状态，表现为平铺直叙、起伏不大的绵延持续过程，人们习于常态，对其往往视而不见，充耳不闻。"常态"使人们的心理处于一种平稳的、确定的

---

① 曼切尔. 新闻报道与写作 [M]. 艾丰，等编译. 北京：中国广播电视出版社，1981：65.
② 同①196.

状态，因为心理上的紧张和不安总与环境的较大变动相联系。因此，有人说"常态"是新闻的"敌人"，"秩序"是新闻的"栅栏"。新闻渴望的是"非常态"的事件或事实的发生和出现，没有"非常态"，就没有好新闻。

"非常态"或"非常"有两方面的基本含义：

一为"凸现"或"突出"，意指某一事物、事实的产生、出现很特殊、不同寻常，是从"正常"或"平常"状态背景中经过一定量变或突变跃迁凸现出来的"精英"或"恶棍"。新闻事实正是这样一些从"正常"与"平常"状态中"冒"出来的不同凡响的事实。人们所讲的事实的重要性、显著性、独特性、斗争性、冲突性、极大或极小性等等，指的就是"凸现""突出"意义上的"非常"，是没有脱离正常轨道的"非常"，是从"正常"和"平常"中孕育出来的典型。这种意义上的"非常"是"正常"和"平常"的产物，源于正常、平常，但又"出类拔萃"。当然，这种"非常"并不只是"正面事实"，也包括"负面事实"，比如重大的政治变革，既可能是巨大的进步，也可能是严重的倒退，重要的经济现象既可能是催人奋进的成就，也可能是令人担忧的滑坡，其他方面也都有类似的现象。"凸现""突出"意义上的"非常"，是合乎事实客观逻辑的必然性表现，是人们从情感上易于接受、理智上容易理解的东西。

"非常"的另一意思是指"反常"，即指突然的变故、异常的表现，就是一反常态、不正常，"极其偏离人们的日常生活经验和理想的事件"。所谓"（一个普通的丈夫）＋（三个妻子）＝新闻"[1] 和"狗咬人不是新闻，人咬狗才是新闻"[2] 之类，可以说是"反常"意义上的"非常"的最好注脚。可见，反常性的新闻事实是"同读者常态的、司空见惯的观念相差悬

---

[1] 《芝加哥论坛报》前编辑主任柏斯顿所列"新闻价值的数学"公式中的一条（参见：王欣荣. 传播报道学 [M]. 北京：中国广播电视出版社，1991：83－85.）。

[2] 约翰·B. 博加特 1882 年任《纽约太阳报》采访主任时所言。

殊"的事实，让人好奇、惊讶，难以用一般的情感和理智去接受和理解。
"反常"背离了"正常"的轨道，出乎"平常"的想象，似乎是不合逻辑
的产物，包含有更多的偶然性。

事实的"非常态"是引起普遍兴趣的客观基础，即非常态的事实，更
易于成为有兴趣的事实，因为它能够为人们的求知、求新、求异、求趣等
新闻心理"提供新经验"，能够"对未知做出回答"①，更易激起人们因惊
异而去探索的好奇心理倾向。但"非常态"的事实本身并不是兴趣，而是
兴趣客体。兴趣来源于人对对象的感受，是人"积极探究某种事物或从事
某种活动的意识倾向"②。新闻兴趣或趣味的差别，常常体现在人们对不
同"非常态"事实关注的程度上。由于新闻事实是兴趣的对象物，因此人
们从受众的角度把具有普遍兴趣性作为新闻事实最重要的特征。

"非常态"是相对"常态"而言的，本身具有相对的意义。"非常态"
的事实，一旦反复出现，往往也会从感觉上变成"常态"的东西、日常的
事物，正如和田洋一所说的那样："'非常性'的事件随着发生次数的增
加，也会'日常化'。'日常'像一头怪物一样，不断吞噬着'非常'，并
不断地将其改变为'日常'。"③ "非常态"也是在主体视线中对客观事实
的一种描述，因而"非常"的程度对不同的主体而言亦是有差别的。但对
大致相似环境和心理下的人们来说，"非常态"的意义也差别不大；同样，
对人们共同具有的某种心理来说，比如好奇心，"非常态"的事实也会表
现出大致相同的价值。

3. 信息个性：激发态

凡是新近发生、出现的事实，都会包含有一定质与量的信息，但仅仅

---

① 杨清.简明心理学辞典［M］.长春：吉林人民出版社，1985：137.
② 同①138.
③ 和田洋一.新闻学概论［M］.吴文莉，译.北京：中国新闻出版社，1985：62.

包含有信息，具有一定的负熵值，是不能必然成为新闻事实的。"一个事实所以能够成为新闻事实，就是因为它带有新的有效信息。"① "不含有新的有效信息，那就不是'新鲜'事儿，不能成为新闻事实。"② 可见，新闻事实在信息特征上应该有自己的个性，姑且称之为"信息个性"，它是新闻性的本质内涵之一。以往人们讨论新闻性的内涵时，无不谈内容的新鲜性，即信息的有效性，但对新闻事实信息个性的描述似乎还没有一个明确的概念，我们试图引进"激发态"这一概念来描述新闻事实信息个性的特征。

"激发态"是物理学中的一个概念，是指"微观粒子系统的能量高于基态能量时所处的量子状态"③。所谓"基态"是指"微观粒子系统具有最低能量的状态"④。一个系统处于基态时最为稳定，而处于"激发态"时，是不稳定的，"一般将通过发射光子或与其他粒子发生作用而恢复到基态"⑤。我们正好可以借用"激发态"来形象地描述新闻事实信息的状态。

其一，信息"激发态"的扩散、辐射效应。当一件新闻事实产生后，便以自身感性客体在现实中的"非常态"呈现着丰富多彩的信息，这些新鲜信息总是处于辐射、扩散的客观倾向之中，像搭弦的箭，犹如欲奔的马，类似于粒子系统处于"激发态"，随时都有释放能量、进行跃迁的可能，即对新闻事实来说，所含的信息随时都有扩散、辐射的可能，处于一种信息"饱和"状态、高势状态，与平常事物所含的信息形成一种落差，

---

① 李元授. 新闻信息概论 [M]. 武汉：武汉大学出版社，1994：16.

② 同①

③ 《简明物理辞典》编写组. 简明物理辞典 [M]. 武汉：湖北人民出版社，1983：296.

④ 许国保，王福山. 简明物理学词典 [M]. 上海：上海辞书出版社，1987：609.

⑤ 同③296.

从客观上说"具有传播的必然性"①。信息的生命与价值在于传播，一旦信息传播出去，转化为新闻，新闻事实就好像回到了"基态"，信息不再具有跃迁、辐射、扩散的内驱力，新闻事实也就随之转化成为一般的事实了。比如，一起重大事件，一开始发生时，它所具有的信息总有一种辐射、扩散的张力，可一旦这种信息以新闻的形式传播出去，它便会迅速地或较缓地失去新闻事实的特征，原因就是它从信息的"激发态"回落到了"基态"。

其二，信息"激发态"的引力效应。面对自然、社会中事物的千变万化，为什么人们只关注有些变动，而对另一些变动置若罔闻？为什么对有些变动"一见钟情"，而对另一些变动却三心二意？从信息角度分析，就是因为有些事实所呈现的信息，与人们求知、求新、求趣、求异、求美、求善、求利等等心理相契合，产生刺激，形成共鸣。一句话，由于这些事实本身拥有的信息质优量大，处于一种信息的"激发态"，能够激起人们的兴趣，能够对人们产生强烈的引力效应，对人们的注意力形成一种凝聚和收敛的作用。激发与吸引，扩散与追求，在此构成了主客体之间的信息关系。在这种情况下，传播者就不得不传播事实的信息。可见，新闻事实本身特有的"信息个性"会对传播者的选择形成客观制约，"在事实划定的圈内进行"②，否则，传播的便不会是新闻，而是其他非新闻的东西了。

信息个性"激发态"，还只是一种定性的描述，不像物理学中关于微观粒子能量状态的描述，已是精确的数学形式了。尽管信息量或负熵值也是可以计算的，但对新闻传播来说，信息量达到什么样的值，才算得上是"激发态"，这种计算基本上是没有必要的，人们通过生活、生产的实际经

---

① 李卓钧. 新闻理论纲要 [M]. 武汉：武汉大学出版社，1995：104-105.
② 黄旦. 新闻传播学 [M]. 杭州：杭州大学出版社，1997：133.

验就可以解决这一问题。[①]

4. 价值特征：多元态

如前所述，新闻事实对传受主体来说，就是现实态的、非常态的、包含丰富未知信息的事实。这样的事实，在新闻传播关系中具有极强的表现力，与受众有着特殊的、潜在的价值关系，使新闻事实显示出多元的价值属性，显示出多侧面、多层次的客观意义，这正是人们愿意接触新闻报道的客观根据之所在。因此，事实的价值属性理应成为新闻性的内容。

首先，能为人们提供"认知价值"的事实才会成为新闻事实。人们获取新闻信息的主要的、直接的目的在于了解、把握自然、社会环境的最新变动情况。"人为了自身的安全、生存和发展，需要及时感知客观世界的变动，以便进行自我调适，适应变化的外部环境。新闻信息传播的使命正是向受众报道新近发生的事实的变动的信息。"[②] 客观世界处在生生不息的运动变化之中，时时刻刻都在产生着无尽的新生事物，生发着缕缕相继的新鲜信息，可以源源不断地满足受众的认知需求。但新生事物包含的认知信息的质的高低优劣、量的大小多少，是有很大差别的，只有那些对人们生存、生活与发展足以造成相当影响的事物才会有足够的认知价值，而这正是事实能够成为新闻事实的必要条件。对认知价值大小的判断衡量标准虽然不是此处的论题，但从一般意义上说，人们实践生活的经验和感受是最直接的判断根据。

其次，能够激发人们"兴趣"的事实才会成为新闻事实，也即具有兴趣客体属性的事实才会成为新闻事实。人们的兴趣从主体方面看，乃是根

---

① 但信息"激发态"这一概念，对比较精确地描述新闻作品的信息状态是一个具有操作意义的概念，我们可以通过对作品信息量大小的计算，定性作品是否会产生信息的扩散效应和引力效应，从而在新闻的编辑策划中恰当安排版面位置或广播电视的播出方式与时段。

② 童兵．理论新闻传播学导论［M］．北京：中国人民大学出版社，2000：150.

源于人们的需要，兴趣本身就是价值意向的明显表达方式。追求兴趣的满足是人们进行各种活动的重要动力。兴趣的价值取向是多向度的，比如，求真、求善、求利、求美等等。人们希望新闻事实能够满足他们全方位的兴趣追求，或至少在一方面或几方面的兴趣追求。由于新闻传播在本质上是一种精神交往，因此人们更期望的是新闻事实能够满足他们求新、求趣、求异的心理需要，这也正是我们此处所言兴趣的核心。看得出，仅就兴趣而言，新闻事实的价值属性就是多元态的统一体。

再次，在具有认知价值、兴趣价值的基础上，新闻事实还应提供一种"义"的价值，它是"有用"（认知价值）和"有趣"（兴趣价值）的统一，使人们在接收事实信息之后，不光知道世界发生了什么、出现了怎样的最新变动，不只感到好奇有趣，得到了情感或心理的满足，而且能够在感知、体验的基础上，分析、判断、体悟出一定的道理。要达到这一点，首先是新闻事实本身必须内含某种客观的意义。可见，具有"义"的价值是新闻事实价值特征的深层要求。

需要指出的是，并非所有的新闻事实都具有明显的多元态的价值特征，有些事实只要具有认知价值就可以作为新闻事实，有些事实只要具备兴趣价值亦可进行报道，但一些重要报道选择的事实，在价值特征上，应是多元态的统一体。

以往不少人把事实表现出的各种特征，诸如"现实态"内涵的时新性、接近性等，"非常态"在"凸现""突出"意义上的重要性、显著性、独特性、冲突性等，在"反常"意义上的奇异性、怪诞性等，以及信息个性"激发态"所呈现的辐射效应和引力效应等，看作是新闻价值或价值要素，严格讲是不恰当的。这些特征都是新闻事实的属性，而事实具备的新闻价值乃是这些属性整合后所体现出来的对主体的效应，事实的属性不过是它能够产生价值效应的物质基础。这也大致就是我们将价值特征作为新闻性之独特一项进行讨论的根据。

由上述讨论可以看出，存在方式的"现实态"、表现形式的"非常态"、信息个性的"激发态"、价值特征的"多元态"，四者统一方能构成一件理想的、完美的新闻事实。我们对新闻性的内在规定的阐释本身就有逻辑化、理想化的意义。事实上，理论的意义，往往就在它能为人们提供一种理想的模式，而不只是用来直接指导实践。但从另一方面看，理论的构想来源于实践，传播实践中确实存在着理想的新闻事实。

还需再次指出的是，由于从传播实践上看事实的"新闻性"是在主客体的关系中显现的，这就决定了某一事实能否成为新闻事实，既有绝对性的一面，即客观事实本身具有的特征和属性是不可改变的，不以任何人的意志、看法、喜好而存亡，亦有相对性的一面，即事实有无"新闻性"或新闻性的强弱，会受到主体需要的影响，而且相对性的一面常常表现得相当突出。正是因为绝对性的一面，有些新闻事实才会成为全国媒体或全球媒体关注的焦点；正是因为相对性的一面，有些新闻事实才会成为在此引起万众瞩目、在彼却无声无息的景象。新闻传播者、接受者和控制者要想实现传播、接受和控制的最佳效果，必须树立"关系论"的思维方式，以辩证唯物主义的方法处理新闻性的相对性与绝对性的关系，以实现新闻价值的最大化。对新闻传播的理论研究者来说，"以'关系'的眼光来审视、研究传播，虽并不能担保我们的研究就能上一个台阶，但缺乏这样的理解，则必然无法深入把握传播的内在含义和研究的意义，同样也就无法全面了解乃至破解传播和社会、文化和人的关系"①。

---

① 黄旦. 领域·关系·学科：全美传播学会（NCA）第 84 次年会印象和启示 [J]. 现代传播—中国传媒大学学报，1999（1）：56.

第二章　新闻事实的构成和类型

正确地把握了现象的总画面的一般性质，却不足以说明构成这幅总画面的各个细节；而我们要是不知道这些细节，就看不清总画面。

——恩格斯

记者是在事实的海洋里游泳的，知道了这个分类，就如同知道了水性一样……可在繁杂的事实中迅速地发现我们所需要的事实，并将它们稳稳地抓到手。

——艾丰

现实世界中系统是绝对的、普遍的，非系统是相对的、非普遍的。没有一个现实的事物完全不可被看作系统。一切事物都以系统的方式存在，都可以用系统方法研究。

——苗东升

认识一个对象，从大的方面说有两种相辅相成的方法。其一是从整体上观照对象，一方面看它与环境的关系，即在与环境的关系中处于什么样的位置，发挥着什么样的功能，另一方面是把对象从环境中"端拿"出来，"割断"各种纷繁复杂的关系，以便从宏观上把握对象的特殊性。其二是进一步将分离出来的对象进行细致的解剖，探求它的内部构成因素及其相互关系。而对于同一类对象，研究者又常常根据不同个体间的客观差异，以及研究的理论目的或实用目的，将对象划分为不同的类别，意在更精细的层面上掌握对象。本章正是依据人们认识事物的这种基本思路和方法，对新闻事实的构成和类型进行一些研究。

一、构成分析

系统科学告诉我们，"现实世界中系统是绝对的、普遍的，非系统是相对的、非普遍的。没有一个现实的事物完全不可被看作系统。一切事物都以系统的方式存在，都可以用系统方法研究"[①]。依据系统科学的这一认识，我们将对新闻事实的构成从不同的视角进行解剖和分析。首先，从构成具体事实的条件出发对构成新闻事实的完整要素做出说明。其次，从构成新闻事实部分与部分的关系，或从构成新闻事实的不同片段事实的关系出发，对构成新闻事实的具体事项进行结构分析，看看不同事项在整体事实中的不同地位及其有机联系。再次，从新闻事实的"软""硬"特性出发，分析构成事实成分的不同"色彩"。这几种对新闻事实构成的分析，其直接意义在于从不同角度把握新闻事实的构成，加深对新闻事实的理解，间接意义则在于帮助我们理解新闻作品基本写法的客观根据，并为确保新闻传播的真实性提供着眼点和着手处。

（一）要素构成

要素，就是"参与系统联系，构成整体的各个特定事物，或各种特定的关系、现象、过程……像'组成部分''因素''因子''元素''有机部分''构成成分'等"[②]，都是"要素"的意思。要素是相对一定的系统而言的，离开系统谈要素或离开要素谈系统都是无意义的。

---

① 苗东升.系统科学精要［M］.北京：中国人民大学出版社，1998：29.

② 夏澍，李嘉南.系统和要素［M］//阳作华，黄金南.唯物辩证法范畴研究.武汉：华中工学院出版社，1984：48.

讨论新闻事实的构成要素，是把任何一件独立的新闻事实看成一个系统。那么，一个完整的事实是由哪些相互联系的要素构成的？新闻事实作为一种事实在构成要素的多少上，在抽象的意义上与一般事实是没有区别的，实际的区别在于新闻事实的构成要素具有"新闻味"。新闻事实的要素构成决定了报道事实的新闻必须包含事实构成的所有要素。当然，这主要是从逻辑意义上的判断，在传播实践中，则会有一定的差别，并不是所有的事实要素都必然地包含在新闻报道中。

任何事实都产生、变动、形成于一定的时空之中，新闻事实自不例外，进行这一系列演变的主体不是人就是物，或者是由人和物联系在一起的统一体。不管是人、物，还是人与物组成的统一体，都在演变活动中做着一定的事。可见，"何人"（其实还有何物等）（WHO）和其所做的"何事"（WHAT）是构成一件事实的基本要素。

"何事"（包含着何人或何物的活动）的存在由空间的三维性和时间的一维性所构成，时间的连续性和空间的广延性的交互作用则构成了"何事"的演变过程，展现出整个"何事""怎么样"的形态。不难看出，"何时"（WHEN）、"何地"（WHERE）和"怎么样"或"如何"（HOW）是构成一件新闻事实的必备因素。

主体事物在一定时空中为什么这样演变，而不那样演变，为什么会呈现这样的现象和结果，而不呈现那样的现象和结果，必然有其内在和外在的原因，这便构成了事实的第六个要素"为什么"（WHY）。

由上述六个要素——何人、何时、何地、何事、怎么样、为什么（俗称5个W、一个H）结构成的动态统一体，总是包含着某种客观的、潜在的"意义"（MEANING），因为无意义的事实，是人们不会关心的事实。于是人们认为，"意义"（M）也应该是一个完整的事实的构成要素。这样，我们就可以给出一个等式：F（fact）＝5W＋H＋M。当然，这里的"＋"号不是简单的加和，而是系统论意义上的有机统一。

在构成新闻事实的上述七个要素中，大致可分为三种类型、两个层面。何人、何时、何地、何事四个要素是"显在"的，可以看得见或感觉得到，属于感性层面；"意义"要素则是"隐在"的，不能直接地感知，需要理性认识的分析、判断和推理，并且只有在一定的关系中才能现实地呈现出来，属于知性层面；"怎么样"和"为什么"两个要素多处于"显在"和"隐在"之间，即既可直接感知，又需理性分析。比如一起交通事故，何人、何时、何地、何事一目了然，但"何事"到底"怎么样""为什么"，有些看得见，有些得推断；至于"意义"则更要从分析"怎么样""为什么"以及其他要素中才能得出。假如这起事故是由于驾驶人员酒后开车引起的，这件事实的意义至少有一条：酒后不应该开车。这个内含的意义要素显然是看不见的东西，需要分析才能得出。

以往人们在论及新闻事实要素的构成时，几乎没有上述"显在""隐在"和"既隐又显"的区别和分析。我们指出这一点的意义在于，它提醒记者：在采访时不要只相信自己的感官，还要充分运用自己的理性思维，挖掘现象背后的本质和意义；不能停留在对各要素的罗列报道上，还要深刻把握它们的内在联系。事实上，一般新闻报道的难度不在于描述"显在"的要素，而在于揭示"隐在"的和"既隐又显"的要素，在于揭示各要素之间或隐或显的各种关系。当然，由于新闻传播要求迅速、及时，一般情况下，记者只要将"显在"的东西报道出来，也就基本完成任务了。如果在叙述事实要素的过程中，能够体现出事实固有的意义，那无疑是较高层次的写作了。

凡是完整意义上的事实，都必然包含上述七个要素。新闻事实的特殊性在于，它要求这七个要素都有"新闻味"，即"时间"是新近或正在的，"地点"是与受众在空间或心理上接近的，"何人"最好是"著名"的或普通当中"不普通"的，"何事"的内容是广大受众未知、欲知、应知的，"怎么样"的表现方式是特殊的、异常的，"为什么"的原因是众人感到意外的，"意义"则是耐人寻味的。若这些要素中的某一个或某几个缺乏"新闻味"，在新闻作品中就会被轻描淡写或干脆不写，这也是符合新闻写作特点的。

（二）事项构成

从事项构成角度分析新闻事实的结构，就是看它是由哪些具体的部分或片段事实构成的。因为任何新闻事实都是在一定的时空中发生展开的，而展开的过程必然会形成一些相对独立的部分或片段事实，这些不同的部分或片段在一件完整的新闻事实中所处的地位、作用总是有一定差别的。这种差别又是在部分或片段的关系比较中显示出来的，离开了它们之间的关系，差别从本质说便是无意义的。这种关系比较中的差别正是从事项构成出发对新闻事实构成进行研究的根据和意义所在。新闻写作中的各种结构或叙述方式，也正是以事项间各种客观关系为依据的，新闻写作不能随意改变事实、事项间固有的关系，不然，新闻的真实性就得不到保证。

一件新闻事实总是可以相对地划分为许许多多具体的事项。已经形成相对静态结果的事实，包含的各事项在整个事实结构中有着相对稳定的位置，对整个事实的性质特征、表现形态起着相对稳定的作用。由于各事项在整个新闻事实中的地位、作用不同，因此，我们可以按其对整个新闻事实性质、形态影响的程度，划分出下述几种事项：主要事项、次要事项、背景事项、关系事项、边缘事项等。

主要事项是指对一件新闻事实性质、形态具有主导影响的事实部分或事实片段，它构成了新闻事实的核心内容。一件事实的主要事项如果缺少新闻价值或变得没有新闻价值，该事实就不再成为新闻事实。一件事实的主要事项如果发生新的较大变动，该事实将会呈现出新的面貌。新闻报道从采访到写作，首要的任务就是必须抓住新闻事实的主要事项。一篇报道，如果丢掉了事实的主要事项，其他事项无论采访、写作得多么细致、精彩，都绝不会成为好的新闻。

次要事项是指对一件新闻事实性质和形态虽有影响，但相对主要事项来说，却影响不大的事实片段。它是主要事项得以显露特有新闻价值的基础，亦是一件新闻事实得以构成的不可或缺的部分。在新闻报道中，次要事项往往会占较大的篇幅，目的在于说明主要事项的地位和意义，它是构成新闻事实的基础。

背景事项是指构成一件新闻事实的各种背景事实部分，它反映着新闻事实的来龙去脉，烘托着主要事项的价值显现。在深度报道、解释性报道越来越受到人们重视的今天，背景事项的地位几乎走向了"前台"。深度，在一定的意义上说，就是揭示背景事项对造成主要事实的价值；解释，在许多方面，就是说明主要事项是如何从背景事项演变而来的。

关系事项包含两方面的内容：一是指联结新闻事实各事项的那些事实片段，二是指联结相对独立的一件新闻事实与其存在环境关系的那部分事实。这种事项本身尽管新闻价值不大，但它们却是主要事项显示价值的"开关器"，也是结构整个新闻事实的纽带。

边缘事项是指与其他事项相关但对整个新闻事实的性质与形态影响很小的片段事实，它的主要作用在于能够体现新闻事实的完整性。

以上各事项在同一新闻事实的构成中，可能并不是单一的，每一事项本身也可能由许多更小的事项构成，可称之为"细节事项"，是一件新闻事实能够充满活力的"细胞"。对新闻报道来说，不同的角度、广度、深度将直接影响着对各事项的选择。比如，一般的消息会着重于主要事项，对其他事项则可能轻描淡写，而对同一事实作深度报道时，就必然考察研究所有的事项，因此，懂得新闻事实的事项构成，对于具体的新闻写作有着重要的意义。

对处于动态变化中的新闻事实来说，各种因素的相互作用，使得构成事实各事项的地位与作用会随时改变或相互转化，从而在本质上会生成新的事实。但相对任何一次单独的新闻报道而言，作为对象的新闻事实，其事项的地位、特征等是一定的，仍可作相对静态的观察和处理，但要充分注意到关系事项的作用，以使报道把握住事实的动态联系和变化趋向，为后续的报道打好伏笔。

不管是以静态结果存在的新闻事实，还是以动态方式表现的新闻事实，构成它们的各事项总是相互关联的，形成稳定的结构，保持着新闻事实的本质和外在的现象样式。如果事项联系的结构改变了，事实的性质就可能在一定程度上发生改变。

构成一件新闻事实的各事项间的关系，除了我们在其前面已加的主、次、背景、关系、边缘等各种限制外，它们之间还会呈现出因果、并列、交叉、包含等关系。正确把握和处理这些关系是实现新闻报道真实、客观、全面、公正的重要基础。新闻报道中的多数失实，主要不是由于作品中陈述的事实不存在，而是由于作品对事实的反映不全面——遗漏了许多应报的事项，对事实的反映不正确——把次要事项、边缘事项等当作了主要事项，或尽管报道是全面的，即报道了构成一件事实的所有事项，但却以主观的愿望和方式改变了各事项间客观的结构，实质上是改变了事实的本来面目。一些传播媒介并不是通过报道假新闻，而是通过"玩弄"事项的地位、结构等来歪曲新闻事实的真实面貌，把次要的事项说成是主要的事项，把边缘的东西描写成核心的事物，是国际报道中常用的伎俩。这一点在敌对国家或不友好国家间的国际新闻报道中表现得淋漓尽致。因此，从事项角度审视新闻事实，无论对真实报道新闻，还是识别新闻的真实性都有着重要的作用。

（三）软硬构成

"软""硬"，是新闻学中用来表征报道内容特征和具体写作手法的两个字，来源于西方新闻界。人们把"题材较为严肃，着重于思想性、指导性和知识性的政治、经济、科技新闻"，称为"硬新闻"[①]，而把"那些人情味较浓，写得较轻松活泼，易于引起受众感官刺激和阅读、视听兴趣"的新闻，称为"软新闻"[②]。与"硬新闻""软新闻"相对应的新闻事实理应是"硬性事实"和"软性事实"。此处，我们想借用"软""硬"二字，对一件新闻事实的构成成分进行分析，而不过多考虑它们作为不同新闻写作手法的内涵和意义。

这里的"软"或"硬"，自然不是说新闻事实的构成成分具有"软"或"硬"的物理属性，而是指人们认识接触不同新闻事实成分时的一种心理感受。就是说，"软"和"硬"不过是在比喻意义上的使用，从本源上说，是对不同新闻事实成分属性的形象化描述。

那么，"软"和"硬"的具体含义是什么呢？所谓"软性事实"，是指事实内容"含蓄、模糊、游移不定"，"难以确定具体时空限定、表达情态和义态的事实"[③]，这种事实"主要涉及人们的情感活动"[④]；"硬性事实"，是指事实内容"具体、真切、可把握性强"，"时空要素界限清晰，不能任意改变的事实"[⑤]，这种事实"主要涉及人们的理智活动"[⑥]。显然，对"软性事实"的认知接受，一般说来诉诸人们的感受和欣赏，具有容易了解和体验的即时效应，而对"硬性事实"的认知接受则诉诸人们的理性分

---

①　甘惜分．新闻学大辞典［M］．郑州：河南人民出版社，1993：11．

②　同①．

③　刘建明．现代新闻理论［M］．北京：民族出版社，1999：85－86．

④　郑兴东．新闻传播的客体属性与传播心理［C］//中国人民大学新闻学院．新闻传播学术报告会论文集．北京：中国人民大学出版社，1997：123．

⑤　同③．

⑥　同④．

析和思考，需要做出相当的努力才能把握，其效应具有延缓的特性。

对同一件新闻事实，如果以事实的"软""硬"视角观照，可以说它是由"软""硬"两种成分构成的统一体。一般说来，"硬性成分"规定着一件新闻事实的整体样式和形态，构成新闻事实的主干、主体或基本内容，硬性成分往往是以构成事实的"显在"要素（何时、何地、何人、何事以及显在的"怎么样"和"为什么"）展示自身，可以真切地识别、准确地表达、明确地检验；"软性成分"则构筑着硬性事实得以表现的气氛和环境，诸如新闻事实产生或呈现的现场情景，"何事"主体（主要是人）的内心活动、情感表现等等。软性成分常常是"既隐又显"的事实要素，主要展示于"怎么样"的过程中。因为软性成分的主要内容是"气氛、心境、情感"之类的东西，所以对它的感受主观性会更强一些，对它的表达差别也因而会大一些，而对它的真实性检验就更困难一些了。新闻文学化或过度散文化往往就是从对软性事实成分的"合理想象"出发营造的。因此，新闻报道的失真，更易发生于对软性事实成分的描写中。

硬性事实成分与软性事实成分的不同，只是不同内容表现特性的不同，它们之间没有客观与主观的分别，它们对传播者和接受者来说，都是客观存在的事实，一件新闻事实的表层意义（直接信息）和深层意义（引申道理），是由两种事实成分共同塑造的。事实上，对一件客观存在的新闻事实来说，我们有时很难说哪些是硬性成分，哪些是软性成分，它们往往是以统一的形式存在着，这里更多地是为了研究的方便，对事实进行了逻辑上的"分割"。

根据上述对"软""硬"的理解，不难发现，对于一件新闻事实来说，硬性事实成分总是占据着主导的地位，软性事实成分则居于次要的地位。如果没有了前者，一件事实也就不再成其为新闻事实；但没有后者，一件新闻事实仍会保持自己主要的新闻价值，至多是有点"干涸、呆板"而已。不过，从受众接受角度看，软性事实成分更具有魅力，更易受到青睐。因此，高明的新闻写作人，不会轻易放过新闻事实中的软性成分，而是适当地在作品中渲染气氛，在字里行间渗透着无形的情感气息，使人们在一种适度的感染中接受新闻的主体——硬性事实的信息。因此，把握和处理好构成新闻事实的两种成分的关系，是传播者的基本功，也是传播艺术的基本体现。

由软性成分与硬性成分有机构成的新闻事实，主要是社会事实或事理性事实，但当人们以"人"的眼光观照世界时，那些自然事实或物理性事实中的许多成分，比如动物世界中丰富多彩的奇妙景象，也就会充满喜怒哀乐、悲欢离合的情感色彩，某些生硬、冰冷的东西也会变得"柔软"起来。因此，从"软""硬"成分的角度，分析新闻事实的内在构成是具有普遍意义的。反倒是那种单纯的"硬事实"或"软事实"，实质上是对现实新闻事实的一种抽象，是对两种事实成分的硬性分割。但我们也注意到，这种分割对以传播事实信息为基本职能的新闻媒介来说是恰当的，这样会使新闻信息冗余减少，简明扼要，当然，不能一概而论。

二、类型研究

如果说对新闻事实构成因素的分析还可以在以往一些较为系统的新闻传播理论著作中找得到的话，那么对新闻事实的类型研究就寥寥无几了。既有的关于新闻事实类型的研究要么是大而化之的，要么是侧重从新闻采访、写作实务上的划分。因此，这里专门对新闻事实的类型进行研究就多少有点特别的意义。因为分类意味着研究的深入，意味着对研究对象的精确把握，这就像任何一门学科的建立与发展一样，起初总是浑然一体，不分你我的，可随着研究范围的扩大、内容的丰富、形式的多样、水平的提高，就会不断出现新的分类。对新闻事实的分类，意在把握不同类型新闻事实的个性特征，从而使理论研究能够对新闻实践具有实实在在的指导作用。因为"记者是在事实的海洋里游泳的，知道了这个分类，就如同知道了水性一样……就可在繁杂的事实中迅速地发现我们所需要的事实，并将它们稳稳地抓到手"①，"可以使我们对所要报道的主要事实的特点或特性有一个准确的了解"②，"知道怎样用比较的方法去了解、理解和反映事实"③，从而采取相应的恰当的报道方法，传播新闻事实包含的信息，取得较好的报道效果。

对某一研究对象进行分类，首先是在比较的基础上，依据对象本身在客观属性上的共同性和差异性进行归类。"分类应该是自然的，而不是纯粹人为的任意的。"④ 这就意味着分类的前提是对对象的性质、属性已经有了比较正确深刻的认识和把握，而且是在这种认识的基础上，确立具体的分类标准。在具体的操作上，则应该按照形式逻辑学规定的基本规则：（1）划分所得子项的外延之和必须等于其母项的外延；（2）每次划分必须按照同一标准进行；（3）划分所得子项必须互相排斥；（4）划分应按属种包含关系进行，不得越级⑤进行。其次则是以对象与主体的关系为参照，做出更符合主体致思目的和实践目的的分类。

基于上述看法以及我们对新闻事实的认识程度，下面将从新闻事实本身的属性和新闻事实与主体（传受者）的各种关系两个大的方面出发，对新闻事实进行简要的类型研究，并结合新闻报道实践，对每一种类型划分的意义做出扼要的说明。还需预先指出的是，随着人们对新闻事实不断深

---

① 艾丰.新闻写作方法论［M］.北京：人民日报出版社，1994：88-89.
② 同①
③ 同①
④ 俞虹.节目主持人通论［M］.杭州：杭州大学出版社，1996：53.
⑤ 苏天辅.形式逻辑［M］.北京：中央广播电视大学出版社，1983：77-79.

入、全面的把握，会对其做出新的更科学的分类。

（一）从新闻事实自身特征出发的分类

如前所说，分类首先应该是"自然"的，即按照事物固有的共同点和差异点进行分类，这是一种本体论意义上的分类。新闻事实如同其他事物一样，在具有共性的同时，每一具体的事实还会表现出自身的个性特征，这是从新闻事实属性出发进行类型研究的基础。根据新闻事实在客观属性上的同异，我们做出以下一些标准下的分类。

1. 倾向标准

以新闻事实有无客观倾向性为标准，可以将新闻事实分为两类：有倾向性新闻事实和无倾向性新闻事实。这一分类的前提是是否存在有倾向性的新闻事实。这是一个有争议的问题。有人认为任何新闻事实，作为客观事实是无倾向性的；有人认为有些事实无倾向性，有些则具有倾向性。本书赞同后一种观点。

"倾向性"是一个多义的概念，但大致可归为两种：客观倾向性和主观倾向性。主观倾向性指人对一定对象的立场、态度、思想感情等，常常表现为"对他人或某一事物喜欢或不喜欢，赞成或反对"[①]；客观倾向性指事物本身具有的对人或他物的利害作用，这种利害作用不以任何人的主观意志为转移。

否认有些新闻事实具有倾向性的人，往往把倾向性等同于"阶级性"，"事实本身既无阶级性——当然也就没有倾向性"[②]；还有人把"新闻事实的倾向性"等同于"新闻传播的倾向性"[③]，认为所谓事实的倾向性实质

---

① 林秉贤. 社会心理学［M］. 北京：群众出版社，1985：367.

② 徐培汀. 新闻事实倾向性［J］. 新闻界，1999（3）：9.

③ 事实上，在以往的新闻学理论著作中，大多数人用"新闻倾向性"来指称"新闻传播的倾向性"，这是有缺陷的。新闻倾向性在理论新闻学中应该成为一个内涵比较丰富的概念，应当包括：新闻事实的倾向性、新闻传播的倾向性和新闻接受的倾向性。

是指新闻传播的倾向性。针对上述这两种典型看法，我们认为，首先应该明确区分"事实倾向性"与"传播倾向性"的含义。前者是客观的，不依传受者的意志而改变；后者是主观的，是传播者凭借新闻事实所说的"话"，甚至是违背事实本来含义所附加的"话"。这是两种性质完全不同的倾向性。其次，不能把"倾向性"等同于"阶级性"，倾向性的内涵要比阶级性的内涵丰富得多，阶级倾向性只是倾向性中的一种，倾向性本身是多种多样的。有倾向性的事实并不一定都是有阶级性的事实，而且一件具体的事实有无阶级倾向性（严格来说不能叫阶级性）要作具体的分析。

一件新闻事实有无客观倾向性，既要看事实本身的属性特征，也要看它与主体的客观关系，倾向性是在"关系"中显现出来的。但事实本身具有的倾向特征先在于、外在于任何人，这种事实一旦产生，不管是否有人意识到，它与一定主体的关系便客观地存在着，不依赖于主体的认识和判断。有倾向性的新闻事实，主要是一些人为的社会事实。人在"造成"一定新闻事实的过程中，会有意识地将自己的主观倾向性内化到事实中去，使其以客观化的形式表现出来或存在下去。比如抗议者会把自己的不满或愤怒的情绪以游行示威的外在行动展现给世人。因此，"最具鲜明倾向的事实是政治性事实"[1]，"重要的政府行为、经济事实和道德司法事实也带有倾向性"[2]。当然，在自然界和社会生活中，大量存在的是无倾向性的新闻事实，这一点较易理解，不必多说。

客观上存在着有倾向性的新闻事实，这就对传播者提出了要求：不能以自己的意愿、目的、喜好，改变事实本身的倾向性，不应该把自己的倾向强加于事实自身的倾向，形成互相背离的双重倾向。讲新闻报道的"立

---

[1] 刘建明. 现代新闻理论 [M]. 北京：民族出版社，1999：90.
[2] 同①91.

场"，应以真实、客观、公正为前提，"实事求是地报道新闻事实内涵的倾向"①。新闻传播的倾向，必须符合事实固有的倾向，如果"背离了客观事实固有的倾向态，记者就丧失了公正立场"②。

2. 天人标准

这里的"天"指自然，"人"指社会，用此二字，不只在于形式之美，而在于它的内涵量大一些，覆盖面广一些。所谓天人标准就是按照自然与社会的不同，将新闻事实分为自然事实与社会事实两类。陆定一在《我们对于新闻学的基本观点》一文中，对新闻事实实质上也作了这种宽泛的分类。③ 我们亦可根据"事理学"的"物理"和"事理"概念，将自然事实称为"物理事实"，将社会事实称为"事理事实"。借用这对概念的好处在于它使传播者能够立即看出自然事实与社会事实中蕴含的"理"，即"规律"是不同的。物理事实是自然界按照自身运行规律运动、变化所形成的事实，独立于人的意识而存在，因而，对这类新闻事实的报道，容易达到客观与真实的要求；而事理事实是"人们变革自然和社会的各种活动"，其中"包含明显的人为因素和权变性，与物理现象截然不同"④，因而，对这类新闻事实的报道，往往易受传播者与事理事实创造者之间各种关系的干扰和影响。违背事实固有倾向的倾向表达，"新闻、旧闻、不闻"的精妙选择，"议程设置"的玄机妙理，策划新闻的良苦用心，有偿新闻的卑鄙龌龊……如此种种，大多发生于事理事实的报道传播之中。因此，新闻报道的真谛在于对事理事实的把握，在于对社会生活各个方面的敏感和洞察能力。同时，传播者职业品质的高低优劣，也会在对事理事实的报道

---

① 徐人仲. 理论精髓与新闻品格 [C] //中国人民大学新闻学院. 新闻传播学术报告会论文集. 北京：中国人民大学出版社，1997：182.

② 刘建明. 现代新闻理论 [M]. 北京：民族出版社，1999：91.

③ 陆定一. 我们对于新闻学的基本观点 [M] //陆定一新闻文选. 北京：新华出版社，1987：6.

④ 苗东升. 系统科学精要 [M]. 北京：中国人民大学出版社，1998：301－308.

中尽显无遗。

3. 时序标准

时序标准就是按照事实发生、存在的时间顺序进行分类，可将新闻事实分为曾在的事实、现在的事实和将在的事实。这是对新闻事实的一种传统分类方法，尽管简单明了，但其中一些问题还须澄清。

新闻事实从本质上说是"现在"的事实，曾在的是历史事实，将在的是可能的事实，而可能的事实无论多么可能成为现实的事实，它必定还不是事实，因为"事实的'实'就是实在、现实的实"①。因此，从严格意义上说，将在的事实这一说法本身就有内在的逻辑矛盾。我们之所以把有些曾在事实和将在事实称为新闻事实，并作为新闻事实去报道，其中根本的原因是"现在"发现了曾在的事实，"现在"发现了预言将在事实的活动。尽管传播者将它们作为新闻报道的内容，但开启"历史"与"未来"大门的都是"现在"这把金钥匙。

因此，对新闻传播者来说，眼光无论回望过去还是眺望未来，最重要的都是正视现实，任何新闻事实的线索都在"现在"，从"现在"出发，从"现在"做起，才能发现"曾在"和"将在"。

4. 简单与复杂标准

按照新闻事实的复杂程度，可将其分为简单性新闻事实和复杂性新闻事实。尽管简单与复杂是相对的，但也有绝对的区别。所谓简单事实，以系统论的方法看，就是事实系统构成要素少、层次少，要素、层次之间结构简单的事实。具体到新闻事实，就是构成事实的事项少、事项间关联程度低，一般通过感性水平的认识就可把握，常规报道的对象大都是简单的新闻事实。所谓复杂事实，就是事实系统中构成要素多、层次多，要素、

---

① 苗东升. 系统科学精要 ［M］. 北京：中国人民大学出版社，1998：303.

层次间结构复杂的事实。表现在新闻事实上，就是构成事实的事项多、事项间的关联程度高，一般需通过理性水平的认识才能把握，非常规的重大报道对象，通常是复杂的新闻事实。

新闻事实的简单与复杂，还会因报道目的、报道方式的不同而不同。对同一事实报道的角度不同，开掘的层次深浅的差异，都会使简单与复杂在传播者的目的与方式中发生某种改变。但一旦新闻事实基本"定型"，表现为相对稳定的结果，其简单与复杂的程度也就确定了。"小题大做"和"大题小做"，不是把简单当复杂，就是把复杂当简单。新闻报道中对"小事"的热炒爆卖和对"大事"的浅尝辄止，其中一条重要的原因就是，没有处理好新闻事实简单与复杂不同类别的关系。借用复杂性科学的一句话，"把复杂性当作复杂性来处理"①，再补充一句，"把简单性当作简单性来对待"，合在一起，就是尊重事实本身的简单与复杂，这是传播者对待新闻事实的正确态度和方法。

5. 表面与背后标准

"有的事实可以耳闻目睹，有的事实则隐而不露。那些显露于外，一般人能看见、听到、了解到的事实即表面事实；那些与表面事实联系紧密，又不显露于外，一般人看不到、听不到、了解不着，需要特殊手段与努力才能获得的事实，是背后事实。"② 这可以说是对复杂性新闻事实的进一步分类。它的意义在于提醒传播者，表面事实尽管也是客观事实，但它很可能反映了新闻事实浅层次的本质，而不能反映深层次的本质，它很可能反映了新闻事实的某一侧面，而不能反映它的整个面貌，甚至这种表面事实很可能是假象、宣传性现象③，并不存在与这种现象相一致的"正

---

① 苗东升. 系统科学精要 [M]. 北京：中国人民大学出版社，1998：214-216.
② 蒋亚平，官健文，林荣强. 新闻失实论 [M]. 北京：中国新闻出版社，1986：140.
③ 艾丰. 新闻采访方法论 [M]. 北京：人民日报出版社，1989：87-93.

面"本质。因此，对待任何新闻事实，特别是社会性新闻事实中的复杂事实，一定要有刨根问底的职业意识，挖掘表面事实背后隐藏着的真相。这是实行新闻舆论监督、正确引导社会公众必须具备的传播精神和记者精神。

6. 事件与非事件标准

这实质上是根据新闻事实的表现特征做出的一种类型划分，也是新闻事实分类研究中最为典型的一种划分方法。所谓事件性事实是指新闻事实具有相对集中的时空表现，具有明确的事实主体，是独立的事件，事实具有明确的开头、过程和结尾，有些事件性事实还具有鲜明的矛盾性和冲突性；非事件性事实是相对事件性事实而言的，它一般说来不是一件独立的事实，而是由在一段时间和若干空间里发生的诸多事实、情况、事件综合而成的新闻事实。与非事件性事实相比，事件性事实更具有我们前文所说的"非常态"特征，可以说是典型的新闻事实。非事件性事实一般说来是"常态"性事实，只有进行一定的综合，才能显示出新闻事实的特征来。

（二）从新闻事实与主体关系出发的分类

新闻事实，作为传播者与接受者的对象，必然要与传受主体建立多种多样的关系。从这些关系表现出的不同特征对新闻事实进行类型研究具有特殊的意义。

1. 效应标准

所谓效应标准，是以客体（新闻事实）对主体产生的客观效应，即对主体的作用、影响效果为标准对新闻事实进行的分类。我们把能给主体带来正面效应（正价值）的新闻事实称为正面事实，带来负面效应（负价值）的称作负面事实，正负效应不明显或无所谓（零价值）的事实称为中性事实。这一标准本质上是一条价值标准，反映的是主客体之间的一种价值关系。

　　由于效应标准是以新闻事实与主体之间的效应关系为视点，这就必然会出现一种现象：同一新闻事实对不同主体的效应是有差别的，甚至是相反的。说明效应标准划分出的三种事实类型具有一定的相对性，但正面事实与负面事实对同一主体甚至不同主体的效应又具有绝对的一面，"正面""负面"包含的事实属性必定是客观的。

　　对正面事实与负面事实认定判断的难度不在于自然事实，而在于社会事实，其中的道理不言自明。尽管这种认定判断受制于主体的价值观念和实际需要，但从根本上说，效应标准是客观标准：那些能够"促进生产力发展""符合人民利益""有利于人的全面发展"的事实①，就是正面事实，它所产生的效应是看得见、摸得着的，是可以实证的东西；相反则是负面事实。

　　还需指出的是，效应标准划分的对象是客观存在的新闻事实，不是关于各种事实的报道。对任何事实的报道都可能产生"正"效应，也可能产生"负"效应，这主要取决于对不同报道对象量度比例的控制和报道手法的运用。报道的正负效应不能等同于新闻事实的"正面"或"负面"②，而要看报道本身的效果，"一切鼓舞和启迪人们为国家的富强、人民的幸福和社会的进步而奋斗的新闻舆论，都是我们所说的正面"③，"鼓舞和启迪"人们的恐怕不只是"正面事实"的报道，对"负面事实"的报道，也许更能使人们关注国家的前途和自己的命运，从而做出更加有利于社会发展的事情。"以正面报道为主"的报道方针，不仅指以对"正面事实"的报道为主，也应包含以正面报道手法去报道各种新闻事实。

　　就新闻事实的具体构成来说，居于正面事实与负面事实之间的中性事

---

　　① 李瑞英. 科学的价值标准应是社会进步的实效标准 [N]. 光明日报，1999-12-03 (5).
　　② 杨保军. 论新闻事实的构成：下 [J]. 采写编，2000 (3)：18.
　　③ 李瑞环. 坚持正面宣传为主的方针 [M] //新闻工作文献选编. 北京，新华出版社，1990：206.

实是大量的，它实质上构成了新闻事实的主体部分，从而在新闻报道中占据很大的比例。

2. 重要性标准

依据重要程度的差别可将新闻事实分为重要的、比较重要的和一般的几个类别。重要性虽然来自事实自身，但它只能在与主体的各种关系中得到显现，不同侧面的重要性也是在与主体不同侧面的需要关系中显现的。一件新闻事实重要的程度总与它关涉人的多少，关涉利益的大小，历时的长短，空间的广度等因素紧密联系在一起。越是影响人多、面广、时长的事实越重要，相反，则次之或无关紧要。刘建明先生在其《现代新闻理论》一书中列出了衡量事实重要性的几条标准："它是否和政治生活有关，和社会经济生活有关，和国家民族的利益有关，和精神道德净化有关，和国际形势有关。凡涉及这五方面的事实都是重要的事实。"[①] 这很有参考价值。

从新闻信息传播角度看，所谓重要，就是指一件新闻事实的负熵值大，包含的未知（对广大受众而言）信息量多，能够消除人们心理不确定性的功能强，因而，对传播者来说，有进行多角度、多侧面、多层次、立体化开发信息资源的必要；相反，若一件新闻事实的负熵值小，信息量少，能够消除人们心理不确定性的功能不强，对传播者来说，则没有必要花费过多的精力去开发这样的信息资源。

新闻事实的重要性呈现于与社会主体的各种关系之中，因此，重要性必然由于主体的差异性而显出一定的相对性，这就提醒传播者一定要调查研究本媒体服务对象、目标受众与一定新闻事实的相关程度，这是"适度"开发新闻信息资源、做好重要事实报道的前提和基础。一些媒体不顾

---

① 刘建明. 现代新闻理论 ［M］. 北京：民族出版社，1999：93.

受众的实际需求，根据自己的主观判断去确立事实的重要性，必然不会收到良好的传播效果。

3. 软硬标准

这是以人们对新闻事实的心理感受为根据确立的一种类型划分方法，将事实分为软事实和硬事实。日本新闻学家小野秀雄在他的《新闻学原理》一书中就将新闻事实分为"本能的事实"和"智能的事实"两类，"实际上就是对新闻事实的软硬属性的分类"①。关于"软"和"硬"的内涵，我们在对事实构成的软硬成分分析中已作过论述，此处就不再赘言了。

软硬分类的实践意义在于它要求传播者应该针对不同的事实特征进行写作，特别应该注意人们对不同事实解读接受时的不同心理感受，选择恰到好处的写作方法，既不要冷冰冰，也不要软绵绵。过度张扬的煽情手法和冷峻枯涩的公文架势，都是新闻写作中应当避免的。

4. 潜在与现实标准

这是从事实与传受主体认知关系表现的两种状态出发所作的一种划分：潜在新闻事实和现实新闻事实。新闻事实都有自己萌芽、变动、产生、出现的一个过程，当一定的新闻事实形成以后，对社会大众来说，是潜在的、未知的事实，只有当传播者以直接或间接的方法发现了它，并将其报道给受众，它才会成为现实的、已知的新闻事实。新闻传播从本质上就是在日复一日地做着这种不断发现、不断报道的事情，对大众来说，传播者就是未知到知的中介。对传播者来说，其使命首先就在于发现新闻事实。

---

① 郑兴东．新闻传播的客体属性与传播心理 [C] //中国人民大学新闻学院．新闻传播学术报告会论文集．北京：中国人民大学出版社，1997：123.

上述两种大的类型划分原则，在区别上既有绝对的一面，也有相对的一面。绝对的一面表现在，前者主要以新闻事实的属性特征为参照，后者主要以传受主体与新闻事实的关系为参照；相对的一面表现为，在前一原则下的划分，也是以传受主体的存在和新闻需要作为背景的；在后一原则下的划分则更是始终离不开新闻事实本身的属性特征。所以，两种原则下的划分具有一定的相通交叉之处。比如"倾向标准"与"效应标准"在理论的抽象层面上是相似的，"倾向"中就包含着对主体的利害效应作用，而"效应"中的"正面""负面"离不开事实的客观倾向性。由于分类是从对象不同侧面的特征（或与主体的不同关系）出发的，而对象本身还是同一的，各侧面间是相互联系的，因此，划分出的类型总有互相包含、重叠、交叉的一面，比如有客观倾向的事实，对一定的主体来说，既可能是正面的事实，也可能是负面事实。这已是分类学中的常识，无须再说了。

除了上述从新闻事实自身特征和从新闻事实与传受主体的各种关系出发对新闻事实进行分类外，我们还可以从新闻传播的实务层面上，对新闻事实的类型做出划分，比如艾丰先生在他所著的《新闻写作方法论》中，就把新闻事实分为：一般事实和新闻事实；总体事实和个别事实；具体事实和概括事实；物质事实和精神事实等。① 有人还按不同的报道领域划分出诸如政治性新闻事实、经济性新闻事实、文化性新闻事实等的类型，都有一定的客观根据和实践意义。本书对新闻事实类型的研究，主要是从理论层面上进行的，对实务层面上的划分就不加详细讨论了。当然，需要说明的是理论与实务的类型划分并不存在绝对的区别，只是侧重有所不同，观照新闻事实的层面有所差别而已。

---

① 艾丰. 新闻写作方法论［M］. 北京：人民日报出版社，1994：88.

第二部分 作为传受内容的新闻事实
——对新闻事实的动态考察

在第一部分，本书把目光落在整个客观存在的新闻事实上，解剖它的结构，认识它的特性，区分它的类型。在第二部分，将收缩新闻事实的论域范围，只讨论进入新闻传播媒体的新闻事实，对作为传受内容的新闻事实进行更为深入的、动态的考察。

如果把新闻传播过程比作一条生产"流水线"的运行，就会清晰地看到，新闻事实仿佛就是在流水线上不断变化存在形态和样式的事物：起初是原材料，客观存在的新闻事实，表现为一定的物质形态，它也有自己的生成、变化、发展和结束的过程。然后是传播者对它的发现、认识、选择和确定，进而是以观念化的方式彻底改变了它的形态，并以各种符号（文字、声音、图画及其相互组合）化的形式"建构"出它新的存在形态——信息形态，即新闻作品。此时的新闻事实不仅脱去了它直接感性的外壳，就是其内容也有可能不再是原原本本的自身，在它的新形态的肌体里渗透了各种各样的成分。又经过一番"包装打扮"，它终于负载于不同的媒介与直接消费它的人——受众见面了。为了寻找新闻事实的本来面目，受众便以各种方式开始解读传播者制作的新闻作品，这里又将出现一番纷繁复杂的景象。这一部分的主要任务，就是细致考察新闻事实在传播"流水线"上的形态变换，揭示它在每一具体环节上形态、样式变化的本质及其内外原因。

第三章　新闻事实的确定

在社会历史领域内进行活动的，是具有意识的、经过思虑或凭激情行动的、追求某种目的的人；任何事情的发生都不是没有自觉的意图，没有预期的目的的。

——恩格斯

所谓发现，就是见人之所皆见，而思人之所未思。

——奥·圣捷尔吉

在我们的现实生活中，正如人们知道的那样，新闻机构能否扩大信息量，能否把最有价值的新闻广被于人间，能否自由地传播真实的重要信息，并不完全决定于新闻工作者本身；更重要的是决定于社会环境，决定于掌管新闻事业的决策者的胸怀，是采取宽容还是收缩的政策。而这一切又要为当时的社会政治经济力量所决定。

——甘惜分

对于任何性质、类型的新闻传播媒体来说，客观世界发生、出现的新闻事实的量都是巨大的、无限的，媒体必须并且不得不在海量的新闻事实中发现、选择和确定适合自己新闻传播方针或"口味"的新闻事实，然后再进行传播。这其中从总体上说，最为重要的是选择、确定新闻事实的原则和标准问题，它是传播者发现事实、开发事实信息资源、选择确定最终报道内容的逻辑前设。

原则或标准不是先验的、纯主观的设定，而是来源于传播实践的抽象与概括，亦有传播者主观理想的成分，包含着传播者的新闻理念，是客观尺度和主观尺度的统一。原则或标准一旦形成，尽管也会随着政治、经济、文化、传播技术等的变化、发展而不断改变、更新，但在一定的历史条件下，在特定的政治制度、经济制度、社会制度、文化环境下，总是具有比较强的稳定性。选择新闻事实的原则或标准集中反映了传播者的传播观和新闻观，体现着传播者的新闻价值取向，也标示着不同的新闻传播制度、原则与标准的同异，将决定最终传播内容、传播方式、传播目标的同异。

本章将首先从理论的宏观层面上阐释选择标准的基本构成。传播者总是带着自认为合理的新闻观念去发现、选择、确定报道对象的，因此，在对选择标准的内涵进行阐释之后，本章将具体讨论确定新闻事实的各个环节：新闻事实的发现、事实信息的开发、报道内容的最终确定。由于不管什么样的选择标准，总要贯彻在"把关人"的层层把关之中，因此，在选择确定新闻事实这个环节上，侧重从传播者角度进行考察是恰当的。

一、确定新闻事实的逻辑前设

新闻事实并不是都能必然地得到新闻传播媒体的传播，从大的原则上或一般的现实性上看，只有符合传播者新闻理念的那部分新闻事实才会被报道。这种新闻理念就是确定新闻事实的逻辑前设，它是传播者选择新闻事实的宏观原则或总的标准。符合逻辑前设的事实被看作是"合理事实"，是应该报道或值得报道的事实，对"合理事实"信息的传播则构成传播者心目中的"合理新闻"。如果暂时不考虑不同传播主体的差异，在抽象、普遍的形式上考察传播者新闻理念或选择、确定新闻事实的逻辑前设，就会发现，传播者都在追求传播的合规律性与合目的性的统一，都是从传播对象（客观尺度）与自己的目的（主观尺度）两个方面出发去选择新闻事实的。所有实证操作层面上的具体选择标准或尺度都是在此总原则下确定的。那么，这两个尺度、也即确定新闻事实逻辑前设的具体内涵是什么呢？

（一）合规律性

所谓选择新闻事实的合规律性，包括两方面的基本内容。

其一，按照新闻传播规律对事实的要求确定报道对象。新闻传播规律的内容十分丰富，真实、客观、公正、全面、快捷等是其内在的基本要求，而对不同性质、类型的新闻传播来说，还有其特殊的规律，比如，党报就有自身的特殊性。这些要求体现在最初对事实的选择环节上，就是必须选择那些具有新闻性或新闻价值的事实。关于"新闻性"的内在规定，我们在第一章作了较为详尽的阐述，这里就不重复了。事实的新闻性尽管要通过主体的认识才能发现，并且也是在与主体的新闻需求关系中显现出来的，但它的存在是客观的，是任何人不能随意改变的。如果传播者违背新闻传播规律对事实应具新闻性的要求，即选择的不是新闻事实，那就等于在新闻传播的源头环节上背离了新闻传播的规律，随后对新闻事实再现、传播的效果便可想而知了。客观事实的属性如何，从一开始便制约着传播者的选择行为。传播者可以选择不同的新闻事实，但不能选择非新闻事实，可以从自己的需要出发多选择一些新闻性弱的事实，但却不能遗漏重大的新闻事件，这就是合规律性在事实选择环节上对传播者的基本要求。我们的一些报道之所以引不起人们的阅听兴趣甚至引起的是逆反情绪，主要原因恐怕不在于记者没有"妙笔生花"的能力和技巧，而在于所选择的事实没有新闻性或新闻性不强；一些传播媒介之所以没有较强的公信力，主要不是因为它们所报道的事实不真实或不是新闻事实，而是因为它们对一些公认的重大新闻事件、事实，不能及时地、全面地以合适的方式报道给广大的受众。在按照新闻传播规律选择、确定了事实之后，合规律性进一步要求按照事实自身的客观尺度去反映事实、报道事实，以揭示事实的本来面目，这属于对事实的再现问题，我们将在下一章中讨论。

其二，按媒介介质特征和传播技术水平选择事实，这也可以称作选择事实的"工具尺度"，即要合乎"工具尺度"的要求，符合传播工具的客观属性。有什么样的传播工具才能进行什么样的传播，"媒介的技术依赖性是大众传播的基本特征之一"①，麦克卢汉所讲的"媒介就是信息"多少也具有这方面的意味。媒介介质性质差异是客观的，它们各有所长也各有所短，不同媒介虽然遵循共同的新闻传播规律，但又有自身的特殊所在，对同一新闻事实的报道，其选择的方法、侧重是有一定差别的。麦克卢汉在他的名作《理解媒介：论人的延伸》中早就说过，传播媒介决定并限制了人类进行一系列活动的规模和模式。在他看来，媒介不过是人体的延伸，印刷品是眼睛的延伸，广播是耳朵的延伸，电视是耳和眼的同时延伸。不同传播介质由于诉诸感官的不同，使用媒介语言的差别，在选择事实上必须合乎自身的特征。比如，同样是真实地报道一场高水平的足球比赛，电视可以进行现场直播，让人一览无遗；广播可以现场解说，声情并茂，但讲得再热闹，也是百闻不如一见；报纸则使尽浑身解数，也只能是图文并茂，描写精彩的场面和最终的结果。

一定历史时期具有的传播手段和技术水平也是客观的，它对能够传播什么、如何传播同样具有客观的制约性，传播者是不能任意超越的。这一点，只要我们稍微回头看一下人类的新闻传播历程，便可一目了然。因此，传播者在选择事实时，必须考虑所选择的对象是否是媒介能够准确反

① 屠忠俊. 中国新闻业技术改造的总体态势：之八［J］. 当代传播，2000（2）：15.

映的对象，是否是现有传播技术、传播手段可以驾驭的对象。传统媒体无论做出怎样的努力，也难以将数百页的新闻内幕及时地广布天下，而这对新兴的互联网来说，简直是易如反掌。传播手段的进步，有力地影响着传播的方式，也影响着对传播内容的选择。

（二）合目的性

恩格斯曾讲过一段十分精辟的话，他说："在社会历史领域内进行活动的，是具有意识的、经过思虑或凭激情行动的、追求某种目的的人；任何事情的发生都不是没有自觉的意图，没有预期的目的的"[①]。无疑，在新闻传播领域活动的人，也都是为了实现一定的目的的人，可以说，整个新闻传播过程就是一个有目的的活动过程，它在一开始就包含着传播主体的某种要求和需要，这种要求和需要正是其进行传播活动的动因。因此，面对层出不穷、生生不息的新闻事实，任何媒介都不会有闻必录，任何媒介，不管其如何宣称和自我标榜，都会按照自己的要求和需要进行选择，即按合自己目的性的尺度筛选事实、确定事实和报道事实。世界上不存在背离自己利益的新闻传播媒体，如果背离了自己的利益，那一定是失误，而不是有意的追求。

通观人类历史不同时代的新闻传播，总览全球不同社会制度下的新闻媒体，展望未来世界新闻传播的可能美景，如果从"目的性"角度看，不难发现：有些媒体以追求经济利益为至上，"主要在于通过向大众提供信息服务获取商业利润"[②]（所谓商业媒体之类）；有些则"不以追逐利润为目标，而以宣传政府或政党的观点和政策，或主办团体的政治主张和思想观念为主要目的"[③]（所谓宣传型媒体之类）；有些则以社会效益和经济效

---

① 马克思恩格斯选集：第 4 卷 [M]. 3 版. 北京：人民出版社，2012：253.

② 唐绪军. 报业经济与报业经营 [M]. 北京：新华出版社，1999：8.

③ 同②.

益相统一为目标，"以沟通社会交流和传播文化为最高价值取向，虽不以赢利为根本目的，但需要通过市场交换进行必要的资源配置"①（所谓公益型媒体之类）。其实，单纯的目的性只是理论逻辑的分割，在现实中传播主体的目的总是多向的，有首要的和次要的，有直接的和间接的，有短期的和长期的，有公开的和隐蔽的等，只是侧重不同而已。在这些不同的追求、目的和理想之下，形成了传媒世界的大花园。但无论如何百花争艳，不管怎样异彩纷呈，各种性质、各种类型的新闻媒体都会以自己利益需要的尺度、价值观念的尺度、意识形态的尺度等，去观照事实世界的跌宕起伏，挑选称心如意的新闻事实。

然而，具体的目的并不都是正当的，需要也并不都是合理的，新闻传播主体的目的也不例外。如何判断目的的正当性、需要的合理性是个十分复杂的问题，有历史的、社会的、实证的等等各种尺度，这里不可能展开讨论这些问题。我们只能在某种假设的条件下，具体讨论合目的性的内涵。如果现实社会在总体的发展趋势上是合理的②，那么，新闻传播在事实选择的合目的性上就应遵循这一合理的现实社会共同拥有的、反映其主导思想和大政方针及价值观念等的基本规范，即这些规范构成了合目的性的内在要求。③ 那么，具体有哪些主要规范呢？

1. 合法性

合法之法，指的是法律规范。这里的法律规范是在一般的、宽泛的意义上使用的，就我国的情况来说，大致包括三个层次的内容："一是散见

---

① 唐绪军. 报业经济与报业经营 [M]. 北京：新华出版社，1999：8.
② 比如说，中国现实社会的合理性就在于它具备邓小平所讲的"三个有利于"，即有利于发展社会主义的生产力，有利于增强社会主义国家的综合国力，有利于提高人民的生活水平。
③ 这里，我们对传播主体目的正当性的主要评价实质是用社会评价尺度，原因是，新闻传媒是社会公器，是社会舆论工具，应该为社会服务，为构成社会主体的大众服务，它进行的新闻事实选择——报道什么——应该有益于社会的发展和整体进步，应该以大众是否满意、是否高兴、是否答应，即大众尺度为评判的基本尺度。

于宪法、刑法、民法等基本法律中有关新闻传播的条文；二是政府行政主管机关制定的监管新闻传媒的专门法规和其他法规中的相关条文；三是各地新闻主管部门制定的关于新闻工作的规定与章程。"① 合法性，是指传播者选择的新闻事实，必须是法律规范允许传播报道的事实。自然，在此我们是以假定法是"良法"、正义之法为前提的。如果法律规范本身是"恶"的或不合理的，那么，从原则上说，作为社会舆论工具的新闻媒体不但不能在选择新闻事实时在精神上受它的约束，而且在行动上要时刻准备冲破这种约束，通过新闻批评的方式提出各种建议和意见，使不合理的法律规范尽早得到修正。②

限制对一些事实（一般说来，受到传播限制的事实，大部分是新闻事实）进行报道，是法律规范从源头上对新闻传播的一种控制方式。如果限制是合理的，即法律规范本身是合理的、正义的，那么，传播者就应自觉遵循法律规定，并将其内化为合目的性的尺度的有机组成部分。比如，在现代国家仍然存在的情况下，任何国家都会有各种形式的保密法规，严厉禁止新闻媒体刊播有关被确认为需要保密的东西③。传播者如果置合理的、正义的法律规范于不顾，只从自己的需要或目的出发，或从不合实际的所谓新闻理念出发，选择禁载的事实信息进行报道④，这样的目的就是不正当的，与其相应的某种需要也是不合理的。对新闻传播来说，合法性要求包括的内容很多，不仅是不能选择报道禁载的东西，还有获取新闻信

---

① 童兵. 理论新闻传播学导论 [M]. 北京：中国人民大学出版社，2000：189.
② 关于法的"良""恶"标准，大致有四条：第一，看它是否反映社会的客观需要，是否有利于生产力的发展；第二，看它是否调动社会各阶层政治积极性和生产积极性；第三，看它在权利义务规定上是否能为社会所接受；第四，看它是否有利于社会安定和人们生命财产得到切实保障。（参见：王子琳. 法律社会学 [M]. 长春：吉林大学出版社，1991：287-294.）
③ 魏永征. 中国新闻传播法纲要 [M]. 上海：上海社会科学院出版社，1999：99-108.
④ 比如，对正在侦查、起诉或审理的案件，以及尚未做出终审判决的案件等的随意报道，对公民隐私的报道等。

息资源的手段也要合法，报道的方式、方法也要合法等等，但这些内容不是我们讨论的东西，就不详论了。

2. 合道德性

合道德性，简称"合德性"，就是传播者所选择的、作为公开报道对象的新闻事实，必须是社会公认的道德规范、道德观念认可、允许和能够接受的东西。道德"是人类社会生活中所特有的、有经济关系决定的、依靠人们内心信念和特殊社会手段维系的，并以善恶进行评价的原则规范、心理意识和行为的总和"①。它是一种精神，一种特殊的社会意识，一种特殊的价值，也是一种调解人们社会生活的规范。尽管道德规范"是一种非制度化的规范"，"一种内化的规范"，"不像法律规范那样以强制性手段"约束人们的行为，而是诉诸人们的良心、情感和自觉，但一旦某种道德规范得到了社会的公认，那么，任何社会成员都"应该"遵守，不然就会对社会造成各种可能的不良影响，就会受到社会公众的道德谴责。因此，新闻传播，作为一种影响迅速、广泛的信息传播活动，在选择将什么样的新闻事实广布于社会公众的时候，必须考虑和顾及它在道德方面的效应。童兵先生在他所著的《理论新闻传播学导论》一书中写道："新闻传播的真实性，在新闻实践中，还必须以人类的道德规范加以考量。"②"凶杀案件、交通意外，把血淋淋的镜头或照片公之于众，发表在报纸上，播映于屏幕中，那是百分之百真实的，但以道德标准考量，是不允许的。一些关系到地震、灾害、疫情的新闻事实，发表之后可能会造成人心慌乱等不必要的损失，也应有所节制。"③ 这里的实质问题是说对报道对象的选择，必须符合社会道德规范的要求，能为人们普遍具有的道德观念所接

---

① 罗国杰. 马克思主义伦理学 [M]. 北京：人民出版社，1982：4.
② 童兵. 理论新闻传播学导论 [M]. 北京：中国人民大学出版社，2000：78.
③ 同②189.

纳。在互联网迅速成为重要的新闻信息传播媒体后，人们为什么对其产生了诸多的不满，其中一条突出的原因就是它所发布的不少新闻缺乏道德的考量，不像传统媒体报道的新闻，会受到各路"把关人"的"道德检查"。

还需指出的是，与法有良恶之分一样，道德规范本身也有个历史、现实的合理性问题，特别是在社会变革、转型时期，传统的、既有的一些道德规范、道德观念即使是社会普遍认可的，也需要根据社会的发展，进行逐步的更新，在这种情况下，作为领风气之先的新闻传播媒体理应恰当选择一些新的事实进行适度报道，以有利于社会的发展和进步，这就需要传播者把握好选择的分寸和量度。还有，合德性与合法性一样，贯穿于新闻传播活动的全过程，不只是表现在选择确定事实的阶段。

将合法性和合德性作为合目的性的构成因素，是传播者在现实社会顺利进行传播活动的保障，是传播者追求自身特殊需求或利益的前提。传播者的需要和目的，必然地受到社会环境，也即传媒的生存环境中各种要素的影响和制约，而影响和制约用最简单的话来说，无非表现在两个方面："说什么"和"怎么说"。比起"怎么说"来，我们此处重点讨论的"说什么"更为基础和根本，是源头性的东西。因此，换个角度看，如果法是良法，德是好德，那么其本身就是对社会发展客观规律的反映，是社会生活对新闻传播在事实选择时的要求，在这一意义上，我们亦可说合法性、合德性是一种合规律性的要求，是社会发展规律的一种要求。尽管法律规范、道德规范都必然地包含着法律主体、道德主体的法律、道德观念和理想，但它们又总是对一定法律关系、道德关系的反映，是一定的社会法律、道德要求的反映，因而它们在内容上是客观的，不以法律、道德主体的意志为转移[1]。所以，我们也可将"合理新闻事实"的标准或逻辑前设

---

[1]　夏伟东. 道德本质论 [M]. 北京：中国人民大学出版社，1991：93.

列为四条：合规律性、合目的性、合法性和合德性。

另外，在现实的新闻传播活动中，我们看到，有关的政策、纪律甚至相关领导者的个人品格与素质等对新闻事实的选择也提出了一些直接性的要求，这在我国表现得尤为明显。甘惜分先生在他为李元授所著的《新闻信息概论》一书写的"序"中就说："在我们的现实生活中，正如人们知道的那样，新闻机构能否扩大信息量，能否把最有价值的新闻广被于人间，能否自由地传播真实的重要信息，并不完全决定于新闻工作者本身，更重要的是决定于社会环境，决定于掌管新闻事业的决策者的胸怀，是采取宽容还是收缩的政策。而这一切又要为当时的社会政治经济力量所决定。"① 其实，任何社会制度下、任何所有制形式的新闻媒体，都要受到有关新闻政策、纪律及领导者的约束，只是表现形式、实现方式有所不同罢了。诚如美国新闻学者沃沦·布里德在他的《新闻编辑室里的社会控制》一书中所说，每一家报纸，不论它承认与否，都是有政策的。② 美国另一位新闻学者梅里尔也说："每一个国家的新闻制度及其理论，是和那个国家基本的政治社会制度以及意识形态相一致的。"③ 事实上，"只有当记者的目标恰好和他所在的社会推行的目标相吻合一致的时候，才可能得以如愿以偿"④。在此我们未把合政策性、合纪律性单独列出，主要是因为，在我们看来，新闻传播政策对事实选择的限制大致可归入到宽泛的法律规范之中，合纪律性要求（不管是政党纪律还是企业纪律），如果将纪律也作泛化的理解，有些可看作具有法律规范意义的硬性要求，有些可看作道德规范意义上的软性要求。

---

① 李元授. 新闻信息概论 [M]. 武汉：武汉大学出版社，1994：2.
② 刘夏塘. 比较新闻学 [M]. 北京：北京语言文化大学出版社，1997：59.
③ 梅里尔. 世界新闻大观 [M]. 杜跃进，张晓松，刘玉亭，等译. 郑州：河南人民出版社，1988：7.
④ 阿特休尔. 权力的媒介 [M]. 黄煜，裘志康，译. 北京：华夏出版社，1989：82.

如果从中国面临的现实看问题，我们认为，目前最为紧要的是加强法律对新闻选择的调控，应该尽快出台具有中国特色的新闻法。新闻媒体能传播什么，不能传播什么，法律应该成为最高的权威标准。由于封建意识根深蒂固的长期影响，由于计划经济体制下形成的管理习惯和方法，媒体的新闻选择受到许多不应有的干涉，诸如"长官意志"、临时通知之类的东西，不断干扰着媒体的正常工作。

从总体上说，新闻事实的选择与确定是合规律性与合目的性相互矛盾、斗争、统一的过程，规律性以客观的力量形成对目的性的限制和约束，目的性一方面会能动地适应规律性的要求，另一方面也会背离规律性的要求，这两种现象我们在新闻传播实践中经常可以看到。但从实际操作层面上说，合目的性是新闻事实选择中"活"的力量，选择总是由传播主体做出的，一件事实是否合规律性，即是否具有新闻性，是否适合一定的媒介传播技术，本身也要通过传播者进行认识和判断，但这不等于说传播主体的选择是绝对自由的，也不等于说事实的新闻性会依传播主体的意志为转移。事实永远是它自己，它的属性是客观的、外在的，选择与否、报道与否，它都是独立地存在着。如果传播者的选择是失当的，甚至是错误的，合规律性就会以"恶"的结果"惩罚"选择者，使其在今后的选择中更加谨慎。可见，尊重事实，从合规律性出发，是实现合目的性的前提。

还须特别指出的是，上述对确定新闻事实逻辑前设的讨论，着重的是其在一定时代或时期中一般的、稳定的一面。但在实际的新闻传播中，这种前设会随历史时代、时期的不同呈现出相当大的差异。其具体表现是，在不同的历史时代或时期，占某一社会主导思想地位的人们，在抽象、普遍意义相似的合规律性和合目的性的旗帜下，所关注的新闻事实内容是有很大不同的，即人们的新闻理念、新闻事实观会表现出明显的历史性。比如，以中国20多年改革开放过程中的报业发展为例，人们清楚地看到，在"改革开放之初的'单一报种时期'"①，特定的历史背景，决定了人们更多地关注于"政治性新闻事实"；而在"改革开放向纵深发展的'多报种时期'"②，随着时代的变迁，人们的新闻观念亦发生了不小的变化，从新闻传播者到广大受众不仅关注政治性新闻事实，更关注经济性新闻事实和一般的社会新闻事实；到了目前的"厚报时期"，随着"中国报业开始进入以规模化竞争为特点的市场成熟阶段"③，报业市场也进入了"买方市场"的新时期，人们对新闻的需要除了传统的内容，更倾向于大众文化的特色，消遣、娱乐的色彩越来越强烈，使得新闻事实的选择与确立呈现出前所未有的广泛性、丰富性。

其实，在社会发展与社会主体需要的互动下，合规律性与合目的性在一切精神交往领域都会展现出历史的特征，新闻传播，作为一种典型的精神交往方式更不例外。因此，在把握确定新闻事实的逻辑前设上，我们不能停留在共时的逻辑构架之内，还必须在历史的进程中，以历史与逻辑相统一的原则和方法，具体理解和把握合规律性与合目的性的内涵，这样，才能不断随着时代的前进把握好传播的内容和方式。

二、发现新闻事实

在传播者具备了选择确定新闻事实的基本逻辑前设之后，其实际确定事实的第一环节便是发现新闻事实。没有新闻事实的发现，就没有新闻报道的产生。基于此，有人甚至认为新闻的本质就是对所发现的事实的报道，足以说明"发现事实"在整个新闻传播过程中的独特价值，充分表明

---

① 喻国明. 报业市场的发展空间还有多大？［J］. 新闻实践，2000（2）：32.
② 同①
③ 同①

了发现事实的首要地位。实事求是地看，新闻活动，就其自身来说，就是一种发现新闻事实的活动。"新闻，说到底都是记者的一种发现，即客观事实的发现……记者的使命在于不断发现新事实。"[①] 但是，面对复杂多变的自然世界，丰富多彩的社会生活，不管是对媒体，还是对记者来说，无论技术水平多高，无论交往多么神通广大，都不可能发现其中所有的新闻事实，何况新闻事实总有大量是意料之外的事实，是"非常态"的事实。但客观事物的运动、变化总是具有一定规律性的，只要我们能够把握"新生事物"（新闻事实从性质上说总是新生事物）孕育、萌芽、生长、成熟过程的基本规律，就能使"发现"本身成为一种自觉的、而非盲目的行为，从而使新闻发现活动成为一种能动的、积极的行为。

（一）发现什么

从原则上说，任何人都可能成为新闻事实的发现者，但如果我们把新闻活动看作是有组织的传播行为，那么，这种发现主要是指"新闻人"的发现，本书讨论的也主要是职业传播的发现活动。

发现新闻事实，从新闻传播理论层面上说比较简单，就是从大量一般事实中识别具有新闻性或新闻价值的事实，或从一件事实中识别出具有新闻性或新闻价值的片段、部分或侧面。尽管发现的具有新闻性的事实，从原则上说不可能全部成为被报道、传播的内容，但发现事实，在逻辑上[②]是开发事实信息资源的基础，是最终确定报道内容的第一环节。

发现新闻事实，在新闻传播实践中，具体应着眼于什么样的事实，虽然对不同性质、不同类型的媒体是有一定差别的，但从一般意义上讲，作为新闻事实在性质特征上总是相同的，鉴于此，有人认为，所谓发现新闻

---

① 吴勤如. 新闻走向科学［M］. 北京：中国广播电视出版社，1992：29-30.

② 之所以强调在逻辑上，是因为在实际的新闻传播中，发现事实，与随后将要讨论的开发事实信息资源与选择确定报道内容是交融在一起的。

事实，在操作层面上就是发现那些"新发生的事实""新变动的事实""新披露的事实""新预测的事态"①，所有这些事实，都是广大受众所关注的事实、感兴趣的事实。曾任新华社总编辑的南振中先生在他所著的《记者的发现力》一书中，结合中国主流新闻传媒担当的主要任务，指出发现新闻事实，主要就是："发现或者找到世界上迄今还没有通过大众传播媒介广泛传播的、鲜为人知的新鲜事实"；"发现或者澄清社会上众说纷纭、莫衷一是的重大事件的事实真相"；"发现或者提炼出有助于解决当前各种困难和社会矛盾的新鲜经验"；"发现和捕捉能给人以启迪的新思想，深刻地揭示改革开放大潮中人们观念的新变化"；"发现最能体现时代精神、对人们有较大激励和鼓舞作用的典型人物"；"发现能够体现事物发展规律的新的苗头、新的动向"等②。这对传播者应该发现什么样的事实、留意什么样的事实，具有很好的指导作用。当然，发现的具体对象远不止于这些，应当说，凡是能够成为新闻的东西，都是传播者潜在的发现对象。

（二）发现难度

发现的前提是被发现的对象已经客观存在，但作为发现对象的新闻事实，和其他任何事实一样，有各种各样具体的表现样式和形态。有些已经发展成为成熟形态的事实；有些处于演变过程之中；有些还在初始阶段；有些可能仍在孕育、萌芽、苗头时期；有些则可能只留下一些看起来并不怎么重要的遗迹。所有这些事实形态都应包括在发现的范围之内。发现新闻事实的难度显然主要不在于对成熟的新闻事实的发现，因为这种形态的新闻事实已经有了较强的表现力，人们可以"耳闻目睹"，而在于对处于演变之中、初始阶段和萌芽状态事实新闻性的判断和评价。独具慧眼式的

---

① 吴勤如．新闻走向科学［M］．北京：中国广播电视出版社，1992：26-32.
② 南振中．记者的发现力［M］．北京：新华出版社，1999：2.

独家新闻、前瞻性报道，大都源于这里。所谓的新闻敏感、"新闻鼻"，即新闻传播者"发现力"的强弱也主要体现在这几种情形之中。事实本身从量变到质变的过程性，从微小变化到显著变化的过程性，从客观上增加了传播者发现新闻事实的难度。事物在其一系列变动过程中呈现出来的丰富多彩的现象，有些是人们可以觉察感知的，有些则是不知不觉的，而哪些现象表征的信息是有新闻价值的，哪些没有新闻价值，哪些新闻价值大一些，哪些新闻价值小一些，只有达到一定的量度人们才能做出比较明确的认知和价值判断。由此可见，客观世界本身变化发展的复杂性决定了发现总是一种艰苦的认识活动。

比起其他领域，比如科学研究的发现工作来说，新闻发现也许没有那么艰难，但发现新闻事实却也具有自身一些特殊的难度。首先，新闻发现必须是快捷迅速的发现，它不能像科学发现那样反反复复、经年累月地关注于一种现象或一件事实，或按理论的推理假设、用实验的方法寻找可能的事实。新闻发现有时简直是用分或秒为单位来计算的，如果你发现不了，人家发现了，你"发现"的新闻价值便大打折扣，甚至一文不值。其次，新闻发现从原则上说面对的是整个世界，面对的是自然领域、社会生活当中所有最新的变动情况，它对发现者的要求不仅是具有广博知识的"杂家"，不仅要有"光芒四射"的眼睛，而且还要有"专家"的眼界和眼力。对于有些事实，比如辐射面较广的社会现象、社会问题，即一些热点、难点问题，没有专家、学者的眼力是发现不了"症结"所在的。对有些特殊领域（比如科技、考古等）的新闻事实，则更要求有关的记者必须具备相当水平的相关知识，不然，听都听不懂，何谈新闻发现？再次，新闻发现是真真正正"眼见为实"的发现，不能想象，不能假设，不能估计，它是一种"是"的发现，不是"可能"的推测。能够确立为新闻内容的，只能是"是"的东西，不能是任何其他的东西，在这一点上，它几乎接近法律上对事实的认定原则。最后，也是新闻事实发现中最特殊的难度是——几近"特工"的情报工作，这就是因为一些真正有新闻性、新闻价值，而且是理应（不违背前述的"前设"准则）报道的事实，往往是一些人想方设法隐蔽、隐瞒、极力不欲传播者觉察、发现、获知、透露的事实。这类事实主要是一些社会性新闻事实，在性质上又多是一些"负面事实"或政治性较强的秘闻等等。新闻传播经验告诉人们，越是难以发现、不敢让传播者发现的事实，越是具有"新闻"价值，越是广大受众渴望了解和获知的事实。在一定程度上说，新闻传播媒体能否真正发挥舆论监督的功能，就是看其记者能否及时、准确地发现这类人为遮掩的事实。新闻传播作为社会舆论工具的力量所在，其中极为重要的一个方面，就看它能否在新闻发现中揭露这类事实的真相。

由于新闻发现在本质上是一种认识活动，因此，发现的难度不仅在于对象的复杂性、新闻发现的特殊性，还会存在于发现者本身，即发现者"发现力"的强弱。对象的复杂性尽管有客观绝对的一面，但这是相对发现者而言的。常言道："会者不难，难者不会。"传播者发现力的强弱从主体方面决定着发现的及时性、发现的范围和层次。在新闻传播实践中，我们经常可以看到，面对同一事件或同样的现象，有些记者觉得什么新闻也没有，有些记者则发现了独特的有价值的新闻。这就是发现力的问题。如果传播者本身的发现力较弱，就会推迟本该早发现的新闻事实，甚至遗漏本该轻而易举发现的重要新闻。相反，如果传播者的发现力较强，就有可能在平常的东西中发现"非常"的信息，从事物外在的现象的变动中发现本质层次的变化。总之，发现力也是制约发现新闻事实活动的另一重要因素。对新闻传播实践来说，传播者的发现力在发现环节上应该是首位重要的，提高传播者的业务素养、职业敏感，"发现力"应该处于中心地位。记得美国的一位新闻学者曾经说过，对一名新闻记者来说，如果说他首先需要的是写作能力，那么他更需要的是找到新闻的能力，是对新闻材料进行分析理解并找出一个能吸引读者注意的方法的能力。

（三）发现方法

对新闻传播来说，懂得发现什么、发现的难度所在，仅是前提性的问题，而核心在于"如何发现"新闻事实。

从传播者角度看，发现新闻事实的方式有两种：一是直接发现，即传播者亲临新闻事实的"发源地"，直接感知、观察，甚至亲历新闻事实产生、发展的过程；二是间接发现，即通过一定的中介环节获知新闻事实的信息。对职业的新闻传播者来讲，他所发现的大多新闻事实是间接的。但不论以哪种方式发现新闻事实，关键在于把握具体的发现方法。

发现是一种能动的主体活动，由于总要发现什么，因此发现的方法必须与对象的特征相一致，这是人们对以往发现经验进行反思而来的结论。新闻事实千姿百态，它的发生和出现常常是偶然的，不可能有一种万能的发现方法。但在各种具体的方法中，总有规律性的东西。发现新闻事实的方法主要有以下几种。

1. 比较发现法

新闻事实在表现形式上是"非常态"的，而"非常态"是在与"常态"的客观对比中显现的。那么，传播者怎样才能判断某一事物的最新变动不仅是"新"变动，而且是新的"非常态"的变动呢（新闻事实必然是新事实，但新事实并不必然都是新闻事实）？这除了以各种比较的方法进行判断，没有别的更有效的途径。进行比较的前提是了解和把握事实世界的既有情况，不仅对现时的横断面心中有数，而且对历时的纵向发展胸有成竹，然后才能从横、纵两个维度上对事物新近变动情况的质与量做出比较准确的评判。可见，横向比较法与纵向比较法是发现新闻事实的两种常用的具体方法。

比较发现法表面上是判断新的事实有无新闻价值，实质上则在很大程度上是看发现者对既有的事实是否熟悉，这是进行发现的背景。对"背景"了如指掌，那么，一旦从背景上凸现、突出新的事实或"跃出""反常"的事实，其有无新闻价值以及价值大小便一目了然。人们常说的新闻敏感并不全是一种灵感或直觉式的判断能力，而是来自丰厚的对既有事实世界的透彻理解和把握。只有通过长年累月的学习、实践积累，传播者才能拥有某一报道领域里的"慧眼"，才能增强新闻"发现力"。

比较发现法主要用于已具成熟形态的事实，是一种相对比较完整的发现，基本上属于静态的发现，这种发现对事实新闻性的判断比较准确。

2. 追踪发现法

所谓"追踪"，顾名思义，就是盯着、跟着某一可能新闻事实的踪迹或线索进行追寻。前面已经多次讲过，任何新事实的出现总有一个萌芽、孕育、产生、发展壮大、成熟的过程①，因此，追踪发现法，亦可称之为"过程发现法"。新闻传播最突出的特征之一就在于在动态的过程中及时报道事实世界最新的变动信息，这在本质上就是一种信息追踪活动。所以，追踪发现有新闻价值的各种萌芽、线索、信息便成为发现新闻事实的重要方法。

追踪发现法的关键在于能够发现新的"苗头"，在于"坚持不懈地、全神贯注地对带有新的信息的新的事实进行搜索和追踪，并对冒出这种事实的'生长点'和'临产状态'进行规律性的探索，以求预测新闻事实的发生"②。相应地，追踪发现法的难度恰好就在对"苗头"变化发展趋向的判断。能否对"苗头"的未来变化形成"不出所料"的判断，不能依赖

---

① 注意，事实一旦产生、出现，就不会消亡，只是它存在的时空条件发生了变化而已，现在的事实必将成为历史事实。

② 艾丰. 新闻写作方法论 [M]. 北京：人民日报出版社，1994：142.

于大胆猜测或固执已见，而要依靠发现者日常的经验和对相关情况的整体把握。洞察力与前瞻力来源于"历史"的积累，起始于对"现实"的审视。

传播实践告诉人们，重要新闻线索、苗头的发现对个体的传播者来说往往是偶然的，似乎是一种天赐的良机，但发现者不能被这种假象所迷惑。巴斯德有句名言：机遇只偏爱那种有准备的头脑。为什么专业记者容易发现新闻，而一般人则不易，就是因为职业记者时时刻刻都在准备捕捉新闻，准备发现那些不同寻常的事物。对传播者来说，掌握丰富的准备性知识，对客观世界的进程和丰富多彩的变化时刻保持心理"警惕"，一旦有新闻价值的苗头出现，就能发现它、抓住它。新闻发现，有时如同科学发现一样，常常是通过对细小线索的注意而取得的，因而"要有敏锐的观察能力，在注意预期事物的同时，要保持对意外事物的警觉。……没有发现才能的人，往往不去注意或考虑那些意外之事，因而在不知不觉中放过了可能导致重大成果的偶然'事故'"[1]。毫无疑问，发现力至关重要，它是传播者最基本的素养，但发现力并不是神秘莫测的东西，它根源于记者的"腿愿跑、眼愿看、耳愿闻、脑愿思"。愿跑则天地广阔，而"新闻记者的发现力与他的生活空间是正比例。生活空间越大，他发现新闻的机会就越多"[2]。愿看、愿闻、愿思，才能不断积累经验，不断储备、更新知识，而经验、"知识领域愈宽广，发现新鲜事实的机会就愈多。记者的知识领域如果过于狭窄，新鲜事实就是送到面前也难以敏锐地发现"[3]。

追踪发现始终处在动态的过程之中，需要时刻注意意料之外的事情，它是一种伴随事物变化过程进行不断发现的发现方法，正因为这样，它往

---

① 刘大椿. 科学技术哲学导论 [M]. 北京：中国人民大学出版社，2000：117.
② 南振中. 记者的发现力 [M]. 北京：新华出版社，1999：8.
③ 同②16.

往可能从一个微不足道的发现跳跃到一个"新奇"的发现，由一个一般的事实信息发现转化成对一个全新事实的发现。一些重大的新闻，特别是一些内幕新闻真相，正是这样像打开迷宫一样一步一步一层一层地被发现、揭示出来的。因此，追踪发现法是新闻传播者最为"迷恋"、珍视的发现方法。

比较发现法与追踪发现法是两种最基本的事实发现方法。一般而言，比较中有追踪，比较是在纵横追踪中比较的；追踪中更有比较，追踪是在各种比较之后追踪的。可见，二者常常交汇在一起使用，只是根据对象特征不同有所侧重罢了。比较法更多地应用于非事件性事实的发现，追踪法则更多地应用于事件性事实的发现，这只是相对而言，并不是一种绝对的"分工"。

发现新闻事实的具体途径很多，比如：可以通过阅读有关材料（如会议文件、历史资料等）、接触有关人物、出席有关会议发现有关信息；可以通过实地采访、书信往来、电话交谈、网上查询等获取重要资讯……所有这些具体的方法都被广泛地运用在新闻实践中，易于为人们理解和把握，在此就不多言了。

三、开发新闻事实信息资源

开发新闻事实的信息资源在新闻资源开发中占有核心地位。新闻资源开发是个非常重要而庞大的课题，包含十分丰富的内容，诸如新闻政策资源、人才资源、市场资源、读者资源、广告资源等等，每一项具体内容都可作为专著进行长篇大论、深入研究。但大而化之地讲，这些资源开发的总目的都在于更好地开发新闻信息资源，支持新闻信息资源的开发，因为这是新闻传播的本质所在。笼统地说，新闻机构的采编部门实质上就是一个发现、开发、加工和利用新闻事实信息资源的"工厂"。本书在此讨论的事实信息资源开发，则更是信息资源开发中的具体问题，即我们是从选择确定个体新闻事实的角度讨论事实信息的开发，将其作为确定具体报道内容的一个重要环节来进行论述。如果要讨论一家新闻传播媒体对信息资源的开发，或者讨论整个媒介对新闻资源的开发利用，那要采取不同的思路进行。

如果说初次"发现"是初步"找到"了新闻事实，那么"开发"就要进一步"透视"或"解剖"找到了什么样的新闻事实，即所发现的新闻事实包含一些什么样的具体信息，这些信息对传受（主要是受众）主体有什么样的意义和关联。只有搞清了这些问题，才能为最终选择确立报道具体内容作好"资源"准备。事实信息资源开发的对象很清楚，就是所发现的新闻事实，而问题的关键在于以什么样的原则指导开发，以什么样的方法进行开发。

（一）开发原则

1. 受众原则

开发事实信息资源的目的在于传播，在于引起广大受众的关注或注意，在于满足受众的新闻需要。因此根据受众需要、受众期待开发事实信息资源应该成为首要原则。

"读者、观众、听众的情况，是决定报道什么和应该怎样报道的基本因素之一。"[①] 特别是在新闻业整体上已经步入"买方市场"的条件下，新闻供应量已经出现了相对的过剩。"如何有效地吸纳受众的注意力，并且将这种注意力稳固地维系下去，便成为现代传媒市场竞争中殚精竭虑的焦点所在。"[②] 而这里的首要前提是能够不断地开采出可以吸引和维系受

[①] 曼切尔. 新闻报道与写作 [M]. 艾丰，等编译. 北京：广播出版社，1981：77.
[②] 喻国明. 试论受众注意力资源的获得与维系（下）：关于传播营销的策略分析 [J]. 当代传播，2000（3）：24.

众注意力的新闻信息，"只有打开人们'注意'这道门，才谈得上认同、联系和发展等等"①。依据注意力经济观的看法，如果没有注意力的光顾，任何信息都会变得毫无意义、毫无价值。② 受到注意的程度意味着媒体影响力的大小，而影响力直接决定着媒体新闻传播的社会效益和经济效益。因此，以受众需要为新闻事实信息资源的开发原则，就在于开发出值得受众注意、能够引起受众注意的信息。这恐怕就是"眼球"经济的基本意义之所在。

一件具体的新闻事实总会包含多种成分的信息，并不是所有的成分都是新闻信息。受众的注意力资源是有限的资源，只有那些对受众有意义、有益处、有关系、有趣味的信息才能吸引受众的注意力，才是值得开发和传播的有效信息。开发就是要开采到这样的信息，谁能最大限度地开发出这样的信息，谁就能获取受众的有限的注意力，就能够在新闻市场上获得较大的影响力。

按受众需求开发事实信息资源，当然不能停留在"要什么，给什么"的适应性水平上，还要创造受众的需要，即要把事实所包含的那些在一般受众当下看来没用、没趣或用、趣不大的信息，但在客观上对受众确实有用，因而他们也会最终感兴趣的信息开发出来，力求做到"给什么，想什么"的引导水平。只有把适应与引导两方面有机结合起来，才能发挥新闻传播报道信息、引导舆论的基本功能。

2. 特色原则

不同形态的媒体、不同类型的媒体，运行于不同的文化环境之中，承继着不同的传统、风格和气派，受制于不同的政治影响，拥有不同意识形态下的价值取向，具有不同的社会大环境，追求着不同的新闻传播目标，

---

① 陈力丹. 精神交往论：马克思恩格斯的传播观［M］. 北京：开明出版社，1993：461.
② 张雷. 注意力的经济观［J］. 国际新闻界，2000（4）：37-40.

因而具有各自的特征，拥有相对稳定的目标受众，这就决定了它们对事实信息开发的方式有着各自的要求，决定了它们的"特色原则"必然是多维视野中的特色原则。顺便说一句，媒体正是通过自己的特色来创造自己独有的品牌，来不断创造自己无形资产的价值。

"个性与特色是报刊的生命力所在，这不仅事关文化和精神文明，更主要的是事关经济效益。"① 因此，不同形态、不同类型的媒体传播者，在开发事实信息资源时，应从本媒体的个性、定位出发，开发出富有特色的信息，以满足自己目标受众的特殊需要。怎样特色化？"就是要有所抛弃。有舍弃才有所得。传播市场竞争激烈，媒体必须有所选择"②，选择就意味着"有所为，有所不为"，做自己做得了的、做得好的。个性化传播与分众化服务是现代新闻传播发展的一个重要趋势，这在"第四媒体"迅速崛起的大背景下，表现得越来越明显、强烈。如果各种媒体的传播者对同一事实信息资源作大致相同角度、层次、方式的开发，互相模仿、克隆，必然造成资源开发的重复和浪费，也决然形不成对受众的吸引。自然，在激烈竞争的媒介市场中就找不到出路，找不到"卖点"。以市场眼光看，特色原则就是流行所说的"卖点"原则。

特色原则的关键在于不断地创新，对发现事实、开发事实信息资源来说，关键在于为媒体寻找不断更新的内容。只有在传播内容上出新，一家媒体的"独家"性才是现实的，才能建立起自己的权威性。

3. 适度原则

适度原则是相对事实信息的客观量度和受众接受的心理阈限而言的。一件新闻事实，它所包含信息的质与量是客观的，它的"表实性"（"即客

---

① 曹鹏．国内报业市场形势分析与经济前景展望［J］．当代传播，2000（2）：10.
② 孙正东．从靠天吃饭到智力投入——访中国人民大学舆论研究所所长喻国明博士［J］．新闻战线，2000（1）：22.

体的形状、色彩、声音、位置、动态、气味等各种信息作用于主体的感官，从而使主体感到它的存在")、"表义性"（"即客体让主体感受到它对自己的关联和意义"）和"表情性"（"即客体以其所传递的信息使主体感受到一种情感体验，从而产生相应的情感反应"）是有一定量度的①，只有在这一量度内的信息开发才是适度的、符合事实本来面目的。一方面，如果超越这一客观量度，把小信息夸大为大信息，把弱信息说成是强信息，把一般性新闻信息奉为重大新闻信息，把小事当大事，必然造成对事实信息资源的过度开发，这在新闻传播实践中最典型的表现就是"炒"。一些所谓的"大透视""广角镜""大写实""长镜头"之类，美其名曰是"深度报道"，不少实质上是虚张声势、故弄玄虚。另一方面，如果达不到这一客观量度，开发不出事实信息本有的多向度、多侧面、多层次的意义，必然会形成对事实信息的低度开发，这在新闻传播中最典型的表现就是"冷"，即对在客观上与受众利害关系甚大，同时也是受众极想获知的信息置若罔闻。比如对老百姓非常关心的社会治安、公职人员腐败、住房制度改革、医疗制度改革、社会保障等问题的蜻蜓点水、零打碎敲、雨后送伞、马后炮式的报道，实质上就是装聋作哑的"低度"开发，浪费了重要的新闻信息资源。造成这种"冷"景象的原因不只在于传播者，更与我们前述的选择确定新闻事实的"逻辑前设"有关。适度原则的另一内容关乎受众的接受心理。由于开发意味着将会传播什么，因此，如果说发现环节还无须过多考虑受众的接受心理，那么，进入事实信息的开发环节则必须认真对待受众的接受心理期待。过度开发，必然造成失实，从而失信，受众心理上产生受欺受骗的感觉；低度开发，欲言又止、浮皮潦草，难以满足受众的期待，使其在心理上产生失望的感觉。现代受众的新闻解读接

---

① 郑兴东. 新闻传播的客体属性与传播心理［C］//中国人民大学新闻学院. 新闻传播学术报告会论文集. 北京：中国人民大学出版社，1997：123.

受水平越来越高，获知新闻的渠道越来越多，他们会在接受信息的过程中，做出比较，进行筛选，排斥经常过度或低度开发事实信息资源的媒介。

适度原则所包含的内容是十分丰富的，具体讲应该特别重视以下几条。

第一，在开发新闻事实的信息资源时，必须考虑硬性"规范"之度，即信息开发不能超越现行的法律、政策和有关新闻传播纪律所规定的范围，处理好"规定动作"与"自选动作"的关系。法律禁载的内容，不符合有关纪律、政策的东西，必须慎重对待，不能盲目追求轰动效应或图一时之快，导致信息开发中违法、违纪现象的出现。

第二，必须考虑"道德"规范之度，即社会道德对新闻报道内容和方式的"容忍"程度，过度煽情的所谓新闻信息不一定是社会道德普遍接受和认可的。伴随晚报、都市报等大众化报纸的迅猛发展，商业气息在报业运作中越来越浓、市场逻辑也越来越强。其中典型的表现之一就是"煽情化"的报道方式愈演愈烈，比如，富有刺激性的大标题，表现伤亡事故时大幅"血淋淋"的图片等。这种报道手段无疑会吸引更多"眼球"的注意，同时也非常真实地再现了新闻事实，似乎理所当然，没有必要大惊小怪。但再现新闻事实的真实面目，开发事实信息的资源，也要受到"道德考量"，不应违背社会普遍认可的一些基本道德精神和道德规范。

第一，如果不作必要的"道德考量"，就很有可能背离人道精神，缺失道德上的同情心。那种以"特写"镜头将受害者痛苦惨状、不幸遭遇甚至尸体面部等再现于版面上，那种将一些不幸者（如生理上有缺陷者、精神病患者等）的正面照片刊登在报纸上的做法，的确"生动"逼真，但这种"过度真实"的内容与"极度精确"的形式，对受害者、不幸者作为人的尊严造成了损害，对他们的亲朋好友也造成了精神上、心理上的伤害。这一点，只要新闻人做一下"换位思考"，就会有深切体会的。

第二，不加"道德考量"的报道内容与报道方式，在"新闻真实"的正当名义下，往往对读者造成"过度刺激"，引起心理上的不适和反感，这并不利于树立良好的媒体形象。尽管读者可能还会读你的报纸，但在他们心目中你的报纸品位是不高的。一些晚报、都市报面对恶性事故，常常极尽"全面、真实、精确"再现之能事，不遗余力地进行"煽情"，恐怕有点"用力过度"之嫌。

再者，对受害者、不幸者之悲惨遭遇不作"道德考量"的报道，在报纸版面上常常体现为"大标题（甚至巨标题）、大照片、大篇幅"，这在版面资源总是有限的情况下，必然会在形式上冲淡其他报道，在内容上则可能导致信息量的减少，也就在整体上冲击了报纸报道新闻、传播信息基本功能的实现。自然，这种现象是每家负责任的报纸都应避免的。

第三，要把握好"时空"之度。开发新闻事实信息资源，要讲时机，要看具体的对象，要考虑媒体所覆盖的受众范围，以追求有效开发。不讲时机的开发，有可能付出政治上的代价；不讲空间的开发，则可能造成"雷声大、雨点小"的现象。

第四，还须考虑到传统文化对开发新闻事实信息资源的制约性，考虑到宗教信仰、民族习惯和感情等等对新闻报道内容的"适度"要求。所有这些都要具体问题具体对待，以实事求是的态度和方法做好新闻事实信息资源的开发。任何新闻传播媒体都不能图一时之快，取一时之利，忘乎所以，随意而为。

4. 经济原则

在过去计划经济体制下，搞新闻报道是不大考虑经济效益的。这对今天生存于社会主义市场经济体制中的新闻传播媒体来说，显然是不行的。经济原则必须成为开发新闻事实信息资源重要的原则，就是说新闻事实信息资源的开发，必须具有经济学的考虑，即必须认真对待投入与产出的关系问题。开发事实信息资源如同开发矿物资源一样，是需要大量投入人力、物力和财力的，当投入与产出不成比例时，"亏本"的生意就不能盲目去做。当然，根据我国的实际情况，在社会效益与经济效益发生冲突的时候，应该毫不迟疑地以社会效益为第一原则。但在确保社会效益的前提下，必须从信息资源开发的各个环节入手，精打细算，使成本降到最低限度，效益回报达到最大限度。这种理想状态未必能够完全实现，但对我国媒体来说，首先要具备这样的经济意识，能够把经济原则作为考虑问题的一个出发点。

总之，过度开发，破坏事实信息资源；低度开发，浪费事实信息资源。二者殊途同归，有害无益。因而必须尊重事实、尊重受众，适应社会发展整体水平所提供的新闻传播环境，坚持"适度"开发的原则。

（二）开发方法

1. 多角度开发

多角度开发，它的核心是从不同角度、以不同的方法审视事实信息的意义和价值。"角度"在这里既有时空的基本含义，更有观念化的内容。开发的视角不同，运用的方法不同，总会看到不同的东西。不同的"刀位"，总会切出相异的断面，呈现不同的景象。有些事实信息从此一角度、侧面看新闻价值不多，可若从彼一角度、侧面观照，它特有的价值便显露出来。有些新闻事实用这种方法开发可能缺乏特色，可换为另一种方法就可能有出乎意料的发现。

另外，这里所言的多角度开发，不仅是指传播者应该从多侧面、用多方法观照新闻事实，还指对待同一新闻事实，特别是那些相对重要的新闻事实，应从不同主体的角度去开发，比如可以从政党视角、政府视角、专家视角、平民视角等去审视，应该从历史、现实和未来的眼光去分析事实。这样，就会形成对某一新闻事实全方位的观照，多层次的分析。不同的眼光才会看出不同的东西，不同的心灵才会感受到不同的世界。如今，在新闻传播向受众主体时代发展的宏观趋势下，开发事实信息资源更应注意平民视角、大众视角。

对新闻事实信息资源进行多角度开发，是确保不遗漏有价值信息的基本方法。当然，对一定的新闻事实来说，往往存在客观的最佳或较佳开采信息的"刀位"，能否找到这一"刀口"或开发点，有赖于记者的发现力和透视力。

2. 多层次开发

事实信息不仅是多面的，也是多层次的。新闻传播大多数情况下不会只告诉受众"是什么"，还要告诉"怎么样""为什么"和新闻事实所包含的"意义"。这时，停留在现象层次就不行了，必须透过现象揭示事实的本质。而本质也是有层次的，每一层次所呈现的信息尽管互有联系，但又有所不同，每深入一个层次，就能使人们对新闻事实的真相看得更清楚一些。因此，对事实信息，特别是重大事件、重要事实所含的信息进行多层次的开发，是确保高质量新闻报道的前提。所谓深度报道，从信息资源开发角度看，其中一条就是要揭示出事实信息的深层信息及其所包含的意义，就是要揭示出新闻事实不同层次间的相互关联及其意义。但对一般性新闻事实来说，多层次开发要适可而止，以免故弄玄虚，造成过度开发，这一点对习惯于用事实讲道理的中国媒体尤其应当注意。

多层次开发直接面对的是新闻事实，但多层次开发本身还应充分注意到受众的多层次性。媒体或记者对新闻事实信息资源多层次开发的有效性，有赖于对受众多层次性的准确把握。离开对受众层次性的正确认识，对客观信息资源的多层次开发便失去了针对性。对受众层次性的认识和把握可以说是对事实信息资源进行多层次开发的前提。传播者应该在两种层次性间找到和谐的关系，达到对受众层次性的适应，以求有效的新闻传播。

3. 过程开发

多角度开发和多层次开发，主要是在静态参照系下开发事实信息资源的两种主要方法。如果在动态中考察新闻事实信息资源开发，首要的方法就是过程开发，即伴随新闻事件、事实的动态发展过程，不断开发事实信息资源，它是与追踪发现相伴而行的开发方法。新闻事实信息资源是在事实演变过程中不断同步生成的，是一种具有明显"过程性"的存在。它不像一些自然资源是"已在"的资源，"死"的资源，像煤炭、石油、天然气等，具有很大的稳定性，即使人们不去开发利用，它也依然故我地存在。但新闻事实信息资源往往稍纵即逝，有些信息具有一去不复返的特性，一旦坐失良机，必将追悔莫及。要想真正捕捉到新闻，无论是发现还是开发都必须紧跟客观事实的演变进程。新闻事实信息资源的即时性特征决定了对它的开发必须是及时的、迅速的、紧追不舍的。如是，才能确保新闻传播的及时性和新鲜性。

在一定意义上说，新闻报道的价值就在于它的完整的过程性，只报道新闻事件、事实结果的新闻是死的、无生气的新闻。新闻的生命就在于运动，新闻报道的意义就在于过程之中，而这是以对新闻事实信息资源的过程性开发为前提的。人们之所以对我们的一些"成就"性报道、"经验"性报道不感兴趣，其中一条重要的原因就是，一些新闻传播媒体把本来是生气勃勃的新闻事实搞成了死气沉沉的东西。一旦离开对新闻事实信息资源的过程性开发，新闻就难以引起人们的及时性注意。俗话所说的吊不起人的胃口，新闻的"负熵"价值当然就大打折扣。因此，坚持过程开发原则，对我国新闻媒体显得尤其紧迫和重要。

过程开发是引导受众参与新闻活动最有效的途径之一。有了"过程"，人才会对结果有一种期待；有了过程，人才觉得有寻求媒体的必要；有了过程，才有了新闻的趣味，有了新闻那延绵不断的吸引力。现在的都市报、晚报，在策划一些新闻活动时，总是把过程摆上十分重要的地位，目的就在于通过新闻的过程性唤起受众的参与热情。

4. 关联开发

也可称为整合开发。尽管我们在讨论开发问题的一开始已经说明只针对个体的事实信息，但这并不排除事实间总是有关联的。因而开发新闻事实信息资源时，必须考虑到信息间的关联性。这里的关联主要有两方面的意思：一是同一事实不同事项信息间的关联。单纯的事实几乎是不存在的，凡事实都是由不同事项构成的（见第二章），注意开发事项间的关联信息是实现整体反映事实的基础。二是任何事实总产生于一定的环境，事实信息因而也常常在相对独立中与环境信息交织在一起，只有在与环境的关联中，人们才能更好地理解某一新闻事实信息的真正意义。对传播者来说，开发这种关联信息是非常必要的。而将这些相互关联的信息加以合理的整合，是充分利用事实信息资源、全面报道对象的重要方法。事实上，多数重要新闻报道之"重要性"的体现，就在于它开发出了关联信息，整合了各种不同的信息，使人们从点看到了面，从个别、特殊了解到了普遍和一般。

多角度、多层次的新闻事实信息资源开发方法，形成了开发的全面性和立体化的态势，过程式、关联式的开发方法，形成了开发的梯度化和系统化的态势，它们的整合则保证了传播者在静动统一中对个体事实信息进行完整有效的开发。

四、确定报道内容

经过发现新闻事实、开发新闻事实信息资源两个环节，传播者对新闻事实已经形成了比较全面的认识，在此基础上，将确定报道的具体内容。

在确定具体内容时，传播者是按自身的"选择图式"来进行的。其实，选择图式的作用贯穿于发现、开发的始终，只是我们在最后确定这一环节上加以特别的说明。

（一）选择图式的构成

"图式"概念，是从哲学认识论借用而来的，并且在相同的意义上使用，即图式是指主体从事某种认识活动时，面对对象的"先存心灵状态"①，或既有的"大脑主观状态"，"是主体用以为前提、为基础、为背景、为工具，去感知和理解对象的大脑认知临场状态"②。图式概念反映的实质是，人们在从事认识活动之前，在面对任何认识对象的时候，其大脑都是"有准备的头脑"，而不是"白板"一块。在组成主体认识图式的各种意识状态中，认知意识、道德意识和审美意识是三个基本构成部分。"在认识活动中，它们各以不同的追求和目标出现，发挥着各自特有的作用。认识的过程和结果就是这三重心理能力综合作用的过程和结果，凝结和体现着真善美的统一和协调。"③

对新闻传播者来说，当其面对已经获得的事实信息时，又是如何确定具体传播内容的呢？即此时他的"大脑状态"是怎样的呢？或者说他是凭借什么样的"图式"选择确定传播内容的呢？（选择、确定也是一种认识，这时的"认识图式"就是"选择图式"）我们认为，构成传播者"选择图式"的主要内容有：一是本章第一部分所阐述的"逻辑前设"，它主要反映着新闻传播规律的要求和现实社会对新闻事实选择的基本规范，这两点亦可看成是受众对新闻事实选择的普遍性要求。二是传播者所属媒介的个性化新闻价值观念和特有的新闻报道方针，这些都以内化的方式或以外在

① 周文彰．狡黠的心灵：主体认识图式概论［M］．北京：中国人民大学出版社，1991：5.
② 同①118.
③ 同①52.

形式制约着传播者的选择活动。三是受众对新闻选择的一些特殊要求（特殊是相对逻辑前设的普遍而言的），比如在一定时空条件下，受众想更多地获得有关的事实信息。这些东西也会以观念形态存储于传播者的大脑之中，成为他选择图式的重要组成部分。传播者新闻选择适当性的大小，关键在于他对受众需要的把握是否及时准确。四是传播者自身具有的不同于以上三部分内容的特有的知情意，即平常所说记者或编辑拥有的"唯我独具"的个性化东西。众所周知，记者必定是选择确定新闻事实最重要的"关口"，在直接现实性上，他在选择确定报道内容时是各种主体的统一"化身"，他的喉舌耳目就是被代表人的喉舌耳目。有位著名记者对此表达得淋漓尽致："我是读者派来的代表，党派来的调查员，以我亲身的见闻向你报告"[①]。但说到底，传播者终究是他自己。因此，选择确定活动必然具有鲜明的个性化特征，他很难"跳出自己的精神躯壳"。他对新闻性的独特理解，他对社会规范、传媒方针的个性化把握，以及他自己特有的经验、意志、情感、信念甚至偏爱、嗜好等等，都会在不同程度上影响他的选择活动。选择过程并不是纯粹的理智行为，非理性的情感、意志、信念等因素有着巨大的作用（不只是正面作用）[②]。杨健在他的《新闻审美》一著中对此作了较为恰当的说明："记者进行采访活动时，一般规律为：理智感使记者进入采访，与客观对象接触；道德感或审美感使记者发生兴趣，产生肯定或否定的态度；理智感、道德感和审美感最后共同作用做出情感取舍，决定报道与否和从哪个角度进行报道。"[③] 传播者就是由上述四种要素构成的选择图式确立具体报道内容的，受众接收到的有关某一新闻事实的信息就是按照这种图式选择的结果。当然，对受众来说，其间还

① 彭正普. 当代名记者 [M]. 开封：河南大学出版社，1988：58-59.
② 颜世元. 情感认识论 [M]. 郑州：河南人民出版社，1993：1-99.
③ 杨健. 新闻审美 [M]. 北京：新华出版社，1999：7.

有一个对选择内容的符号再现问题，我们将在下章论述。

（二）报道内容的确定

在实际的新闻传播中，确定报道内容是在多个环节中完成的，确定的内容能否真实反映"原生态"的事实面貌，也是有差别的。

1. 确定的两个环节

在前述行文中，我们一直用"传播者"作为确定新闻事实各个环节的主体。但在实际运作中，传播者有不同的角色分工，这就构成了不同的确定环节。这些问题没有过强的学理性，我们在此作一简单描述即可。确定有两个主要环节：一是采访环节；二是编审环节。编审环节对采访环节的选择会做出这样几种处理：认可"放行"采访环节的结果；修改采访环节的选择；"枪毙"采访环节的选择；暂时"扣压"，使其不得继续在传播流水线上作业。

2. 确定的可能结果

经过发现、开发到最后确定，新闻报道对事实的选择度过了一个相对完整的过程。选择的本质就是有取有舍，因此，相对"原生态"的新闻事实来说，最终确立的"事实形象"，必然对其有所改变。不变是相对的，改变是绝对的，"改变"的程度将直接决定随后新闻报道的真实性。从理论上讲，经过"改变"而确立的事实形象，与原生态的事实相比，大致有这样几种情况：一是达到与原生态事实的逼真，即确定准备报道的内容在现象和本质的统一性上，较好反映了原生态事实的真实面目；二是基本把握住了原事实的面目；三是未把握原事实的本来面目；四是歪曲了原事实的面目。这些对事实的确立结果样式，将直接决定再现事实的结果样式。

第四章　新闻事实的再现

我们如果不敢强调客观的、真实的报道，只强调立场，那么，我们的报道就有主观主义，有片面性。

——刘少奇

所有的语言表达形式都不是给定的感觉和直观世界的单纯模本。

——卡西尔

新闻者，确实者也，凡不确实者，均非真正新闻。

——徐宝璜

当新闻事实经过发现，事实信息资源经过开发、选择和确定的环节，逻辑上便进入对事实信息的符号化阶段。这一阶段的核心任务是把经过发现、开发、确定的新闻事实，依据不同新闻传播媒介符号系统的特征陈述、表达、再现出来，形成作为传播内容的新闻作品或新闻文本，这是新闻传播中最重要的一环。传播媒介及其记者、编辑对新闻事实的认识结果、情感态度、意见评论等等，都会通过各种各样的技巧和方式凝结在作品之中，灌注在新闻事实的信息形态之中。事实上，传播媒介及其记者、编辑只能传播那些他们认识把握到的，并且是愿意传播的东西（自然要受到各种条件的限制）。传播媒介的品质、风格、气派、追求等等内在的、外在的所有特质、属性也会一并凝结体现在新闻作品之中。可见，对新闻事实的再现不只是简单地对新闻事实的再现，同时也是对传播媒介及其记者、编辑自身新闻观念、价值取向、新闻形象等的再现。传播媒介最终送给广大受众的将是真善美的精品佳作，还是假恶丑的胡编乱造，抑或是不伦不类的怪胎，都会体现在对新闻事实符号化的再现中。

一、再现新闻事实的原则

新闻传播，作为主体的一种社会认识活动，如我们在上一章已经指出的那样，传播者总要追求合规律性与合目的性的统一，在再现事实的过程中，不可避免地要再现"自我"——再现传播主体的意识形态、价值观念、利益观念等等。新闻再现的原则从根本上说也是在这种统一中确立的，但却是在新闻传播自身特殊性的约束下确立的，以有效达到客观与主观的统一、事实与价值的统一。

再现是以能够再现为前提的，马克思主义哲学认识论已经对世界的可知性做出了科学肯定的回答。作为认识世界手段之一的新闻认识，从原则上说可以正确反映它所反映的主要对象世界——新闻事实。关于新闻认识能否全面正确反映整个事实世界的问题，我们将在后文中论及。

再现就是把已经确定的新闻事实以媒介符号的方式陈述、表达、呈现出来。再现的原则是指传播者再现新闻事实时应遵循的基本规范或准则。这些准则要么是新闻传播规律的直接表现，要么是新闻传播规律的内在要求。以往人们大都把新闻传播的基本要求，即真实、客观、全面、公正、快速等放在同一层次上作为新闻报道的基本原则[①]，这从一般意义上说是可以的。但要深化对这些基本要求的认识，就应对这些要求从理论上做出属性上的区分和层次上的厘定。我们认为，真实、客观、全面属于事实原

---

① 童兵. 理论新闻传播学导论［M］. 北京：中国人民大学出版社，2000：72.

则，公正、有立场等属于价值原则，而快速则是新闻传播有效实现"事实原则"和"价值原则"特有的"方法原则"。

（一）事实原则

所谓事实原则，是指以反映事实"是什么"为目标的原则，它的符号再现形式是"存在判断"，这是再现新闻事实的基本原则。背离事实原则的再现就不是"新闻"再现。事实原则包括：真实原则、客观原则和全面原则，其中后两条原则是为了确保第一条原则的完美实现。从这种关系上说，可以把真实原则看作是事实原则中的首级原则，而客观、全面原则可看作是次级原则。

1. 真实再现原则

真实是新闻的生命。真实就是符号再现形式与再现的客观对象相符合（关于新闻真实的具体内涵，见第七章"新闻真实的确证"）。真实再现新闻事实是新闻传播的规律性要求，是新闻传播实现最终目的、致效的基础。"只有通过提供事实的新闻报道，才能实现新闻传播的使命"①，才能使传受双方达到真正的"传通"。如果违背这一客观规律，必将丧失新闻传播的意义。徐宝璜先生说过："新闻者，确实者也，凡不确实者，均非真正新闻。"② 因此，真实再现原则可看作是新闻传播的第一原则、首要原则，是反映新闻之本质的"事实之则"。真实再现原则就是马克思所说的根据事实来描写事实的原则③，它完全立足事实、引用事实，并以事实为根据进行判断，得出的结论仍然是明显的事实④。真实原则集中反映了新闻传播的"事学"精神，反映了新闻传播所追求的直接目的——告知事

---

① 童兵 . 理论新闻传播学导论 [M]. 北京：中国人民大学出版社，2000：73.
② 徐宝璜 . 论新闻学 [C] // 黄天鹏 . 新闻学论文集 . 上海：光华书局，1930：2.
③ 中共中央宣传部新闻局 . 马克思主义新闻工作文献选读 [M]. 北京：人民出版社，1990：2.
④ 马克思恩格斯全集：第 42 卷 [M]. 北京：人民出版社，1979：413.

实信息。

　　真实再现原则排除一切虚构、假设、预测和想象，正是在这一点上，它与以塑造形象的文学区别开来，与可以进行大胆假设的科学区别开来，与一切以概念操作、逻辑运演或虚幻想象为表现形式的观念活动区别开来。新闻是"实事"之学，它的"魅力在于事实的真实，铁板钉钉，言之凿凿"①。新闻的真实从本质上说就是事实的真实，正是在这一点上，它与历史学相通。正如甘惜分先生所说："事实，已经发生的事实，是新闻学的出发点，也是历史的出发点。"②

　　怎样才能及时、公正地再现新闻事实的真实面目，是新闻传播实践者和理论研究者长期以来探索的重要问题。迄今为止，人们普遍认为，客观、全面反映新闻事实是实现真实再现的两大主要方法，也是达到公正再现的根本途径。由于没有客观、全面两种再现方法，就不能达到真实再现新闻事实、实现新闻传播的公正性，因此，人们一直把客观、全面反映新闻事实的两大方法看作是新闻报道的原则，是与真实原则、公正原则相并列的原则。但从目标与手段的关系，以及不同原则间的层次关系看，客观、全面原则应是实现真实与公正相统一构成的新闻传播目标的次级原则和手段。

2. 客观再现原则

　　客观再现原则是整个新闻发展史上、新闻理论研究中最引人注目的一条原则。客观报道的理论"起源于19世纪，在美国和英国广泛地被赞为20世纪前25年中对于新闻学的独特贡献"③。它的产生与发展"除了日渐

---

　　① 梁衡.新闻原理的思考［M］.北京：人民出版社，1996：71.
　　② 甘惜分.新闻论争三十年［M］.北京：新华出版社，1988：296.
　　③ 斯拉姆.报刊的四种理论［M］.中国人民大学新闻系，译.北京：新华出版社，1980：70.2008年，中国人民大学出版社重新出版了此书，书名译作"传媒的四种理论"。

增长的职业主义意识外，还有它的经济原因，但同时也还有一个哲学基础"①。对此，学者们已经作了大量的有价值的阐述。"在历史向度上，我们可以说客观报道是物质生产发展到一定历史阶段的产物，是体现自由主义经济的物质生产方式特点的一种精神生产方式。"② 这种生产方式要求新闻实现市场化运作，为满足大部分人的信息需求，"必然要有客观报道的形式"③。从哲学理念上说，新闻的客观性原则植根于人的精神交往需要和人的社会性道德意识，"或者说，它是体现人的社会本性的一种表达方式"④。同时，客观原则更是"植根于人的理性精神和求真意识"⑤。

客观原则作为一种再现新闻事实的方式，其最典型的特征是"以一种公正、超然以及不含成见的态度来报道新闻；反对在新闻中夹叙夹议，不能参与个人见解，只要把事实发生的时间、地点、人物、情况、原因交代清楚就行了"⑥。施拉姆等人认为，它的基本原则是："单纯的记事；意见必须与新闻分开。"⑦ 童兵先生则从内容与形式两个方面阐述了客观原则的内涵："内容上的'客观'，指新闻所报道的事实是一种客观存在的事物、人物或事件；形式上的'客观'，指新闻所显示的倾向性，是通过其所报道的事实的逻辑力量实现的，作者采用的是'客观陈述'的方法。"⑧这一阐述简明扼要，易于把握。

对于客观再现是否可能的问题，新闻理论界长期都在争论，这已是众所周知的事情了，本章不打算罗列各方的见解。依据马克思主义哲学的基

---

① 斯拉姆. 报刊的四种理论 [M]. 中国人民大学新闻系，译. 北京：新华出版社，1980：103. 2008年，中国人民大学出版社重新出版了此书，书名译作"传媒的四种理论"。

② 单波. 重建新闻客观性原理 [J]. 现代传播—北京广播学院学报，1999（1）：29.

③ 同②

④ 同②

⑤ 同②

⑥ 吴飞. 西方新闻报道方式变革的内在动力 [J]. 现代传播—北京广播学院学报，1999（2）：6.

⑦ 施拉姆. 报刊的四种理论 [M]. 中国人民大学新闻系，译. 北京：新华出版社，1980：71.

⑧ 童兵. 理论新闻传播学导论 [M]. 北京：中国人民大学出版社，2000：78.

本原理，客观再现新闻事实是可能的。我们不能因为认识离不开主体对客观对象的主观性把握，便说达到客观真理是不可能的；同样，我们不能因为再现新闻事实离不开传播者的主观意识，就说传播者不可能客观再现对象的本来面目。如此，必然导致新闻认识上的怀疑论和不可知论。事实上，人们只有通过在实践基础上形成的能动的主观性才能达到对新闻事实的客观反映。正因为人们具有明确的主观意识和对象意识，才能在思维中将客体和主体区别开来，才有可能将不属于对象自身的东西排除在报道之外，从而达到客观再现。对此，郭镇之教授有一句非常精到的话："没有客观性的思想，就没有客观报道的方法"①。当然，同样的主观能动性，也会因主体的某种不正当目的或其他一些因素的干扰，而改变事实的本来面目，甚至歪曲、捏造事实。但这与人们能够客观再现事实已是两个不同的问题了。总之，"同科学家的客观性一样，新闻工作者的客观性也完全是可能的"②。

客观性始终是相对主观性的客观性，是主体把握到的客观性，那种"把客观报道规定为科学的、精确的、非人性的、不带个人意见的描写，恰好是违反理性的"③，是不可理解的客观性。"记者是客观报道者，但并不是冷酷的旁观者"④，他们会用心灵去感受、领会人民的爱恶，触及芸芸众生的脉搏。他们是以自己能动的主观性去反映客观事实的客观性的。

客观再现原则之所以成为新闻报道的重要方式，就是因为只有客观再现，才有可能真实，"只有客观传播的新闻，才有力量"⑤，只有再现出客

①　郭镇之．"客观新闻学"［J］．新闻与传播研究，1998（4）：65．

②　瓦耶纳．当代新闻学［M］．丁雪英，连燕堂，译．北京：新华出版社，1986：37．

③　单波．重建新闻客观性原理［J］．现代传播—北京广播学院学报，1999（1）：30．

④　江瑞熙．爱激情 严谨：一个新闻工作者的随想［M］//张维义．当代"老新闻"．北京：中国广播电视出版社，1994：128．

⑤　童兵．理论新闻传播学导论［M］．北京：中国人民大学出版社，2000：79．

观事实自身逻辑具有的倾向性，才能真正显示出新闻传播的公正性和正义性。如果提升到人类生活的整体层面，可以说客观原则的价值在于它"通过扫除偏见而扩大精神交往的空间，通过公开的报道、公正的呈现而使人拥有民主、自由、平等的理想和探求真相的理性精神、维持主体的社会性道德意识网"①。正因为如此，"客观性已经成为一种公认的语汇和普遍的模式。它代表了现代社会对新闻媒介的常识、期望，是人们构思、定义、安排、评价新闻文本、新闻实践和新闻机构的标准"②。客观再现新闻事实的原则已经为中西方的新闻界所共同接受，成为人们普遍认同的新闻传播原则。有人因为西方一些新闻媒体在客观再现原则的名义下，并未客观再现新闻事实而否定这一原则本身的科学性和合理性，显然是把不同的问题弄错位了。

3. 全面再现原则

全面是实现新闻真实再现的关键。③ 全面再现原则的基本内涵是：对于个体新闻事实，不管是以静态形式存在的，还是以动态形式变化的，都要从多侧面、多层次、过程性以及与环境的关联性上（参见上一章"新闻事实信息资源的开发"）进行立体化和梯度化的反映。对于那些有争议的问题，传播者在作品中更要注意顾及各方的情况和意见，把事实的整体状况再现出来。对于某一领域甚至社会的整体面貌的全面再现，关键在于呈现"实事"的总体结构，媒体对各方面情况反映的量度比例要与实际相符合，即全面再现的关键在于为受众提供健全的而非片面的、整体的而非零碎的信息（不管是正面信息还是负面信息）。全面再现的另一要求是，全面不能停留在对事实表面现象的全面罗列上，还应力求在条件允许的情况

---

① 单波. 重建新闻客观性原理 [J]. 现代传播—北京广播学院学报，1999（1）：34.

② 郭镇之. "客观新闻学" [J]. 新闻与传播研究，1998（4）：64.

③ 黄旦. 新闻传播学 [M]. 杭州：杭州大学出版社，1997：253.

下，揭示事实的本质，达到一定的深刻程度。对此，刘少奇曾有过精辟的论述，他说："不深刻不会全面，提不到理论高度，是不会全面的，那只能是零碎的、现象的、无系统的。全面，就要综合，要总结，要提到政策、理论的高度。提不到理论高度，就不能认识事物的本质。理论的东西就是要'透'，不是光说明现象、皮毛，而且能说明内部的联系。"①

全面再现的理由在于：只有全面，才能为受众提供健全的信息，只有健全的信息，才能使人们真正了解某一新闻事实，把握自然、社会的最新变动情况。只有全面，才能确保达到新闻的事实真实（个体真实）和整体可信。孙旭培先生在其《新闻学新论》中写道："新闻报道做到既真实，又全面，就能实现具体真实和整体可信的统一。"②"要做到真实，就要全面，缺一面就不是真理。"③ 只有正确的、具有真理性的信息，才会成为对受众有用的信息。只有全面，才能给新闻事实的"当事者"提供平等、公平的机会，才有可能实现新闻的公正性或正义性，而公正或正义乃是媒体能够生存与发展的价值根源。

全面再现的可能性，对于个体新闻事实是比较好理解的。对自然、社会整体的最新变动情况的全面真实再现，从原则上说是由所有媒体的"合力协作"达到的。这种全面性总有一定的相对性，不可能将现实丝毫不露地和盘托出，"但是，全面性这一要求可以使我们防止错误和防止僵化"④。新闻传播媒体能在一定时空内再现的自然、社会整体的真实面目，我们以为这种真实只能是"新闻眼光"中的真实、新闻层面上的真实、新闻报道范围内的

① 中共中央文献编辑委员会. 刘少奇选集：上卷［M］. 北京：人民出版社，1981：403.
② 孙旭培. 新闻学新论［M］. 北京：当代中国出版社，1994：218.
③ 刘少奇. 对华北记者团的讲话［M］//中国社会科学院新闻研究所. 中国共产党新闻工作文件汇编：1921—1949年下. 北京：新华出版社，1980：256.
④ 列宁选集：第4卷［M］. 3版. 北京：人民出版社，1995：419.

真实，即新闻真实只是相对新闻事实而言的真实，新闻事实之外的真实不是新闻真实所能承担的，新闻认识只能完成它所担当的任务。对整个自然、社会变动的真实情况的全面反映，并不是新闻传播独自能够达到的，它需要人类拥有的所有认识工具、认识方法去共同实现。即便是新闻层次上的真实、新闻报道范围内的真实，也是在传播过程中逐步实现的，真实反映必然是一个相对与绝对统一的过程。这一点与人类其他认识世界的方式并没有本质的区别。

（二）价值原则

新闻传播的目的不只是再现客观事实的真实面目，不只是为了传播客观的新闻信息。传播者在报道新闻、传播信息的同时，还要追求自身的需要。在再现事实的过程中，传播主体总有一定的选择和价值取向。公正或正义是再现新闻事实时应该追求的基本价值。尽管任何公正或正义都是主体从自身历史地位、自己的利益观念、价值观念出发认定的公正或正义，但在一定的时代、一定的社会，它总有人们公认的内容。这些内容会体现在一定的法律规范、道德规范和职业主义等的理想之中。如果不承认普遍公正观念的存在，人类就会失去讨论公正的基础，这对新闻报道来说，道理是一样的。

1. 公正再现原则

新闻传播公正性的科学含义主要包括："传播工作者负有社会责任和职业道义，保障公民享有平等地从媒介获得资讯、发表意见、进行申辩和反对他人观点的权利与机会，传播工作者不享有传播自己个人意见与片面事实，并以个人意见与片面事实压制他人意见与其他事实公开传播的特权与自由。"[1] 可见，新闻公正的实质就是"新闻正义"，是传播者在再现新

---

① 童兵. 理论新闻传播学导论［M］. 北京：中国人民大学出版社，2000：82.

闻事实时"应当"追求的一种价值理想，也是传播者在进行新闻传播时应具有的新闻道德。因此，从本质上说，公正再现新闻事实的原则是"应然之则"。

作为新闻正义的内在要求，公正原则可以说是新闻的道德，它要解决的是新闻的公正性和合理性的问题。新闻媒介，是一种社会公器，因而新闻正义在本质上是一种社会正义，它是"绝对的命令"，是传播者"应该做的事，必须为做而做"①。它从新闻传播的价值取向上约束着传播者合目的性的追求，它不拒绝传播者在再现新闻事实时可以从自己的立场出发表达一定的倾向性，但它以"道德律令"的形式要求这种立场、倾向必须是正义的、公平的、大公无私的和合理的，是社会公众期待新闻应当达到的一种状态。

传播者是否在再现事实时坚持了公正的原则，达到了新闻正义，评判的主体是广大的受众，而不是任何其他的人，评判的直接规范是社会公认的良法和良德。公正原则最典型的另一表现是要求传播者在再现事实时必须"平等"对待"当事者"各方，"'一般公正'是指对事物的不同方面、不同意见都提供同等的待遇"②，"'公正'在马克思和恩格斯著作中的含义是指两方面都谈到"③。正义所要求的就是"平等地对待同样的或基本上相同的情况"④。"平等是一项重要的正义原则"⑤，正义，"它的实质就是平等"⑥。只有"为争议双方提供平等利用媒介的机会"⑦，才能从手段

① 冯友兰. 中国哲学简史 [M]. 涂又光，译. 北京：北京大学出版社，1985：52 - 53.
② 陈力丹. 精神交往论：马克思恩格斯的传播观 [M]. 北京：开明出版社，1993：318. 2016年，中国人民大学出版社推出了此书的修订版.
③ 同②331.
④ 博登海默. 法理学：法律哲学和方法 [M]. 上海：上海人民出版社，1992：286.
⑤ 吕世伦，文正邦. 法哲学论 [M]. 北京：中国人民大学出版社，1999：473.
⑥ 勒鲁. 论平等 [M]. 王允道，译. 北京：商务印书馆，1988：43.
⑦ 童兵. 理论新闻传播学导论 [M]. 北京：中国人民大学出版社，2000：81.

上保证再现事实的全面性、客观性和公正性。美国著名学者约翰·罗尔斯在其名著《正义论》中精辟地指出："正义否认了为了一些人分享更大利益而剥夺另一些人的自由是正常的。"① 正义，从古至今，都被人们看作是"百德之总"，是"一种最高的价值观念"②。但从直接的现实性上看，新闻事实的当事者是否能够平等地享有法律所规定的言论自由的权利，是衡量新闻传播是否公正的重要尺度，也是传播者判断自己是否在新闻作品中公正再现了事实的尺度。公正不仅是对新闻事实当事者的公正，也是对社会公众的公正，新闻维护了社会和公众普遍认可的正义观念，合乎人们普遍认可的情理，满足了受众获取新闻事实真相的知情权等，就是对受众的一种公正对待。

公正作为再现新闻事实的基本原则，其实现的程度如何，关键在于传播媒体坚持什么样的传播方针，关键在于为谁服务。在私人资本控制下的新闻媒体，在本质上是难以实现新闻公正的，是难以在再现新闻事实时坚守公正原则的。即便人民当家做主的新闻媒体，尽管从理论逻辑上说可以实现新闻公正，但面对传播现实，人们不难看到，公正的天平有时也会倾斜到各种大大小小的权力一方，这也正是我们应该强调公正再现原则的现实根据。

2. 立场原则

无论怎样再现新闻事实，传播主体总是从自身立场出发的。所谓再现新闻事实的立场，主要是指"新闻机构、新闻工作者的阶级立场、政治立场在新闻中的体现"③。这在对社会性新闻事实，特别是对那些与传播主体有一定利害关系的事实的再现中，表现得尤为突出。

---

① 罗尔斯. 正义论［M］. 何怀宏，等译. 北京：中国社会科学出版社，1988：2.
② 严存生. 论法与正义［M］. 西安：陕西人民出版社，1997：172-176.
③ 林枫. 新闻改革理论探索［M］. 北京：当代中国出版社，1997：58.

立场原则对再现事实有两种明显的作用：其一，如果传播者的立场是正确的，无疑会有利于事实真相、本质的再现；其二，如果传播者的立场是不正确的，就会歪曲事实的本来面目，使新闻失实，甚至会从自身利益出发，捏造事实，传播假新闻，这种现象在新闻实践中并不鲜见。因此，再现新闻事实时，并不排除传播者的立场，事实上也排除不了立场，问题的关键在于立场本身的正当性或公正性。那么，什么样的立场才是正确的或正当的，这在原则上是好回答的，但在具体的新闻报道中并不是件容易的事情，它不仅有赖于传播媒体的性质、方针等宏观性的东西，也依赖于传播者的个体素质。

如前所言，事实原则是"是"的原则或"事实之则"，公正再现原则是"应该之则"或"价值原则"。它们从主客体两个方面对如何再现新闻事实提出了要求。公正原则是事实原则能够实现的道德保证，追求公正才能确保真实再现；而事实原则是公正原则得到贯彻的证明，公正原则的大旗要靠事实原则去高擎。

（三）方法原则

快速再现新闻事实是新闻在所有公开传播中显现的最突出的特征，也是新闻传播规律的内在要求。如果说真实是新闻的第一生命，那就完全可以说快速是新闻的第二生命。蔡元培先生在为徐宝璜所著的《新闻学》写的"序"中说："史所记不嫌其旧；而新闻所记，则愈新愈善。"[①] 及时、快速是再现新闻事实最突出的方法原则。

快速再现的内涵就是及时再现新闻事实，及时的程度是以新闻事实的发现到再现完成间的时距来衡量的。在广播、电视、互联网（目前还只是文字直播）的现场直播中，这种"时距"对视听者几乎为零，它把新闻的

---

① 徐宝璜．新闻学［M］//松本君平，等．新闻文存．北京：中国新闻出版社，1987：275.

媒介符号化阶段和产品化阶段"压缩"在了同一时间，几乎没有什么"包装"，即将原生态的新闻事实信息传播给受众。从原则上说，对新闻事实的再现越及时越好，即"时距"越短越好，但并不是绝对越短越好，还有个"时机"问题，这便是传播的"时效性"问题，既讲及时性，又讲效果性，是快速再现原则总体上需要把握的度或分寸。快闻、慢闻、不闻的考虑，是传播时效性的体现。

快速再现原则的具体根据是：从传播者方面看，新闻报道的总是自然、社会的最新变动情况，这种变动随时随地、层出不穷，如果不能及时对那些"非常态"性质的情况进行再现，报道便失去或减损了本有的新闻价值；从受众方面看，及时了解、获得外界最新变动情况，才能有效实现"有用、有趣"的需求满足，而这是以传播者的快速再现为前提的；从新闻传播面对的媒介市场看，竞争只会愈演愈烈，而新闻媒介间进行竞争的第一手段或最大资本就是"新闻"，竞争力的集中表现就是看谁的新闻快捷，并且质高量大，陈旧、滞后的新闻报道将失去对受众的吸引力，没有吸引力的传媒只有死路一条。这在人类社会正在步入信息时代、注意力经济地位越来越高的大背景下显得尤为明显。

快速再现原则与事实原则相比，不是对再现内容的要求，而是对再现时间形式的要求，快速与内容的真实没有必然的逻辑关系，但快速能够很好体现新闻再现事实现时性的特有魅力。当然，它也将在一定程度上影响事实原则的完美实现，影响再现事实的具体方式，因为快速中认识事物总会比慢速时出错的可能性大。与价值原则相比，快速原则可看作是一条能力原则，即它主要是对传播主体职业能力或传播机构技术能力的要求，且这种要求是新闻传播的内在规律，是不可或缺的东西。同时，尽管快速与公正间也无必然的逻辑关系，但对新闻传播来说，及时再现是实现新闻公正、新闻正义的重要条件。一旦错过时机，把握不好快速再现的原则，传播主体的价值追求可能落空，甚至适得其反。

公正再现，作为新闻传播的正义内容，本身对传播者就有快速及时再现新闻事实的要求。因此，快速再现原则既是"事实原则"的要求，也是"价值原则"的需要。可以说，它是有效实现"事实原则"和"价值原则"的"方法原则"，即快速是新闻再现客观世界特有的方法、特有的要求。

二、再现新闻事实的方式

如何再现新闻事实，即以什么样的方法和形式反映事实，这取决于多种因素。但最主要的因素有：一是事实本身的特征，符合对象特征的再现方式才能较好地反映对象；二是报道的目的，目的不同，对同一事实的再现常常会采用不同的方式；三是受众的接受习惯和接受能力，注意接受习惯、适应接受能力的方式才能达到更有效的传播；四是新闻传播拥有的生存环境如何，传播环境的优劣制约着再现事实的方式；五是媒介信息容量的有限性、传播技术的现实能力等也会影响再现方式。我们这里所说的再现方式不是指新闻实务中的具体报道方法或形式，像林永年先生在《新闻报道形式大全》中讨论的那样，有 60 多种①，而是透过这众多具体的形式，从几个主要角度揭示出所有形式具有的普遍的东西。

（一）从再现的内容特征看，有三种基本方式：叙事方式、显义方式和叙事与显义相融合的方式

1. 叙事方式

这是新闻报道再现事实的基本方式。尽管新闻作品的信息构成是多样的，包括事实信息和传播者的态度、意见、情感、意志等信息（可总称为

---

① 林永年．新闻报道形式大全 ［M］．杭州：杭州大学出版社，1991．

主观信息或倾向信息），但作为新闻，事实信息始终是作品的"硬核"。新闻作品一旦失去这一"硬核"，便不再是新闻作品。我们把仅以再现事实信息作为作品内容的方式称为"叙事"方式，即"只说事实，不表意见"的方式，类似于人们所说的"纯新闻"。叙事方式排除倾向信息的表达，追求纯客观的再现，即传播者没有在作品中表达倾向的主观目的，完全以再现新闻事实的本来面目为唯一目的。

叙事方式并非自然主义或客观主义的有闻必录，它仍然对事实有所选择，但选择的目的不在于以事实的客观逻辑力量或具体事项、细节的巧妙配置来表达倾向信息，而在于更有效地再现事实的"原形"或现实逻辑。叙事方式尽管越来越被人们推崇为"理想"的新闻表达方式，但在实际的新闻传播中，仅以"叙事"为目的的新闻严格说来大多"局限"在一些"非重要事实"的再现中，或者是传播者不急于、难以表达倾向的报道中。

2. 显义方式

这是相对"叙事"方式而言的一种再现方式。"显义"就是在再现事实时，把"叙事"作为必要的基础和前提，但重点却在于揭示或解释新闻事实的意义，表达传播者的倾向信息。与叙事方式的客观性相比，显义方式具有较强的主观性，它的主观目的在于用事实"说话"。

显义，首先是要"显示"对象具有的客观意义，即某一事实与主体在客观上具有的关联性，重点是揭示事实对受众的正负效应或利害关系。但客观意义的揭示，并不都是直接着眼于事实与受众的关联性，还会根据事实自身的特性，揭示其对相关事物的意义。显义再现不像叙事方式只提供事实信息，把关于正负效应、利害关系或其他意义的判断留给受众自己，而是传播者以受众头脑耳目的"代表"角色，直接对各种关联性进行判断。这种判断往往是从传播者的地位和利益出发，以传播者的价值观念、意趣指向、情感态度为视角，具有鲜明的传播主体性和主观性，显示着新闻的宣传特征。因此，这类新闻既可能得到与传播者观念基本一致的受众的赞同，同时也是最易被受众"曲解"或拒绝的新闻。其次是要"显示"传播者的主观倾向，即显示传播者对再现对象的态度、意见和情感等等。它不同于对事实客观意义再现的地方是：传播者是从"说话"的目的出发，去组织事实的材料，排列事实的结构，选择事实"为我"的细节，具有更强的主观色彩，不同于用事实客观逻辑、客观倾向"说话"。显义的方式，因而更可能改变事实的真实面目。过度的显义再现方式，是新闻失实的重要主体根源之一。现实新闻报道中存在着大量如此"显义"的新闻，比如一些对先进模范人物的宣传性报道，一些对典型单位的表扬性报道，新闻媒体往往为了充分展现报道对象的先进性和典型性，不顾甚至无视对象的不足和缺点，只将正面事实组织在一起，表达自己要说的话。类似这样的新闻报道，从本质上说是不真实的，或者说其真实性是有限度的、片面的，违背了新闻报道的基本规律。

显义方式多用于重大事实，特别是政治事实的报道之中，因为这类事实与社会和传受主体的价值观念、实际利益具有更强的关联性，正是对这类事实的不同意义再现，十分明显地展示出传播媒介的传播方针、新闻立场、新闻价值观念等。人们可以比较明显地看到，在国际新闻报道中，不同性质、不同类型的新闻传播媒体，在一般的经济、金融、科技、体育等方面，大都能够坚持客观、公正的报道。可一旦涉及政治性较强或很强的社会性新闻事实，比如，战争、人权、政治性的游行示威活动、政治人物、民族问题、种族问题等，不同性质、不同类型的新闻媒体都会从自身利益或自己维护的政治信念、政治利益出发，做出具有一定差别甚至是完全对立的报道。这一点，在敌对的或不大友好的国家间的政治新闻传播中表现得尤其明显。即使在某一国家国内政治新闻报道中，如果涉及比较敏感的问题，比如游行示威、罢工抗议、政治腐败、民族矛盾等等时，新闻媒体总是慎之又慎，原因就在于政治性新闻事实对不同的主体有着不同的意义和效应。在实际的新闻传播中，出于政治上的考虑，对一些"天灾人祸"性的负面新闻事实，也往往会以对待政治性新闻事实的态度和方式去处理，其根本目的就在于显示一定的意义。

3. 叙事与显义融合式

单纯的、绝对的叙事、显义再现方式，在实际的新闻报道中，尽管大量存在，但并不占据主导地位。因为，对新闻报道来说，表达一定的倾向性是正常的现象。新闻传播中最常见的方式是将"叙事"与"显义"融为一体的方式，即在叙事中显义，在显义的意向中叙事。高明的融合方式给人的印象更似单纯的叙事方式，它把新闻传播规律与受众接受心理之间的张力控制在了恰当的限度之内。如果说叙事方式更多的是从新闻事实出发，显义方式更多的是从传播主体的目的出发，那么就可以说融合方式是将叙事与显义结合起来使主客体达到统一的再现方式。

以融合方式再现新闻事实，就是把事实信息与倾向信息"天衣无缝"地融合、凝结在同一新闻作品之中，形成"饱和状态"的信息含量，使受众在解读新闻作品之后，既能获得对新闻事实信息的把握，又能获得一些"言外之意"。

由融合方式形成的新闻作品，如果是比较完美的话，那它就不仅是对新闻事实本来面目的再现或还原，还会在真实再现之中"携意""言志"[①]，即它不会停留在简单的事实还原上，还要利用事实的客观逻辑力量，表达记者的观点，反映事物的内在本质和规律，在潜移默化中达到对受众不知不觉的引导。喻国明博士在其《新闻作品信息量问题初探》一文中，借用我国古代学者王夫之的话，把新闻作品中输送新闻信息

---

① 袁正明. 语义信息量琐谈［M］//叶家铮. 电视媒介研究. 北京：北京广播学院出版社，1997：123-136.

的渠道概括为"言、象、意、道"四个基本层次①。这很好地说明了这里提出的融合再现方式的特点。并且，我们也赞同喻国明博士提出的增大新闻作品信息含量的关键，"就在于善于充分利用'言、象、意、道'四个层次所提供的'空间'，借助这些层次向读者传输尽可能多的新闻信息，而尽量避免对这些层次中某些层次的'闲置'和浪费现象"②。

如上所言，融合方式最突出的特点是以客观叙事的方式，在再现事实信息的同时实现显义的目的。它特别重视叙事与显义的统一性，力求避免二者的脱节或相互背离，形成"两张皮"的现象。"实事""求是"，且不露声色地"求是"是融合方式的本质所在，要旨所在。

（二）从再现事实的过程性上看，有三种基本再现方式：一次再现式、二次再现式和多次再现式

传播者发现的新闻事实，都是客观存在的事实，但事实之间的差别是很大的。有的简单，有的复杂；有些事实是事物经过一系列变动后生成的相对稳定的产物，以相对静止的形态存在着，有些则正处于变动之中，其未来的结果具有多种可能性；还有一些是可能出现的事实，有待未来的证实。对这些具有不同存在特性的新闻事实，在再现的过程中当然不可能以一种方式去再现，必须针对它们的静动特点、简单与复杂的属性等确立具体的再现方式。从新闻事实与主体的关系看，不同事实的重要性、新鲜

① 喻国明. 嬗变的轨迹：社会变革中的中国新闻传播与新闻理论［M］. 北京：中央编译出版社，1996：23－41."'言'——新闻语言.'象'——新闻事实.'意'——记者通过采访活动对客观世界中具体事件的理解和认识，它包括'情'与'理'两个方面.'情'即情感，其实质是主体自身的感受，它取决于客体满足主体需要的性质和程度.'理'指主体对客体的理性认识.所以'意'既有客观内容，又有主观色彩，表现为新闻的倾向性.'道'——包含客观之道和主观之道两重含义.客观之道主要指客观世界发展的趋势及规律；主观之道是指特定阶级、集团的世界观及方针、路线等."

② 同①26.

性、与主体的接近性以及主体对事实的兴趣大小也是有很大差别的，这种差别也将影响和决定传播者以怎样的方式再现事实。而且，传播主体对新闻事实认识的过程性也会影响再现事实的具体方式。另外，任何一种媒介，不管是报纸的版面还是电子媒介的时段，甚至包括新兴的网络媒体，其信息容量都是有限的。考虑到这些情况，我们以为从再现的过程性上看，存在三种再现新闻事实的基本方式。

1. 一次再现式

所谓一次再现，就是对某一新闻事实整体只作一次性报道，便能比较完整地反映事实真实面目的方式。日常的新闻报道大多是以这种方式进行的。

一次再现并不必然意味着对象本身是简单的或不重要的。再现方式并不必然说明内容的复杂性和重要性。再现方式是形式的东西，尽管对内容的再现效果有必然的影响，但从根本上说，以什么样的方式再现是由事实所包含的新闻内容所决定的，是由传播者的传播目的所决定的。就传播实际来看，一次再现式主要针对的是已居稳定结果形态的事实。至于把本该以多次再现方式报道的新闻，却以一次性的"结果式"再现出来，不是由于传播者的新闻观念差，就是由于一些非新闻的因素在作怪。这种现象在各国的新闻传播实践中屡见不鲜，新闻传播毕竟不是纯粹的信息传播，对报道时机的把握，对报道频度的把握，都会影响再现同一新闻事实的次数。

2. 二次再现式

通过两次报道才能比较完整真实地再现某一新闻事实整体的方式，称为二次再现式。二次再现的典型形式有：对一件事实开始与结果的回应式再现；对同一事实的修正式再现，即二次报道对首次报道的失误作出修正；对同一事实的补充、完善式再现，即根据一些事实的特点，先报一简讯，随后加以详细报道；对预测"事实"是否成为现实事实的再现等。

二次再现式，在新闻传播越来越注重及时性的情况下会越来越多，及时已经成为媒体间竞争的基本手段之一。因此，即使是对一般性的新闻事实，过程报道方式也会成为主体方式。

3. 多次再现式

我们把三次以上才能完整反映某一事实整体的方式称为多次再现式。这种再现方式针对的主要是既复杂又重要的事实，特别是处于动态变化中的重要事实。如果想使新闻报道既成为真正的"新闻"，又能最终在整体上反映事实的真实面目，就必须通过历时性的多次报道来实现。诚如马克思所言，"只要报刊有机地运动着，全部事实就会完整地被揭示出来"，不管客观事实多么复杂，通过分工与连续性的再现，就会"一步一步地弄清全部事实"[①]。这一论断不仅适用于对整个自然、社会最新变动的反映，同样也适用于对某一具体新闻事实的再现。

从新闻传播的内在要求看，对任何具体新闻事实的再现都是一次性的，重复再现同样的新闻事实，绝对失去"新闻"意义。如果从这一角度说，新闻再现不存在二次和多次再现的方式。新闻再现必然是对新事实的再现，但由于事实总是由片段、部分事实构成的系统或整体，片段与部分的存在方式既可能是共时的，也可能是历时的。如果再考虑到人们对事物认识的过程性、媒介容量的有限性以及新闻报道的及时性要求，那么，对一些新闻事实整体的完整再现就必然要通过连续再现不同片段、部分的方式来达到。这样，相对事实整体而言，便形成了二次和多次的再现方式，尽管每次再现的都是构成整体事实的新片段、新部分、新事项。

---

① 马克思恩格斯全集：第1卷［M］．北京：人民出版社，1956：211.

可见，说有些事实需经过二次或多次再现，并不是说对相同事实要进行一而再、再而三的重复再现，而是相对事实整体与部分的关系而言的。对有些新闻事实，传播者可以一次性把握部分与整体的关系，从而形成一次性再现；对另一些事实，则只能通过对部分的把握达到最终对整体的把握，这就形成了相对事实整体而言的二次和多次式再现。

（三）从新闻语言形式特征看，再现方式亦有三种：自然语言式、数学语言式（或形式语言式）和自然与数学语言结合式

自从 20 世纪六七十年代精确新闻报道方法诞生以来，从语言表达角度看，新闻报道就出现了两种差别较大的报道方式，一种是传统的自然语言表达法，一种是运用数学语言来再现新闻事实。尽管自然语言占据着新闻报道的主导地位，但数学语言由于其特有的准确性和简明性有可能越来越被各种媒介所重视，发展成为一种常规的新闻报道方式。而自然语言与数学语言的结合已经是并且会继续是更加有效的再现新闻事实的基本方式。

1. 自然语言再现式

自然语言就是日常语言，有口头语言与书面语言之分。新闻传播，作为一种面向大众的传播，其再现新闻事实最常用也是占主导地位的语言就是自然语言。这首先是因为用自然语言表达的新闻更易被人们理解，符合人们的接受习惯。人们在日常生活中进行信息交流的工具主要就是自然语言。其次，大多数新闻事实，仅用自然语言就可准确地再现出来，没有必要诉诸过多的数学语言，而对那些充满人情味的新闻事实，往往只能通过自然语言去描写、表达或再现。再次，自然语言更能适应新闻传播及时性原则的要求，主要诉诸数学语言的精确报道，需要花费相对较长的时间，又需要以一定的技术手段作保障。

但是，随着文化水平的普遍提高，以及媒介快速获取各种信息手段的

进步①，人们越来越希望获知一些具有定量特点的新闻信息，自然语言的再现方式很难满足受众的这种要求，这就要求助于数学语言的再现方式。

2. 数学语言再现式

数学语言是一种人工化的形式语言。作为一种再现新闻事实的语言，主要运用于精确报道之中，但不限于精确报道。精确新闻是由美国骑士报团记者迈耶 20 世纪六七十年代提出的，之后，精确报道方式常常被媒介采用。我国也从 20 世纪 90 年代中期开始了精确新闻的报道。它的特征"就是记者应用社会科学和行为科学的方法，对一些社会现象进行调查研究。往往通过入户访问、问卷调查等方法获取数据，并对数据进行分析"②，然后再现新闻事实，形成新闻报道。

这种再现方式的突出优点是它在很大程度上克服了自然语言对事实只能进行"定性"反映的短处，通过"硬数据"使人们对事实有了定量的把握。它运用科学的信息处理手段，大大提高了语言的信息载量和表达的清晰程度与精确程度，具有较强的客观性和可信性。

但数学语言的使用范围是有限的，如前所说，它就难以生动地表达人们的思想情感方面的内容，不可能准确反映细节事实和个别情况。它更多的"是一种被用作理解的手段和工具"③，帮助人们从量的方面去把握新闻事实的信息和意义。离开对数据的分析，离开了对数据意义的自然语言说明，数据本身也是"死"的东西。还有，表面上十分精确的数学语言，在一些具体的新闻报道中，表达的往往是比较模糊的东西。受众通过准确数据得出的判断仍然是定性的。

---

① 比如，可以通过现代资讯手段迅速获取并立即分析、处理公众对一些重大新闻事件或热点社会问题的普遍意见和看法。

② 吴飞. 西方新闻报道方式变革的内在动力 [J]. 现代传播—北京广播学院学报，1999（02）：7.

③ 涂纪亮. 现代西方语言哲学比较研究 [M]. 北京：中国社会科学出版社，1996：199.

数学语言并不是单纯的数字，它常常与图表合一，以整体的形式化语言，再现新闻事实的整体面貌。

3. 自然与数学语言结合式

在实际的新闻作品中，单纯以数学语言再现新闻事实的情况是不存在的，数学语言大多与自然语言融合在一起，相辅相成，各显所长，构成一种富有特色的新闻语言。

我们看到，在大多数以自然语言为主的新闻作品中，为了精确反映新闻事实的某一内容，总会通过数学语言来"说话"。如果缺乏数学语言的帮助，很多新闻事实是难以准确再现的。这一点，只要我们视听一下日常的新闻报道，便会深有感受。

对于在语言形式上以数学语言为主的新闻报道，尽管看上去一目了然，一是一，二是二，达到了对新闻事实的定量再现，避免了自然语言可能的不确定性或歧义性，但受众要真正理解新闻作品中数学语言的含义，必须依赖于自然语言的解释和说明。一般说来，非自然语言的表达式，经过自然语言的解释才有意义，才能被较好地理解。因为非自然语言（数学语言是非自然语言之一种）实际上是对自然语言的抽象化、理想化，按美国逻辑学家、哲学家理查德·蒙塔古的看法，"人工形式语言实际上是对自然语言的逻辑语形和语义的纯粹表示"①。很多人之所以不爱视听数字连篇的新闻作品，原因往往就在于他们难以理解这些数学语言的实质含义。新闻作品中的数学语言，只有能够转换成人们可以把握的自然语言，才能被人们普遍理解。因此，将自然语言与数学语言有机结合起来去再现有关事实，应是媒介的明智选择。

---

① 周昌忠.西方现代语言哲学［M］.上海：上海人民出版社，1992：378.

三、再现新闻事实的媒介符号个性考察

新闻媒介都要采用一定的符号系统来再现事实，符号是信息的载体，"任何信息也都必须通过符号才能得到表达和传递"①。尽管任何符号系统都以视觉和听觉为基础，但由于不同媒体介质的差异，它们在采用符号上也有了一定的不同，显示出不同媒介形态的特征，形成不同的传播方式，表现出不同媒介的短长和优劣。另外，人们早已注意到这样的事实，不同介质的媒体可以通过不同的符号系统再现同一新闻事实，这说明不同符号系统间是可以"互译"的，那么，可以"互译"的根据是什么？

（一）再现新闻事实的媒介符号个性

这里所说的媒介是指三大传统媒体报纸、广播、电视和新兴的被称为"第四媒体"的互联网。所讨论的再现内容如小标题所示只限于新闻事实，不涉及其他东西。媒介符号的个性是指不同媒介再现新闻事实时，在使用符号方面所显示出的不同于其他媒介的特别之处。

1. 报纸

报纸是以纸为介质的印刷媒体，它以文字语言符号作为再现事实的主要手段，诉诸人的视觉系统。文字，是声音语言的再现和延伸，它随报纸在时空中可以长久地存续下来。它对事实信息的再现直观上是线性的流动，但实际上它对事实信息的表达不仅可以是线性的，也可以是立体的、非线性的。它不仅可以进行严密的逻辑叙述，也可将时序倒置穿插回还，采用"蒙太奇"的手法再现事实。文字符号提供的是关于新闻事实的间接信息，再现者对事实的反映可以再现出"在场"的感觉，但并不受"在

① 郭庆光. 传播学教程 ［M］. 北京：中国人民大学出版社，1999：42.

场"的限制。因而，它的表达不受时空的限制，凡是人类感性和思维所及之处，原则上都可用文字符号反映。

文字符号比起广播、电视语言来，更能诉诸人们的思辨理性。报纸能够通过文字符号细致而深刻地揭示、分析事实的来龙去脉和各种意义，具有得天独厚的广度和深度，它为读者留下了充足的"反刍"余地和机会。传播学研究认为，"随着人类的文化水准的提高，人们对信息的需求已从喜好形象的、浅层次的传播，转向于深度的、思辨的、全方位的追求"①。当然，这只是现实的一个方面，传播现实的另一面是新闻不断走向感性化、娱乐化，甚至庸俗化。但这一研究结论使我们相信，以文字为再现事实个性的报纸，在激烈的媒介竞争中自有用武之地，自有不可替代的独特之处，不会像有些人说的那样，很快消亡。网络的迅猛发展，确实对传统媒体特别是报纸带来了巨大的冲击，这已是不争的事实。但我们以为，它在可以预期的未来，更多的是改变现有的媒介格局，重新构建媒介生态系统。传统媒体在新的系统中也许不会像它们过去和现在这样举足轻重，但不可能从新的系统中消失。对传统媒体未来发展趋向的过分悲观和乐观，在目前看来，都还没有充分的根据。

报纸对新闻事实的再现，并非仅限于文字符号，它同样也诉诸非语言符号。在与其他媒介的竞争中，如今的报纸都在普遍追求"图文并茂，两翼齐飞"的风格，图片、图表、图画已成为报纸再现新闻事实不可或缺的重要手段，并且是普遍采用的手段。除此之外，报纸也充分利用自己独有的语言——版面语言，塑造自己的形象，以形成对读者的视觉冲击和吸引。通过对字体、线条、图饰、色彩、版次、版位、结构、层次等等的编排，再现事实、评价事实，再现倾向、发表意见，这是报纸对非语言符号

---

① 黄匡宇．理论电视新闻学 [M]．广州：中山大学出版社，1996：60．

的独特使用，可以毫不夸张地说，版面本身就是新闻，而且是更为重要的新闻。不被版面语言表达的新闻，将失去新闻的意义。以往人们从理论上论述报纸媒介符号的个性时，对此重视不够，这是需要加强的。

2. 广播

广播是通过无线电波或导线传送声音的新闻媒介，它再现新闻事实的符号是唯一的，就是诉诸人们听觉的声音符号，提供的也只是新闻事实的间接信息。"声音符号系统分为两部分：有声语言和音响"①，或者说声音符号是由声音语言符号和非语言符号两种形式构成的。声音语言主要是由音和调所组成，"音和调既是每一个单独的有确定意义的音素，又带有复杂的情感因素，尤其是这些符号都有无限的组合方式，这样就形成了表达内容时丰富多彩的局面"②。可见，比起报纸的文字符号来，广播不仅可以通过"为听而写"的叙述语言表意达情③，更可通过声音的音量、音调、音色等充分展示广播再现事实的个性色彩。而广播对自身非语言符号音响、音乐和其他声音的实时应用，更能显现新闻的真实性，增强新闻的感染力和可受性，它甚至可以通过听众的想象和推理塑造出"在场"的感觉。

广播声音符号的优势和劣势始终是相伴的，它可以通过无线电波传送到四面八方，听众也可以以任何姿态、在任何情况下收听。但它稍纵即逝，不易留存，同时声音语言的口头化也使它难以像文字符号那样很好地表达思辨性的内容。

3. 电视、互联网

之所以将此二者放在一起，是因为就它们再现新闻事实所用的符号而言，从本质上看是相同的，包括三个子系统：一是画面系统（图像系统），

---

① 吴缦，曹璐．新闻广播研究［M］．北京：北京广播学院出版社，1997：43.
② 李岩．广播学导论［M］．杭州：杭州大学出版社，1997：148.
③ 李向明．广播新闻创优谈［M］．北京：中国广播电视出版社，1997：155.

二是声音系统，三是文字系统，诉诸人们的"视""听"二觉，以"双通道"方式传播事实信息，可以说是一种"全能语言"。

电视、互联网再现事实的特色不仅在于充分利用了广播的声音语言和尽可能恰当地运用文字符号，特别还在于它们运用了非语言符号中的图像语言（包括通过画面展示的体态语言）。它们将这些语言符号与非语言符号有机地融为一体，共同把新闻作品中对事实的再现内容，诸如叙述语言陈述的主要事实信息、画面呈现的事实实际情况、环境气氛、人物表情以及播报者的体态等等，毫无遗漏地呈现给观众，从而既可提供间接信息，又可呈现直接信息，使视听者有了"在场"的感觉，达到了见之有形、闻之有声的状态。形象、声音、文字等多种表义符号构成一个"信息阵"、信息场，同时作用于观众，"使作品所传达的信息得到多方位、多角度、多侧面的尽善尽美的还原"①。特别值得强调的是，图像与体态符号诉诸人们的直觉观察，以"自然符号"②的方式直接作用于人们的感官，"不需要经过如读书、看报或听广播那样的具象—抽象—具象的译码（代码还原）过程"③，因而更易于被接受，具有极强的大众性和普及性。从媒介符号角度看，这正是电视、互联网的优势所在、个性所在。

就互联网相对电视的优势而言，它"可以很方便地使声像图文并茂的信息'定格'"④，使受众可以用"打住"的方法对感兴趣的信息进行细看、细听、细琢磨，使受众可以在他方便的时间视听自己感兴趣的内容。同时，利用互联网接受新闻信息，还可以很方便地寻找和捡回初看、初听

---

① 胡妙德. 电视特性新探［M］//叶家铮. 电视媒介研究. 北京：北京广播学院出版社，1997：123-134.

② 欧阳明. 电视评论如何扬长避短：《东方时空·面对面》的启示［J］. 中国广播电视学刊，1999（5）：26-28.

③ 同①72.

④ 丁柏铨. 新闻理论新探［M］. 北京：新华出版社，1999：336.

时所失落的声、像、图文。

互联网相对传统媒体最大的优势是，它已把双向和多向传播在技术上变成了现实，形式性的自由、平等交流同样也有了技术上的保障，这些都为"言论自由"时代的真正到来提供了物质前提。但我们以为，网络语言不会形成有些人所说的"霸权语言"，技术决定论在现代社会仍然带有"神话"性质和"乌托邦"色彩。网络从本质上说，是一种促进人类社会发展的新兴工具。它对信息传播（新闻传播只是网络传播中很少的一部分内容）的快捷性、广泛性、普及性和大容量性具有划时代的意义，它提供了超文本的新闻传播方式，传统媒体无法相比。网络语言有可能成为未来社会的主流交流语言，对整个人类社会的政治、经济、文化、军事等各个方面，以及人们的精神交往、价值观念、思维方式和行为方式形成巨大影响。这些判断从总体上说，尽管源于实际，但能否很快成为真正的现实，需要历史做出它自己的判断。

（二）媒介符号间"互译"性分析

新闻实践告诉我们，不同形态的媒介可以用富有各自个性的符号系统再现同样的新闻事实。这说明不同符号系统之间是可以"互译"的，就像不同民族的语言间可以互译一样。那么，不同符号间可以"互译"的根据是什么呢？"互译"中会受到哪些因素的制约呢？认真思考这些问题对新闻报道者扬己媒介之长、借他媒介之长和避己媒介之短都有一定的意义，对媒体间的联动传播更具有现实意义。

"在人类传播中，任何符号都与一定的意义相联系"，"人类传播在现象上表现为符号的交流，而实质上是交流精神内容，即意义（MEAN-ING）"[①]。那么，同一意义能否以不同的符号去表达？这主要是一个实践

---

① 郭庆光．传播学教程［M］．北京：中国人民大学出版社，1999：47．

问题，不是一个纯粹的理论问题。当人们在交往中赋予不同符号以相同或相近的意义时，它们就可以指称或反映同样的或相似的对象。符号的意义本质上是在人们实践交往（包括物质交往和精神交往）中约定俗成的（并且会在历史的演变中不断消减旧义或吸纳新义），这是人们进行交往的基础。从对对象的符号化到对符号化结果的解码，如果没有对符号意义的共同约定和理解，交流便是不可能的。陈原先生在他的《社会语言学》中写道："如果没有约定俗成的语义，任何符号都不能达到传递信息的目的。"① 因此，不同媒介符号之所以能够再现同样的事实，就在于它们可以表达同样的意义。

报纸、广播、电视、互联网使用的语言符号，不管是声音语言符号，还是文字语言符号，本质上就是一种符号，文字符号不过是声音语言的再现和延伸。因此，它们自然可以再现同样的事实。

图像是事物或事物变动的直接表象，纯粹的图像是难以理解的，有时是不可理解的，只有在一定叙述语言的描述下（实质上就是对图像符号的"翻译"），其意义才能确定下来。图像是非语言符号，非语言符号在无"语境"的情况下，"有无穷无尽的含义"②，这也正是电视新闻强调"声画合一""声画并重"的根据所在。纯粹的图像不能再现意义明确的新闻，必须依赖叙述语言一定程度的说明，或其他背景语言的导引。而叙述语言的真实性有赖图像的佐证，二者相辅相成，不可偏废。同样，前述报纸的版面语言、广播的音响语言，一旦离开文字语言和声音语言，它们的意义便是难以确定的。同理，文字语言、声音语言若没有了非语言符号，也将难以得到充分的表达，非语言符号正好在一定程度上弥补了语言符号在表

---

① 陈原. 社会语言学［M］. 上海：学林出版社，1983：154.
② 李岩. 广播学导论［M］. 杭州：杭州大学出版社，1997：152.

达上的"困境"。但是，非语言符号不仅可以起到语言符号的图解作用，可以增强或减弱甚至否定语言符号所表达的信息，而且在一定的"语境"中，可以直接表达确定的信息，能够表达不可言传的信息。它既可以有意表达，也可以无意流露，显示出非语言符号特有的功用和魅力，即它既可在一定程度上"翻译"文字语言，也有超越文字语言的地方。

可见，语言符号与非语言符号之间既是可以"互译"的，又是难以完美互译的，这正像两种语言间的互译一样总有"不合缝"的地方，这也正是两种媒介传播符号能够独立存在的客观根据之一。传播者在再现事实时，无疑应充分利用两种符号，以完整表达新闻事实包含的信息。

四、再现新闻事实的结果样式及失实成因分析

再现新闻事实，从逻辑上说非常简单，就是把传播主体对新闻事实观念把握到的结果，以符号化的形式表达、陈述、呈现出来，构建一个信息形态的新闻事实。然而，主客观条件的种种制约和限制，使得对新闻事实的再现表现出不同的结果样式。对力求能够为实践服务的新闻理论研究来说，更应关注造成失实的原因（此处主要针对个体事实而言，关于新闻真实的完整内涵及其真实的确证问题，见第七章），对此，我们将作简要的分析。

（一）再现新闻事实的结果样式

如果以"原生态"的客观事实为标准，再现的结果样式大致可分为完全真实、基本真实、部分或局部真实和完全失实。完全真实就是作品陈述

---

① 所谓语言表达的困境就是指主体虽然已经掌握了一种语言但是却感到无法以它来表达自己的内心世界和描述外部世界的意识状态。（参见：王晓升．语言与认识［M］．北京：中国人民大学出版社，1994：217．）

的事实信息完全反映了客观存在的事实；基本真实是指作品对事实的再现反映了事实的基本面貌；部分或局部真实是说新闻作品再现的内容只有部分与事实相符；完全失实则是新闻作品根本未能反映，而是歪曲了事实的本来面目。

新闻传播再现事实的目标，应当是追求完全的真实，除此之外的真实，都是"残缺"的真实。基本真实或部分真实就是残缺的真实。再现事实中，任何因素、事项、细节、局部、片段等的失实，都会在不同程度上造成对新闻事实的歪曲，都必然会造成对受众一定的误导，这当然是不能允许的。台湾的记者信条第四条称，吾人深信：新闻记述，正确第一，凡一字不真，一语不实，不问有意之造谣夸大，或无意之失检致误，均无可恕。① 刘建明先生在《现代新闻理论》一著中说："'基本符合事实'之类的说法，不是新闻报道的用语，也不是新闻学承认的概念。"② 我们以为，这应当成为新闻传播者坚持的基本新闻理念之一。事实上，只要不是别有用心的有意捏造，大部分失实新闻的残缺就出现在一些细节或局部事实上。如果在新闻理念上承认"基本真实"的正当性，无异于为失实新闻鸣锣开道。当然，在具体的新闻传播实践中，有些新闻在一定的条件下，只能达到基本真实，但从原则上说，新闻媒体应该在最终的报道中，为受众提供新闻事实完整的真实面貌。

（二）再现失实成因分析

新闻活动是一种认识活动。既然是认识活动，从认识论上讲，导致认识结果与对象不符合的原因，必然要从这样几个大的方面去考虑：一是客观对象的限制；二是传播者主观方面的缺陷；三是新闻传播环境的限制；

---

① 李卓钧. 新闻理论纲要 [M]. 武汉：武汉大学出版社，1995：183.
② 刘建明. 现代新闻理论 [M]. 北京：民族出版社，1999：56-57.

四是传播工具本身的一些限制。不同的认识活动，把握对象的方式和认识的目的往往是有很大差异的，能否达到真实把握对象，还会受到各自特殊认识环境、认识手段等的制约，更会受到各自认识目的的牵制。分析新闻失实的原因，也必须考虑到认识的特殊性。特殊包含着一般，只有从新闻认识的特殊性入手，才能真正找到新闻失实的原因。

分析新闻失实的原因，尽管应该承认对象复杂性造成的困难，应该承认传播环境因素的影响，但对新闻认识来说，不应过分强调客观对象的制约性。因为新闻毕竟不同于科学认识，不同于一般的理论认识，不同于数学方法对认识对象的反映。它的首要任务不在于直接揭示事物的本质，不在于形成普遍的抽象结论，不在于进行非常精确的运算，而在于报道事物最新变动的情况；它更多的是观照事物变动的现象层面，而不是深挖事物变动的本质所在。它对事物本质的揭示主要是通过对现象层面信息的及时发现、开发、传播实现的。这就说明了事实的客观复杂性不应成为新闻失实的主要成因。至于环境因素，新闻与政治、意识形态、价值取向等的紧密关系，确实使传播者在报道新闻时常常身不由己，比如，中国在"文化大革命"时期的某些新闻传播，就受到当时意识形态的强烈扭曲。所有类似情况所造成的新闻失实，已经是非专业性的失实，需要从新闻传播的社会控制等方面做出说明和解释。本书不拟对此进行过多的探讨。

新闻传播的及时性要求，人们普遍认为是导致新闻失实的另一重要客观原因，这一成因又往往与对象的复杂性紧密地联系在一起。在我们看来，这一成因也不宜过分强调。因为新闻对事实的再现基本上是动态的过程再现，传播的及时性原则并不必然要求记者必须一次性再现事实的整体，及时再现的基本要求是把截至发稿之时能够再现的东西全部完整地报道出来，即关于事物发展情况的某一"断面"的再现必须具有绝对真实性。① 因此，尽管时间的紧迫性一定会影响记者对事实的发现、把握和再现，但关键还是要看记者的发现力和再现力的强弱。

基于以上的思考，我们认为，新闻失实的成因主要应从主体特别是传播主体身上去寻找。这种成因，概括起来有以下几条。

首先是德性"不善"。新闻传播是流水线式的作业，从事实源到新闻作品最终形成的每一环节上都有所谓的"把关人"，任何一道关口的把关人，如果目的不纯、德性不善，都会直接导致再现事实的失实。② "第一把关人是目睹新闻发生的人"；"第二把关人是同'消息来源'交谈的记者"③，而流水线上最重要的把关人就是记者，他将直接决定"传递什么，写什么"，给予"一件事以什么样的形象、色彩和意义"④；随后则是编辑把关人，他将决定"要删、要加，还是要改写"⑤；还有一位既有形又无形的把关人，即我们在第二章所说的"逻辑前设"，它将或以无形的方式把自己的意志贯彻在记者与编辑的头脑之中，或以有形的"代言人"直接干预（审查）新闻的传播。所谓德性不善，就是以各种或明或暗的手段故意违背前述新闻再现原则的行为，其本质在于谋求一己之私，童兵先生在其《理论新闻传播学导论》中对德性不善的表现，从新闻提供者、采制者、把关人的角度作了很好的概括⑥。一切由德性不善引起的新闻失实都是故意失实，是造假行为。

其次是作风"不实"。作风不实主要是针对传播者而言的，是指采编

---

① 吴勤如. 新闻走向科学 [M]. 北京：中国广播电视出版社，1992：59.

② 目前网络上非组织机构的个人新闻传播，正是由于没有可信的"把关人"，使其报道的新闻只具有参考的价值。

③ 施拉姆. 大众传播媒介与社会发展 [M]. 金燕宁，等译. 北京：华夏出版社，1990：88.

④ 同③

⑤ 同③

⑥ 童兵. 理论新闻传播学导论 [M]，北京：中国人民大学出版社，2000：75-77.

人员缺乏应有的认真的、扎实的工作作风。这从大的方面也可归属于职业责任或职业道义的问题，但它必定不同于故意的德性不善。记者采访不深入、浅尝辄止、蜻蜓点水、道听途说、信笔为文，编辑不加核实、得过且过等造成的失实新闻，在失实新闻中占据很大的比例，那些残缺的真实（基本真实、部分真实等）大都是由"作风"问题造成的。

再次是求是"不真"。求是是指认识，对事实不能达到正确的认识、真实的把握，无论如何妙笔生花，写成的新闻作品内容都不可能是真实的。对事实的"求是"过程，从发现到开发、到确定，直到最后的符号化再现，每一环节都有可能失误出错，记者发现力、透视力、再现力直接影响作品内容的真实性和准确性。如果说"德性、作风"问题按俗语所言属于"态度"问题，那"求是不真"就属于"水平"问题了。关于发现、开发、确定几个环节我们在前面已经有过论述，在此着重谈一下符号再现的问题。

把对事实正确的观念把握——知——恰到好处地陈述再现出来，必须以一定的符号为中介，对符号的选择与驾驭能表意、尽意，并不是一个简单的问题，"无论人们设计出怎样精确的符号语言系统，人们都只能大致地、比较精确地描述事物运动和人类心理活动并表达和传输有关信息"①。因此，对事实"知"的符号再现，很难达到完美无缺的程度。事实上，许多新闻作品内容的失实，"并不是出在'知'的错误上，而正好出在对'知'的陈述的偏离上"②。所以，对媒介符号的准确把握和运用，对实现新闻的真实性也是至关重要的，同样也是衡量传播者水平的一个方面。

被人们称为"第四媒体"的互联网，在新闻传播的失实问题上，有其一定的特殊性。失实现象主要存在于"具体真实"层面，失实原因主要在

---

① 王晓升．语言与认识［M］．北京：中国人民大学出版社，1994：7．
② 杨保军．从新闻作品内容构成探析新闻的真实性［J］．当代传播，1999（5）：46．

传播者方面，而不是网络技术本身的问题。在人与技术的关系上，人始终应该是主动的，被技术异化从而成为网络的"奴隶"，正是网络新闻失实的深层原因，这是辩证理解网络新闻真实问题的一条重要结论。具体讲，网络传播技术使传播主体实现了多元化，改变着传统的传受关系，这当然是现代社会的巨大进步。但与此同时，也为个别"恶意"行为者提供了制造虚假新闻和散布各种虚假信息的机会。另外，不少专门从事和参与网络新闻传播的人，在相当程度上缺乏传播新闻必备的基本素养，不合新闻传播规范的编辑、粘贴、复制、下载等成了一些网站传播新闻的重要手段，这就难免不负责的粗制滥造，难免"垃圾"新闻的登场和失实现象的出现。还有，遵循纯粹市场逻辑的商业手段与炒作方法的运用，也使一些网络新闻水分大加，泡沫浮游，虚虚实实，真假难辨……

分析网络新闻"失实"的原因，是为了寻找实现"真实"的方法，这是辩证理解真实性的根本用意。消除"恶意"失实的现象，要依靠网络传播的法制建设和道德建设，实现"他律"与"自律"的统一；防止业务操作导致的失实，关键在于提高从业人员的素质；减少新闻传播中的商业化炒作，核心在于必须按照新闻传播规律办事……一言以蔽之，确保网络新闻的真实性，是一个系统工程，需要多管齐下，共同努力。

第五章　新闻文本的解读与接受

消费使产品最后完成其为产品。

——马克思

作者用一致之思，读者各以情而自得。

——王夫之

为了传播的存在或继续，两个或更多的个人必须遵守符号使用的规则。……如果每个符号使用者任意操作符号，其结果将是一片混乱，而不是传播。

——苏珊·希默诺夫

新闻事实作为传播的内容，以新闻作品的形式成为受众的解读对象，这是新闻事实以信息形态的最后"落脚处"。在新闻作品或新闻文本中，包含的不仅是表征新闻事实的信息，还有各种各样的意见信息、情感信息、审美信息等，这些信息的统一整合还可能产生出更多"新闻背后的信息"，蕴含更加耐人寻味、发人深省、启人想象的道理。新闻传播者、控制者的所有期望能否像想象的那样得到实现，则要看受众如何对待解读结果，即如何接受解读的结果，因为解读并不等于接受，它只是接受的前提条件。

接受主体——受众，如同传播主体一样，他们的大脑不是"白板"一块，不是一张任凭传播者自由描绘自己蓝图的白纸。受众在解读新闻文本

（作品）时，如同传播者在确立新闻事实时有"选择图式"一样，他们拥有自己的"解读图式"，成为"检索""过滤"新闻文本中各种信息的"筛子"。既有的各种知识、价值观念、情感态度、人生的阅历经验，特别是当前的现实需要、兴趣爱好，都会以明显的或不知不觉的方式影响受众的解读行为；而受众所处的社会地位、担当的社会角色、所拥有的阶级或阶层的立场、所在的群体或团体的风俗习惯或纪律要求、道德规范等等因素，无一不会渗透到他们解读新闻文本的活动之中。但这并不等于说受众的解读行为是完全的主观行为，相反，受众的解读行为首先要受到新闻文本的约束和限制，他们的解读行为既是自由的，又是不自由的。由此可见，经验上看起来似乎非常简单的新闻解读行为，在理性的眼光中却变得十分复杂。但是，复杂不等于杂乱无章，不等于没有规律可循。本章的主要目的就是要探寻新闻文本的特征、受众解读新闻的过程，以及解读所呈现出的各种可能结果样式及其成因，并对受众如何对待解读结果，即如何接受文本信息，从不同角度、不同层面做出说明和阐释。

一、新闻文本的基本特征

文本，又称作本文，"是一般语言学、解释学、符号学、结构主义和后结构主义经常使用的概念"①。狭义上来说，"它指的是由书写而固定下来的语言，但它又不是写下来的零散的语句，它是言语的作品，是一个构造起来的整体"②。从广义上来说，"指各种历史遗迹，人的行为、传统、历史等等"③。我们这里所说的新闻文本，是在狭义上使用"文本"这一

---

① 葛力. 现代西方哲学辞典［M］. 北京：求实出版社，1990：100.
② 夏基松，张继武. 现代西方哲学辞典［M］. 合肥：安徽人民出版社，1987：96.
③ 同②

概念，指的就是新闻作品，不过不限于文字语言符号构建的新闻作品，还包括广播、电视、互联网的声像新闻作品、多媒体新闻作品。并且"新闻"是严格意义上的对"新闻事实"的符号再现，不泛指传媒上的其他作品。

一种文本的个性特征，既取决于它所再现的对象的特征，同时也取决于主体如何再现对象的方式，以及再现对象的目的，当然还有一定领域已经形成的文本范式和构建文本的传统等。这是考察新闻文本特征的基本出发点。

任何类型的文本都会从客体向度上约束受众的解读方式，但不同类型的文本在具体约束形式上会有所不同。因此，首先探求新闻文本的个性特征，是进一步阐述受众解读新闻方式的前提。

个性是在比较中显现的，我们主要将文艺文本当作基本参照，来讨论新闻文本的特征。

（一）对象特征：感性实存

所谓感性实存，是指新闻文本再现的是具体的、可感的、实际存在的事物变化情况。任何文本，都是对一定对象的再现，没有对象的文本是不存在的。但不同文本的对象的特征是不一样的。

新闻传播，其使命或本质是真实报道自然、社会最新的变动情况。这些变动都是具体的、实在的、可感的、具有新闻性的，它们就是新闻文本的对象，或者说，一件件新闻文本就是对这些具体的、实在的、可感的、具有新闻性的变动情况的符号再现。它不同于一般理论研究形成的文本，后者的对象是抽象的、普遍的存在，是规律性的东西，一般说来是不可感的；新闻文本的对象更不同于文艺文本，文艺文本尽管也是对现实世界的再现，但它的客观对象不是现实世界中某一具体的存在物，而是基于现实世界的重新塑造和想象物。文艺文本所描述的对象本质上是文艺的虚构和创造，它"将日常生活中的东西强化、凝聚、扭曲、缩短、拉长、颠倒"①，它的境界是源于现实而又高于现实，它的特点是形象化。但新闻文本恰好追求的是与现实世界的逼真或平行，是真实化的东西。新闻文本的参照系是现实世界的最新变动情况，"文艺文本的参照系则是虚构的情境"②，两种文本的对象有着质的区别。

（二）内容特征：明晰确定

从文本再现的内容特征上看，新闻文本陈述的是表征新闻事实的真实、明晰的信息，具有明了的确定性。新闻文本内容上的这一特征，是其对象感性实存的逻辑必然。新闻作品在本质上是传播者对新闻事实性质、属性、变化、关联等等情况做出的事实判断，是对再现对象的一种客观说明、描写和陈述。对图像文本来说，则更是直接信息的再现或表象。新闻文本的逻辑要客观真实再现新闻事实的现实逻辑，它的目的是要消除受众对于环境认知的不确定性。因而它本身首先必须尽可能为受众提供明晰的、确定的、充足的详细信息，尽可能消除信息本身的不确定性和空白之处，它是一种"低语境"的文本、即有关新闻事实的信息"被置于清晰的编码中"③。我国著名语言学家吕叔湘先生说过："新闻语言的首要要求是准确。"④ 这是新闻文本明晰的内在要求。这与文艺文本大多追求内容上如"响应美学"所描述的召唤结构几乎是完全相反的。所谓"召唤结构"，"指的是作家在创作文学本文的同时建构的一种基本的文学本文结构。这种文学本文结构由'意义不确定性'和'意义空白'组成，它能激发读者阅读文学本文，通过与文学本文的相互作用体验文学本文的情境，集结文

---

① 陈力丹. 舆论学：舆论导向研究 [M]. 北京：中国广播电视出版社，1999：154.

② 同①.

③ 莫滕森. 跨文化传播学：东方的视角 [M]. 关世杰，胡兴，译. 北京：中国社会科学出版社，1999：36.

④ 吕叔湘. 吕叔湘语文论集 [M]. 北京：商务印书馆，1983：286.

学本文的意义"①。显而易见，文艺文本的一些内容被有意地"悬置"或"隐去"，为阅听者留下"空白"和"不确定性"，是一种"开放"的文本、"高语境"的文本，它的"含义"更多地依赖于上下文所构建的语境，而不在于直接的编码。在"作家创作的文艺制品"的潜在含义范围内任凭受者自由地想象和创造，形成所谓的"第二文本"（第一文本是指未经读者阅读的作家创作的文艺制品）②。这种"第二文本"从逻辑上说几乎是无限多的，与作者的"原意"相比较，几乎不存在绝对的正确与否、合理与否，这就是说文艺文本的召唤结构是合法的，符合创作文艺作品的规律。但这对新闻文本来说，简直是"大逆不道"，新闻文本的天职是提供完整的、真实的事实信息。它不给受众在事实信息上留下"合理想象"或"弥补空白"的余地（但不等于在事实信息的意义、评价上，不给受众留有余地）。在"事实信息"方面，传播者要力求构建一个"封闭"的系统，并且事实信息的正确性是唯一的，不允许受众作自由的理解和想象。当然，这不等于说传播者可以控制受众的理解和想象。因此，一切有扰于新闻事实信息明晰、准确陈述的其他信息，都是新闻文本本质上要求剔除的"噪音"。"任何形式的新闻传播都对这一部分（事实信息——引者注）尽可能地保真"③，只是在不影响事实信息准确表达的前提下，新闻文本才允许基于事实信息或内在于事实信息逻辑的其他信息的合法存在，比如通过新闻事实客观逻辑性所表达的倾向性信息，借助事实本身特征所表达的情感信息或审美信息等。新闻文本包含的信息本质上是单一的事实信息（单一是指事实信息，并不是说事实信息本身也是单一的），信息的单一性是新闻文本内容能够明晰、确定的重要基础。

---

① 司有仑.当代西方美学新范畴辞典［M］.北京：中国人民大学出版社，1996：220.
② 陈力丹.舆论学：舆论导向研究［M］.北京：中国广播电视出版社，1999：150.
③ 尹连根.用事实说话不是新闻写作的规律［J］.新闻传播，1999（3）：37.

（三）解读期待：事实信息

在现实生活中，特别是在人们的精神交往中，人们面对各种各样的文本。对不同的文本，根据以往的理解经验，以及人们在实际中形成的共同规范，人们有不同的解读期待。从这些不同的期待中，亦可窥见不同文本的特征。

人们阅读哲学文本，意在获得认识世界的致思方式，理解社会人生的高明智慧；人们阅读科学著作，意在认识自然规律，了解天地万物奥秘；人们视听新闻文本的直接目的是想获得自然环境、社会生活变化的最新信息，期望新闻传播者提供的是关于世界最新变动的真实信息——新闻事实世界的信息。新闻文本包含的任何其他信息，都必须以事实信息为基础。不能满足受众这一基本解读期待的文本，就不能叫作新闻文本。而人们阅读文艺文本的主要目的，不在于想知道这个世界是什么，而在于与文本进行交流，获得一种从现实生活中难以获得的情感体验或审美愉悦。在文艺文本的阅读中，"我们能够体验不复存在的事物，能够理解对我们来说完全陌生的事物"①。对待这样两种不同的文本，人们会使用不同的把握方式，这也正是我们将要阐述的新闻文本的另一特征。

（四）解读诉求：理性认识

从文本诉求的解读方式上看，新闻文本主要诉求于人们的理性认识。郑兴东先生在他的专著《受众心理与传媒引导》中写道："对传播的理解是一种理性认识，是通过思维来实现的"②。

任何一件新闻文本都是由一系列事实判断语句有机构成的整体。短到标题新闻、百字简讯，长到千字消息、长篇通讯，任何一种新闻文体莫不

---

① 陈力丹. 舆论学：舆论导向研究 [M]. 北京：中国广播电视出版社，1999：129.
② 郑兴东. 受众心理与传媒引导 [M]. 北京：新华出版社，1999：158.

如此。

解读新闻文本时，人们显意识或潜意识中的基本问题是：它陈述的是什么？它的陈述真实吗？即人们视听新闻文本的过程是一个明显的信息认知、识别和确认的过程，是从文本符号向原生态事实还原的追问过程，这种还原有赖于受众和传播者具备共同的符号意义系统，即编码与译码所用的符号是双方都可理解的。而要获得对这些问题的确切回答，主要诉诸人们的理性认识，而不是诉诸人们的情感或审美态度与体验。当然，这不等于说新闻文本中没有情感性的、审美性的内容，也不等于说受众在新闻文本的解读过程中没有情感或审美因素的参与，只是说对新闻文本的解读主要诉求于受众的理性认识。对文艺文本的理解，也需要诉诸一定理性认识，但这是远远不够的，因为如前所言，文艺文本主要不是关于世界是什么的陈述，而是在文本符号的传递中，包含着文艺文本创作者的情感体验和审美经验，对它的理解同样也需要以情感体验的方式去实现。

二、解读过程考察

简单讲，解读新闻就是受众对传播者编码进行译码的活动，就是受众通过视听和理解，以把握新闻文本内容的认识活动，或者说是受众运用自己"解读图式"把握新闻文本的观念活动。在对解读做出这样的基本界定后，我们讨论的解读行为主要是"有意受众"——"即自觉或比较自觉地把自己的受传需要与传媒联系起来，有意识地参与传播过程的受众"[①]——对新闻文本的认识活动，不准备过多考虑"无意受众"——"虽然有受传行为，但参与传播的自觉性较差，对传媒的视听往往是无意

---

① 郑兴东. 受众心理与传媒引导［M］. 北京：新华出版社，1999：13.

识的"① ——的视听行为，因为他们与新闻文本的关系只能是一种简单的接触行为，很难谈得上"解读"，或者说只是一种肤浅、随意的解读。

受众何以能够解读传播者构建的新闻文本，解读的动力机制是什么，解读的基本方法是什么，是本节将要论述的几个主要问题。

（一）解读何以可能

这是讨论受众解读行为的前提性问题。受众解读的客体是新闻文本。新闻文本是传播者对新闻事实的符号再现，"解读则是传播对象对接收到的符号加以阐释和理解，读取其意义的活动"②。可见，"符号"是传播的直接中介，是传播者将新闻事实"引渡"到受众面前的工具。受众只有能够理解传播者使用的"符号"的意义，解读才有可能，这正是解读何以可能的首要条件——传受双方具有共同的"符号系统"。苏珊·希默诺夫说："为了传播的存在或继续，两个或更多的个人必须遵守符号使用的规则。……如果每个符号使用者任意操作符号，其结果将是一片混乱，而不是传播。"③

人们之所以能够相互理解，在传播媒介的表现上是因为拥有共同的符号系统，但更为根本的是人们拥有共同的经验世界，因而也就具有大致相似的经验。"参加传通关系的人，都带着一个装满一生经验的头脑来，用以解释收到的信息，决定怎样反应。两个人若要有效地互通，必须双方储存的经验有若干共同的地方。"④ 无疑，共同经验是理解得以实现的桥梁和纽带。一个没有音乐耳朵的人是理解不了作曲家美妙音乐的，一个没有足够科技知识的人是难以解读科技新闻记者的新闻作品的。但新闻要成为

---

① 郑兴东. 受众心理与传媒引导 [M]. 北京：新华出版社，1999：14.
② 郭庆光. 传播学教程 [M]. 北京：中国人民大学出版社，1999：46.
③ 小约翰. 传播理论 [M]. 陈德民，叶晓辉，译. 北京：中国社会科学出版社，1999：148.
④ 宣伟伯. 传媒信息与人：传学概论 [M]. 余也鲁，译. 北京：中国展望出版社，1985：47.

新闻，其中总是包含着受众没有经验过的内容，如果新闻文本中包含的全都是受众已经知道的东西，它就不再是新闻文本了。那么，受众是如何依据"旧经验"读解传播者的"新经验"的？从理论上说，如果一件新闻文本中的内容对受众是"全新"的东西，即与其以往的经验毫无相通之处，那他就绝对不能解读这一文本。人们之所以能够凭借既有的经验解读新的东西，就在于新旧经验之间是可以联通的，并且总有相似或相近的地方。既有的经验架起了解读新内容的桥梁，从而使受众能够通向新经验的世界，强化或扩展自己的经验范围。有位学者在谈到新闻解读中的审美心理时，较好地阐明了这一问题，"读者在进行新闻阅读时，他的审美心理事实上时时处于一种矛盾状态中：一方面，长期形成的思维定式和兴趣、爱好，使他毫不费力地不知不觉地按照既定的期待视界去审视新闻作品，做出合乎旧视界的选择、认同、判断、评价，如果合他的'胃口'，就会满意、肯定、接受。然而与此同时，求新的欲求十分突出，它不满足于新闻内容的雷同、重复和新闻形式的老面孔，它要不断搜寻新的东西，这样，原有定向的东西就成了障碍，令人生厌。旧的视界就被打破了，新的审美经验形成并进入了期待视界。可以说，新闻阅读活动始终处于这种隐蔽很深的矛盾心境中。"① 因此，传播者在符号再现新闻事实时，对于受众经验中可能没有的东西总会竭力寻找与旧有经验的契合之处，作为解读的"启动点"或"发动处"。新闻报道中的背景交代，相关、类似事实的提醒或点拨，某种形象化的比喻等等，从根本上说，就是为了使受众能够较好地解读新闻，从旧经验过渡到新经验。

解读得以可能除了传受双方拥有共同的符号系统、共同或相似的经验基础外，还涉及一些具体的传播实务问题，诸如广播、电视传播的时间安

---

① 杨健. 新闻审美［M］. 北京：新华出版社，1999：380.

排，新闻播报的节奏与受众接收节奏的合拍问题等等，它们属于具体的实务范围，这里就不详论了。

（二）解读的动力机制

人们为什么要解读新闻，其动力何在，这是一个重要但并不很难理解的问题。人类的一切有意识的活动都是为了满足某种需要，实现需要"是主体发起对客体作用的内在动因"①。

人是社会动物，马克思说，人的本质是一切社会关系的总和。人类生存发展的基本方式就是社会交往——物质交往和精神交往。信息交流既是交往的产物，又是交往的必需。对今日已面向知识社会、步入信息时代的人们来说，获知信息，已经成为须臾不可缺少的需要，而通过新闻传播媒介获得信息是最便捷、可靠、经济的渠道之一。因此，关注新闻、解读新闻便是非常容易理解的事情。受众的被动性随着时代的进步在不断地减弱，而主动性在持续地增强。主动、积极是当今受众的突出特点。如"使用与满足"理论所指出的那样，"受众不是被动地接受媒介影响，而是主动地利用媒介内容"②。这一理论的提出者、传播学家卡茨认为："受众利用媒介的行为，很大程度上是由他们的需求和兴趣加以解释的，传播效果的产生建立在这个基础上。"③ 实践经验告诉人们，这一理论所假设的受众是主动的受众是基本符合实际的。受众解读新闻文本的目的——"目的是需要的具体化和现实化，是主体对客体作用的定向机制"④ ——可以概括为两个大的方面。

其一，获得"有用"信息。新闻的一个重要特征就是它的有用性，它

---

① 李德顺．价值论 ［M］．北京：中国人民大学出版社，1987：85．
② 小约翰．传播理论 ［M］．陈德民，叶晓辉，译．北京：中国社会科学出版社，1999：606．
③ 崔保国．信息行为论：受众研究的一种新思维 ［J］．当代传播，2000（01）：36．
④ 同①87．

能为受众及时提供关于自然、社会情况最新变动的有意义的有益处的信息。受众为了自身的安全、生存和发展，总有一种求知的需要，即：需要及时了解把握这种变动信息，以消除自己对环境认识的不确定性，确立活动的主动性，进行自我调适，适应或改造变化的外部环境；需要及时获得一些新知识和新技能，以增强自身生存与发展的能力。

解读新闻的有用性，不仅体现为能使受众满足求知的需要，还体现为能使受众在一定程度和范围内及时了解他人、了解社会，获知社会群体判断评价是非善恶的标准，感知社会发展变化的潮流，从而更好地把握自己的生存发展方式，获得良好的社会化存在，求得心理上的平衡和满足。特别在现代，社会发展的开放性、流动变化的迅速性、各种交往的复杂性等，给人们的实际生存和心理造成了各种各样的压力。要想改善心理状态，调适生存方式，实现自我价值，贡献自身力量，服务社会发展，诉求新闻信息是不可或缺的。

其二，获得"有趣"信息。人的需要是一个不断发展变化更新的复杂系统，具有十分丰富的内容。受众解读新闻的另一主要目的在于获得各种"有趣"信息，以满足自己求新、求异、求趣、求美等的心理需要。对多数受众来说，接触传媒、解读新闻时都有这些心理趋向。人总是对新鲜事物比较敏感；好奇心理更是人皆有之，是直接兴趣的典型表现；对于有趣的事物、美的事物，人们心皆向往。

"有用"和"有趣"两者从本质上是统一的。对一定的受众来说，对他有用的新闻，总会激发他的视听兴趣或培养他的兴趣。从这一意义上说，"有用"同"有趣"相比，又是第一位的。在多数情况下，有用而并不有趣的新闻信息，也会被受众所接受。有趣的新闻，对于满足受众的心理需要总是有用的，并且，一旦受众对某一事实信息发生兴趣，他就会从中发现对自己有用的东西。"用"与"趣"的相互作用，则更可能使受众体味出事实信息所包含的"理"或"义"的价值，即事实中包含的道理和深层的意义。因此，受众最爱视听的新闻是既有用又有趣的新闻，这也为传播者如何选择新闻事实和如何再现新闻事实指出了应该着力的方向。

（三）解读的基本方法

以什么样的方法解读新闻文本，根本的一条是要看受众的需要或目的，当然还要考虑到新闻文本自身的特征（报纸的文字符号文本与广播、电视的声像文本间有相当大的差别）和文本相对不同受众的难易程度（要考虑到受众解读能力间的差别）。这里，以报纸的文字符号文本为参照，对解读方法作以简单阐述。

以报纸为例，解读可以分为两种基本方式：一种是浏览式，主要针对受众觉得有用性不大、趣味性不强的新闻文本；一种是研读式，主要针对受众认为有用性大、趣味性强的新闻。"研读"方式是典型的深度解读，所以以此来具体说明新闻解读的方法。

受众对新闻文本的解读方法，贯穿于解读步骤、过程之中，在不同的解读阶段，使用的方法自然会有所不同。但同时需要指出的是，各种方法的运用，在实际的解读过程中常常是融合在一起的，这里只是着重从逻辑关系上加以先后区分。

第一是感知选择。受众解读的新闻文本首先是在媒介给定的范围内自主选择来的。选择文本的过程，是受众利用自己"选择图式"筛选、识别视听对象的过程，即根据自己知情意对文本价值（能否满足受众自己的需要）初步判断的过程，通过扫视新闻标题、略读或浏览文本内容的具体方法来实现。这基本上是处于感知层次的解读。对大多数受众的大多数新闻解读来说，到这一层次就基本结束了。只有受众觉得值得回味的新闻文本才能进入下一步骤或下一层次的解读。

第二是理性辨识。如果某一文本激发起受众的阅读兴趣或使受众感到

"有用"，那么，他就有可能进一步采用理性辨识的方法确切地把握文本的信息内容。所谓辨识，包括两层意思：一是认识文本所包含的各种信息。二是辨别信息的真假及其意义，即具体分辨出哪些是事实信息，哪些是倾向信息，各种信息的意义是什么，传播者意欲传达什么，各种信息是否真实可信。这是一个利用分析、比较、推理等具体方法的"求真"过程，是新闻解读的理性环节，也是最为关键的一环。

第三是综合评价。在对文本信息辨识的基础上，受众是否能够真正接受文本的内容，还要看受众对信息做出的综合价值评价，判断的标准主要是解读者的需要尺度。这种尺度包含的内容有些可能是合理的，有些可能是不合理的，因为需要本身有合理与不合理的区别。但不管怎样，受众对辨识所得信息的价值评价将决定解读的实际结果，以及最终对新闻信息的接受效果。

三、解读结果样式及成因分析

马克思讲过一句非常精彩的话："消费使产品最后完成其为产品"[①]。新闻作品，作为一种精神产品，同样只能在受众的解读接受中得到最后的完成。传播效果，"在表达者那里，只具有可能性；在接受者那里，才具有现实性"[②]。新闻作品是新闻传播者对新闻事实认识结果的符号再现，内含着传播者知情意的因素、真善美的观念（也可能是假恶丑的）。面对这样的新闻文本，受众解读的结果会呈现出一些什么样式呢？其中的主要成因是什么呢？

---

① 马克思恩格斯全集：第 30 卷 [M]. 2 版. 北京：人民出版社，1995：34.
② 谭学纯，唐跃，朱玲. 接受修辞学 [M]. 上海：上海教育出版社，1992：5.

（一）解读结果样式

相对客观存在的新闻事实，传播者对它的符号再现有完全符合、基本符合、部分符合和完全不符四种基本情况。同样，相对确定的新闻文本来说，受众的解读结果也有个符合程度的问题。假如传播者对新闻事实的符号再现是完全真实的，那么，受众解读会呈现出什么样的结果呢？当新闻文本形成以后，由于前述新闻文本的特征，它便包含有相对确定的信息量值。但有些信息是显在的（比如事实信息）；有些信息则可能受新闻传播规律的制约，以隐在的形式存在于文本之中（比如一些倾向性信息和文本中蕴含的道理等）。正因为新闻文本中的信息存在方式既有显在的，又有隐在的，我们才说它所包含的信息量值是"相对确定"的。文本中的信息量值在传播中能被受众认知、接受多少，有赖于受众的解读。如果以文本中相对确定的信息量值为标准，衡量受众的解读结果，大致有以下几种情形：

等值解读。即受众解读所获得的信息量值与新闻文本中的信息量值是相等的。

增值解读。即受众解读所获得的信息量值大于文本的信息量值，但又没有完全脱离文本潜在意义和逻辑推理的范围，属于"正确、合理"的解读。

减值解读。即受众所获得的信息量值小于新闻文本的信息量值。

异值解读。是指受众的解读改变或偏离了新闻文本信息的基本含义，发生了一定的质变，是一种误读、误解或曲解。

以上四种解读样式既可能是同一主体对不同新闻文本解读的表现，也可能是不同主体对同一文本解读的结果。

等值、增值、减值三种解读结果，相对新闻文本信息量值来说，是一种"量"的变化；异值解读则是一种"性质"的变化，背离了文本的客观意义。在新闻文本的解读过程中，量的增减和"性质"的变化往往会同时存在。

（二）结果样式成因分析

新闻解读，本质上是一种认知活动，之所以会出现不同的解读结果，其原因主要来自两个大的方面，一是新闻文本，二是从事解读活动的受众，而且这两方面的原因在实际的新闻解读中是交织在一起的。除此之外，还会受到整个传播所处的社会环境的影响。我国著名语言学家陈原先生说："理解语言的真正信息，必须洞悉发出信息时的社会环境。"[①] 形式上同样的符号，在不同的传播环境中，其意义往往有很大的差别。但我们以为，环境因素都必然或多或少地体现在传受主体观念之中，所以不拟对此单独论述。

1. 新闻文本对解读的影响

文本是解读活动的一极，它的属性、特征必然对受众的解读有制约和牵引作用。

首先，从总体上看，"传播媒介所传播的内容，是传播者根据自身的经验和认识对客观世界所发生的事件采集加工而成的，带有个人的认识特点。这种特点并不一定符合受众需要并适应受众的认识结构，因而对于受众来说，大众传媒所传播的内容是'异己'的"[②]。这种"异己"性，自然容易使新闻文本的部分信息在解读过程中"遗失"，从而造成减值解读。减值解读是新闻解读中最普遍的现象。从具体情况来看，由于不同文本的内容有时具有很大的差别，比如一般的社会新闻与考古、科技新闻就有很大不同，一般的事件性新闻与涵盖大范围总体情况的非事件性新闻就有较

---

① 陈原．社会语言学［M］．上海：学林出版社，1983：39.
② 郑兴东．受众心理与传媒引导［M］．北京：新华出版社，1999：34.

大的不同，又由于不同解读主体的需要与认识结构也有所不同，两方面的不同与差别，便会产生千差万别的具体解读结果。对那些内容简单的新闻文本，绝大多数人获得的信息与文本的信息量值是基本相同的。对于内容比较复杂、专业性较强的文本，感兴趣的、有相应知识背景的读者能获得与文本大致相同的信息；但对同样感兴趣，而相应知识储备不够的解读者来说，则很可能难以理解文本中许多编码的真实含义，那当然就要减值了；如果胡乱猜想，更要异值了。如果受众遇到了自己特别需要又有足够能力解读的文本，经过反复解读，很可能由此及彼、联想深思，获得增值解读的效果。

其次，新闻文本本身的质量在很大程度上制约着解读的结果。一件新闻作品就是一个信息系统，它或是由若干负载信息的语句、段落以一定的结构构成，或是由一段声音语言与音响的有机结合来表达，或是由声画文一体构建的电视新闻来展示，或是由超文本形式的网络语言来构筑。这个信息系统对新闻事实的再现即使是真实的、客观的、全面的、公正的，再现的明晰性、符号表达的准确性、写作和制作的技巧等等，以及再现中所体现出的不同传播者的个性风格、特色、方式等，也都会直接影响受众的解读效果。"语言一旦表达出来，其意义可以被人们作多种不同的理解。"[①] 弗赖伊夫妇就曾提出过这样的假设："媒介信息能引出许多含义，所以一个文本可以有多种理解。诚然，媒介制作人希望在他们的作品中传达特定的含义，但是受众对此可能赋予相同或不同的意义"[②]，而且"文本中使用的符号确实在意义的形成中起一定的作用，但是文本外的许多因素也将影响我们对文本的理解"[③]。但同时，应该指出的是，"在特定的语

---

① 王晓升. 语言与认识 [M]. 北京：中国人民大学出版社，1994：12.
② 小约翰. 传播理论 [M]. 陈德民，叶晓辉，译. 北京：中国社会科学出版社，1999：580.
③ 同②582.

境中，词语和句子都有特定的含义而不是能够随意地扩大或缩小"①，任何文本都有其特定的内容。新闻事实总是具体的，总产生于特定的环境中，它对受众的解读"先见"形成客观的限制，"只接纳它可能接受的理解"，并不会接受受众的"任意曲解"②。因此，只要再现者能够真实、准确、明晰地在文本中再现事实，把握住新闻文本应有的个性特征，就会降低减值、异值解读的可能性，增加等值甚至增值解读的可能性。

2. 受众对解读结果样式的作用

就传播实践来看，"受众几乎是不受约束的"③，其解读、受传行为从根本上说是自主的。正因为如此，导致新闻解读产生不同结果样式的核心因素是受众。

受众是按自己的"解读图式"（即"认知图式"，传播学称之为"先验图式"，接受美学称之为"期待视界"），实质上就是解读前的"大脑状态"去解读新闻的，它直接影响到如何解读、解读什么以及解读的结果。"读者在进行阅读活动之前，在他的心理世界中，已经有一个'先天'的思维结构。他的阅读活动，一方面是循着作品的叙事程序依次进行下去；另一方面又根据自己的'成见'把作品的各个符号功能单位，加以组合"④，从而形成自己对新闻作品的整体理解。李普曼在其《舆论学》中谈到的"成见""固定的成见"等，如果从解读角度看，也就是"解读图式"的部分内容。

如同传播者确立新闻事实时的"选择图式"一样，受众的"解读图式"也是由认知意识、道德意识和审美意识，或者说是由知情意三部分组成的，三者统一为一体，"操作"着解读活动。"这种被称作是'脚本'和'图式'

---

① 王晓升. 语言与认识［M］. 北京：中国人民大学出版社，1994：95.
② 殷鼎. 理解的命运：解释学初论［M］. 北京：三联书店，1988：262.
③ 郑兴东. 受众心理与传媒引导［M］. 北京：新华出版社，1999：6.
④ 俞建章，叶舒宪. 符号：语言与艺术［M］. 上海：上海人民出版社，1988：303.

的格式在很大程度上决定了一个人是怎样看这个世界和怎样感知讯息的。"①

受众的世界观、思维方式、知识结构、认识能力等，将决定他能够从新闻文本中解读到什么样的信息、多大量的信息、多深层次的信息。

受众的价值取向、道德观念，既可能促使受众关注新闻文本中与自己价值取向、道德观念一致的信息，从而形成一种价值、道德动力，加深对相关信息的理解；又可能使受众轻视或无视文本中的另一些信息，使其得不到充分的解读，造成信息减值；同时也可能在一些"信息暧昧不明时"，"按照自己的道德意识来解释和评价"信息②，使解读既可能增值，也可能异值。

受众的兴趣、爱好、情感等心理因素在解读中更是异常活跃，但它们对解读结果的作用都可能是两面的。兴趣、爱好、情感等都具有明显的倾向性。"在众多信息中，人去'见'什么，'闻'什么，大抵是要受到兴趣和爱好的筛选的。对经过取舍之后保存下来的信息的解释和理解一般也会受到兴趣和爱好的影响"③。显然，在这样的兴趣、爱好作用下，解读结果的四种样式都可能出现。"情感是能量库，它给视觉、思维、记忆以动力；情感也是调节器，它对视觉、思维、记忆的方向产生调节功能。"④情感对受众的解读方向、解读重点无疑会起到牵引作用，这种作用既可能使解读抓住新闻文本真正的重点，也可能使解读偏离重点。如此，增值、减值、异值的结果也就都可能出现。受众解读新闻的各种心理，诸如"求新、求知、求同、求异、求趣、求美"等⑤，都会对具体的解读的结果造

---

① 小约翰.传播理论［M］.陈德民，叶晓辉，译.北京：中国社会科学出版社，1999：229.
② 周文彰.狡黠的心灵：主体认识图式概论［M］.北京：中国人民大学出版社，1991：59.
③ 同②96.
④ 郑兴东.受众心理与传媒引导［M］.北京：新华出版社，1999：102.
⑤ 童兵，展江，郭青春.新闻传播学原理［M］.北京：中央广播电视大学出版社，1999：127-158.

成正反两个方面的效应。

　　受众的现实需要、利益观念更会直接影响解读的质量。"讯息接受要受到许多现实的不是虚幻的利益、兴趣和价值观、道德观等等的牵制"，"它不单纯是个认识、识别讯息的过程，还要受到接受者认知以外诸多因素的影响"①。

　　需要特别指出的是，受众在解读新闻文本中，既要运用既有的"解读图式"，也会接受新的信息，改变自己的"解读图式"。解读图式本身既是保守的，也是开放的。"人没有可能达到一种'无偏见'或'无先见'的认识状态"②，"任何理解都有理解者本身的历史性因素在内"③。"但在认识、理解过程中，可以不断修正先见，去除那些错误的'偏见'。""'先见'由历史而来，并在历史中改变。"④ "解释性图式随着人的成长而发展"，"从相对简单和普遍概括转向相对的错综复杂和特异差别变化"⑤。从新闻传播角度看，受众正是在新闻解读历程中，调整、变更、发展、优化着自己的"解读图式"。人们解读新闻文本水平的不断提高，就标志着"解读图式"的不断更新。

四、从解读到接受

　　假如说解读活动使受众获知、理解了新闻文本中所包含的信息及其意义，那么受众又会如何对待解读的结果呢？了解了新闻文本表达的事实信息，并不意味着相信它；感受到新闻文本蕴含的情感信息，并不意味着赞

---

① 陈力丹．舆论学：舆论导向研究［M］．北京：中国广播电视出版社，1999：178.
② 殷鼎．理解的命运：解释学初论［M］．北京：三联书店，1988：260.
③ 李泽厚．走我自己的路［M］．北京：三联书店，1986：274.
④ 同②260－261.
⑤ 小约翰．传播理论［M］．陈德民，叶晓辉，译．北京：中国社会科学出版社，1999：203.

赏它；把握了新闻文本包含的意义信息，并不意味着认同它，体验到新闻文本中的审美信息，并不意味着欣赏它。一句话，尽管解读是接受的前提条件，但解读并不等于接受。从解读到接受受制于许许多多的因素。从宏观上说，传播者的形象、传播的艺术与技巧、受众所处的接受环境，特别是受众自身的现实利益和需要，以及具有的事实判断与价值评价的能力等，都会影响接受的方式和程度；从微观上说，一件具体的新闻文本内容的可证实性、表达的合理性、信息来源的可靠性，受众解读文本时的具体处境与心态等，也都会影响其接受的方式和接受的程度。对这些宏观、微观因素，新闻传播理论，特别是大众传播理论已经作了大量很有成效的研究，因此，本节不拟再对这些因素作具体的分析和解剖，而欲从接受质量、接受层次、接受效果等层面阐述接受的具体结果、样式和形态。

（一）接受质量：完全接受 部分接受 拒绝接受

这里所说的接受质量，针对的主要对象是新闻文本表达的信息。接受的质，是指对信息接受与否；接受的量，是指对信息接受的程度。所谓接受，是指受众不仅"把这个信息存入自己的头脑中，成为自己头脑中储存信息的一部分"，而且确信文本表达的信息，"把它作为自己正确认识外界的知识的一部分"①。从质量统一性上看，接受可分为三种方式。

1. 完全接受

即受众完全认可并确信新闻文本表达的信息，并将其存储、内化于自己的"信息库"中。完全接受不只是对新闻文本中事实信息的接受，也包括对其他倾向性信息的接受，这是新闻传播中传播者期望的理想状态。在实际的新闻传播中，对绝大多数的新闻文本来说，经过解读之后，总有一些信息遗漏、增减的现象出现，绝对的完全接受几乎是不存在的。

---

① 郑兴东. 受众心理与传媒引导［M］. 北京：新华出版社，1999：168.

2. 部分接受

这是新闻传播中最常见的现象。如果没有特殊的需要和兴趣，受众视听新闻大都不会像研究者那样去作多角度、多层次的认真分析，而是了解到文本叙述的大致内容便停止了。这样，即使他们接受了把握到的文本信息，也只是部分信息、部分接受。这部分信息也主要是文本符号直接表达的那部分信息——事实信息。能否通过接受事实信息在不知不觉中接受传播者的倾向信息，关键在于传播者对事实的选择，对事实各片段、事项间逻辑关系的巧妙安排。另一种部分接受的情况是，受众经过对新闻文本的"研读"，完全解读出了文本的各种信息，但受众只愿接受其中的部分信息。最常见的情况是在新闻与意见，或者说事实信息与倾向信息的识别中，受众只接受事实信息，而拒绝倾向信息，或对二者都是部分接受、部分拒绝。

3. 拒绝接受

当一件文本表达的信息被受众认定是不真实的时候，它就"不能给受众以所需的经验和知识"，"不足以提高他们认知行为的有效性，就会遭到回避或拒斥"①，就会从理智上被拒绝接受。这是拒绝接受较易理解的情形。但典型的拒绝接受，并不是因为受众认为文本中的信息是假的、是错误的，而是因为新闻文本中包含的信息不被受众的"解读图式"所"容忍"，即不被受众既有的、先存的认知结构、情感态度、意图习惯、利益观念等等所接受。

（二）接受层次：表层接受、内层接受、深层接受

"一般说，一篇好的新闻作品仅仅告之以事是不够的，还应该晓之以

---

① 张国良. 传播学原理 ［M］. 上海：复旦大学出版社，1995：191.

理、动之以情，等等"①，形成多层次的信息系统。但新闻毕竟是报道事实信息的，它的情、理等信息，原则上只能"附在'象'（即新闻事实）这张皮上"，在"暗示"中表达，在事实的逻辑中显现，在字里行间中流露，不然"就是造作之情，强词夺理"②。新闻作品信息的多层次性，决定了解读也是一个逐层深入的过程，从而使得对新闻文本的接受也表现出一定的层次性。这里我们借用郑兴东先生在划分受众理解层次的三个概念：表层、内层、深层来阐述这一问题。③

1. 表层接受

所谓表层接受，就是仅接受了新闻文本中"言"所表达的"象"的内容，即仅接受了事实信息，而对渗透在事实信息中的倾向信息、道理等不予接受。这里的"不予接受"有两种情况：一种是由于未能达到对作品"内层""深层"的理解而只能停留在表层接受上；另一种是受众通过解读已经把握到了传播者的"言下之意"和"言外之意"，但却拒绝接受。对一般受众而言，大多属于第一种情况；对高水平的受众来说，第二种情形可能更多一些。由于表层接受的对象是事实信息，具有较强的明晰性和确定性，因此，在接受这类信息时，受众之间的差别不会很大。

2. 内层接受

这是建立在表层接受基础上的接受。所谓内层，按郑兴东先生的说法，就是渗透在传播内容中或通过传播内容"所表现的情感、情绪、情味等"④。新闻文本中的情感、情绪、情味等因素，有些是新闻事实中人所具有的，另一些是传播者表达于作品之中的。前者是事实信息的一部分，

---

① 喻国明. 嬗变的轨迹：社会变革中的中国新闻传播与新闻理论 [M]. 北京：中央编译出版社，1996：25.

② 同①

③ 郑兴东. 受众心理与传媒引导 [M]. 北京：新华出版社，1999：155-157.

④ 同③156.

后者属于倾向信息。这两种信息在作品中既可能是一致的，也可能是不一致的。我们这里所说的内层接受，是指受众对传播者情感、情绪、情味等的接受，实质上就是指对传播者价值态度、价值倾向的接受。内层接受最典型的表现就是情感共鸣、情意相投。由于情感、情绪、情味等具有较强的个人心理色彩，与各人的地位、处境、担当的社会角色也有较强的联系，因此，在接受新闻文本的这类信息时，在不同的受众间往往会表现出一定的差异。

3. 深层接受

深层接受首先以表层接受和内层接受为前提。"深层"就是"文以载道"中的"道"，就是传播者通过表层内容、内层情感所表达的意图和道理，是"使人神远"的"弦外音，味外味"。如果说对表层的接受诉之于理智，对内层的接受诉之于体验，那么就可以说对深层的接受诉之于理智与体验交融的深思和体悟。达到深层接受，实质上就是对文本信息的一种完全接受，这种接受有可能超越文本作者的意图，但并不会超越文本的潜在含义。如果某种理解和接受超越了文本的潜在含义，那便成了"玄化"或"扭曲"。

（三）接受效果：信息层面的接受、态度层面的接受、行为层面的接受

前面，主要从信息接受的质量和层次两个方面，分析了受众的接受行为。在此，将从接受效果的角度，即通过对接受对受众的实际影响的不同层面来考察一下接受的样式。这实质上是从接受角度对传播效果的反观。

1. 信息层面的接受

所谓信息层面的接受，是指受众在认识范围内接受了新闻文本中的信息，即认为它所包含的事实信息是真实的、可信的，但仅此而已。他不会因观念上确信事实信息而改变自己既有的态度，更不会付诸行为，这是新闻传播中最常见的现象。但需要说明的是，信息层面的接受，会以潜移默化的形式逐步地把各种新闻信息灌注在受众的思维之中，成为受众态度、行为变化不知不觉的影响因素。

2. 态度层面的接受

我们把因确信新闻信息而改变态度的接受称作态度层面的接受。态度是人对待一定对象的评价和行为倾向。人对对象的评价和行为倾向具有一定的稳定性，即态度总与一定的价值观念相联系，因而态度的改变往往是比较困难的。因此，如何使受众在接受信息的同时进而改变态度，始终是大众传播研究者倾心尽力的问题，也是传播实践者最为关注的问题。人们看到，西方大众传播的主体理论之一，就是关于传播效果的理论。从强效果论到有限效果论，再到适度效果论，直至新近的强效果论，清晰地描绘了西方大众传播理论的历史线索。因为能够改变受众态度的传播才被看作是有意义的传播、有效的传播。

态度层面的接受，具有多方面的表现：既可在量度上改变，即强化或减弱原有的态度；也可能在质上改变，即改变原有态度的方向。而在具体的态度改变中，又会呈现出丰富多彩的形式：既可能是即时性的改变，也可能是持久性的改变；既可能是突然性的改变，亦可能是渐进性的改变。如何有效改变受众的态度，改变什么样的态度，将始终成为传播界的重要课题。

3. 行为层面的接受

因确信新闻信息而改变态度，进而导致外在行为的接受就是行为层面的接受。但正如确信新闻信息并不意味着态度会必然改变一样，态度的改变并不意味着必然会付诸行为，因为决定是否投入行为的不只是人的态度，还有其他诸多因素，比如主体进行某一行为能力的大小、代价的大小，以及与从事其他活动的关系如何，有无进行某一行为的有利环境等。当一种传播达到影响受众行为（传播者期望的行为）的层面，应该说是成功的传播；反过来，当受众通过解读新闻文本，达到行为层面的接受水平，也应该说是忠实的接受。

第三部分 | 作为说话手段的新闻事实

——对新闻事实的功能探索

　　本书第二部分重点论述了作为传播内容的新闻事实的几次形态演变过程，并没有完全揭示出新闻事实对于整个新闻传播的作用。因此，我们将在这一部分，从新闻事实在整个新闻传播中所发挥的功能作用，进一步阐述和说明新闻事实在传播中所显示出的独特价值和意义。新闻事实，作为客观事实之一种，只要发生了、出现了，就和人们建立起了客观的关系。而当它进入新闻传播的"流水线"，便开始发挥它独特的功能了：

　　首先，它是表明新闻事实自身的手段，根据事实来描写事实是新闻传播的内在要求，这是公认的新闻传播的独有特点，也是新闻传播必须遵循的首要原则。新闻传播的真实性，也只能在此基础上得以实现。对此，我们在前面的有关章节已经作了比较详细的论述。

其次，对于人类时至今日依然具有阶级性、集团利益性和政治色彩的新闻传播来说，除了那些幼稚的、空想的理论家外，谁都会承认，总是要"说话"的。而"说话"最有力、最巧妙的手段是用新闻事实信息作为"寄生体"。不管是传播者、接受者还是控制者，都在想方设法通过"事实胜于雄辩"的方式传播自己的观念、主张、意见、态度、情感和信念等。但从现实性上看，新闻媒介传播的主要是传播者和控制者的倾向。以为新闻传播的只是新闻事实的信息，从而否认或排除新闻传播的宣传意义要么是幼稚的，要么是虚伪的。

最后，就新闻传播而言，不管是对某一具体的新闻作品，还是对整个新闻传播机构的"新闻报道"，其真实性从原则上说当然唯有实践才能证明。但在实践证明活动中，新闻事实是最直接、最有力的中介和手段。最后，对新闻事实的传播，或强或弱会在受众心目中塑造出一个新的观念化、符号化的媒介世界。这一塑造是以新闻事实信息作为基本手段的。以上所说的后三个问题正是本部分的主要论题。

第六章 传播倾向的表达

如果从事实的全部总和、从事实的联系去掌握事实，那么，事实不仅是"胜于雄辩的东西"，而且是证据确凿的东西。

——列宁

我们不能拿空话而是要拿事实来解除他们的这个优虑……我们的报刊、电视和所有的宣传工作都要注意这个问题。

——邓小平

一个传播者总有两个层次的意图。信息性意图是为了让听话者知道某事，而传播性意图则是使听话者意识到他说某句话的目的。

——小约翰

"一个传播者总有两个层次的意图。信息性意图是为了让听话者知道某事，而传播性意图则是使听话者意识到他说某句话的目的。"① 其实，对大众媒介的新闻传播来说，也是如此。艾丰先生在他的《新闻写作方法论》中说："从总体来看，任何新闻作品都是要'说话'的，即总要体现和宣传一定的观点。"② 总要在陈述事实信息的过程中表达一定的价值判断，表现出或强或弱的意识形态上的倾向性，流露出传播者的情感态度和审美情趣等。只要进入媒介传播渠道的，就至少是媒介认为受众应该知道

① 小约翰. 传播理论 [M]. 陈德民，叶晓辉，译. 北京：中国社会科学出版社，1999：255.
② 艾丰. 新闻写作方法论 [M]. 北京：人民日报出版社，1994：89.

的、值得知道的，这其中无疑渗透着媒介的新闻价值观，是一种根本逃脱不了的倾向。媒体报道新闻事实，目的不只是在于传播新闻事实之信息，还在于通过新闻事实"说话"，即把新闻事实作为载体和手段，表达传播者的倾向①。这种倾向的内容是相当丰富的，包括传播者对社会生活的态度、意见和看法，而不只是以往一些人所说的政治倾向，也不只是一些理性的观念和引导，还包含有非理性的情感、意志等因素。概括地说，由于新闻作品的价值构成包含了真善美诸多因素，作为统一体的新闻作品必然在传播新闻事实信息的基础上，表达真善美的倾向，体现出整体的人文精神和人文关怀。当然，另一种可能则是在本质上表达假恶丑的倾向，背离人文精神的主旨。新闻媒体以新闻事实为手段，在传播信息的基础上进行"说话"，并不只是传播者单纯的主观行为，它有历史的、现实的必然性。因而借助传播新闻事实表达倾向从原则上说是合理的。但以新闻事实作为载体的"说话"方式，必定不同于其他诸如理论文章、新闻评论或文学艺术作品的"说话"方式，它有自身的特点，具有自己独特的方法，相应就必须遵循新闻传播规律的要求。这样，所说之话才能被受众心悦诚服地接受，传播倾向的表达才会产生真正的实际效果。

一、表达倾向的必然性和合理性

以新闻事实作为手段表达传播者的倾向，有无必然性和合理性呢？我们的回答是肯定的，其理由如下。

首先，新闻传播，作为传播者的一种主体性活动，表达自身的倾向性在客观上是不可避免的，即不能不表达的行为。新闻传播作为一种有组织

---

① 不论新闻传播的控制者以何种方式存在，其倾向总是通过新闻作品和媒介特有的各种形式化语言实现的。

的社会活动，决定了媒介及其传播者不可能从根本上超越自己的各种社会利益和政治利益，不可能摆脱自己的社会地位，不可能脱离自己的存在环境。这就决定其必然要从自己的立场和观点出发选择事实、传播新闻，其中蕴含的倾向性是不言而喻的。日本新闻学界的开山鼻祖小野秀雄先生，在他的《日本新闻发达史》中说："报道的材料固然是事实，但是当它在经过记者的精神加工而写成报道时，一定会反映出作者的思想感情，编辑在进行整理时，或删削，或增加，或大书特书，或一般处理，都是有其内在根据的。"① 日本另一位学者和田洋一在其编著的《新闻学概论》中写道："在资本主义社会的言论报道活动中，是通过把'偶然发生的事情'变成'事件'的无意识性和资产阶级的假设这二者的结合，制造意识形态性。"② 美国的一位学者曾经这样说："美国的新闻事业为资本家所有并由其经营。因此报纸自然会宣传资本主义，不需要下命令叫它们这么干。"③ 从认识论的角度看，从理想化的原则考虑，传播者可以原封不动地传播"纯洁"的新闻事实信息或"纯粹"的新闻，可以不附加传播者的任何东西，然而，这在实际的新闻传播过程中几乎是不可能的。尽管新闻事实的存在一经产生便不以任何人的意志为转移，但同时我们应该知道，不被传播者认知的事实信息就不会得到媒体的传播，而"人在与客观现实交互作用过程中，对现实事物总有一定的看法、态度和倾向"④。在认知事实信息的过程中，传播者必然受到认知对象和自身各种各样条件的双重限制，"可以很确切地说，我们看东西是通过玫瑰色的眼镜或者是带着偏见的眼

① 小野秀雄.日本新闻发达史［M］//张昆.传播观念的历史考察.武汉：武汉大学出版社，1997：138.
② 和田洋一.新闻学概论［M］.吴文莉，译.北京：中国新闻出版社，1985：56.
③ 柯弗兰.谈谈美国的报业［J］.编译参考，1979（6）：51－52.
④ 黄希庭.普通心理学［M］.兰州：甘肃人民出版社，1982：133.

睛的"①。这话说得未免有点偏颇，但记者永远不能离开自身的条件从事工作。无论自觉与否，他的感情和意见必然要渗入他对事实和事件的看法。麦尔文·曼切尔在他的《新闻报道与写作》中就曾说过："新闻，显然是建立在选择的基础上，而选择是个非常具有个人色彩的事情。它受这样一些因素的制约：记者的业务情况，他受的教育，他的家庭和朋友的影响，甚至难以捉摸的野心和良心，彼此斗争而做出的决策。"② 这就说明了传播者或多或少都会在有意与无意之间改变事实信息的"本来面目"，在传播事实信息时渗透自己或明显或隐蔽的知情意的东西。另外，在客观事实信息向传播中符号化、观念化事实信息形态的转化中，必然要经过有的学者所说的三种转化，即"无限向有限转化""无序向有序转化""自在向为我转化"③。这些"转化"工作都是由传播者来做的，他们不可能不在事实信息上留下自己的各种各样的"印痕"。这样，在客观效果上，媒介传播出去的新闻，对本来就有客观倾向性的新闻事实来说，就具有了双重倾向性，对本来没有倾向性的事实则加上了一定的倾向性。正如马克思和恩格斯在论述新闻的客观性和真实性时所指出的那样，新闻报道总是有倾向的，倾向性是一种必要的、一般新闻都会有的新闻的属性。④

其次，表达倾向既是媒体的职责和义务，也是社会的要求、广大受众的需要。在传播新闻事实信息时，适度而合理地表达倾向性应当成为媒介及其传播者的自觉行为。新闻传播媒介有诸多功能，但最主要的社会功能是传播新闻信息和引导社会舆论。一般说来，传播信息只需要客观报道就够了，但要引导舆论还得发表意见，除了公开"说话"外，就得在传播事实信息的同时，像美国新闻学者约斯特说的那样，与意见联系起来，与言

① 李普曼. 舆论学 [M]. 林珊，译. 北京：华夏出版社，1989：77.
② 曼切尔. 新闻报道与写作 [M]. 艾丰，明安香，等译. 北京：中国广播电视出版社，1981：78-79.
③ 胡钰. 新闻事实的内涵与生成 [J]. 新闻界，1999 (2)：12-13.
④ 童兵. 马克思主义新闻思想史稿 [M]. 北京：中国人民大学出版社，1989：205.

论联系起来，把传播者的倾向"无声无息"地贯注在事实信息之中。全面报道与评论事实，是传播工作者的社会责任。并且，伴随信息时代、知识社会的到来，人们在为各类信息的大量供应心满意足时，也在强烈地感受着信息洪流的连番冲击，有时简直晕头转向、不知所措。报纸在今天的中国已经全面进入所谓的"厚报时代"，广播电视的新闻频道不少都是 24 小时不间断地播出，网络新闻更是以"海量信息"为能事。这就需要专职的传播者不但要选择有价值的事实信息，同时要对重要的、与人们生产和生活紧密相关的事实信息做出适当的说明、解释和评价。尤其是社会变动方面的新信息，普通大众更期望得到社会"守望者""监测者"的"解疑释惑"。在满足社会及公众这一需要的过程中，站立在社会潮头的媒介及其传播者，在以事实为根据的前提下，表达合理的倾向性是理所应当的，也是不可推卸的责任和义务。那种"把一切奉献给读者，让他们自己去判断"的传播理念，对信息时代的大众来说，是一种不负责任的表现。问题的关键不在于是否对事实进行选择，不在于是否应该表达倾向，而在于如何合理、有效、公正地表达倾向。

再次，以新闻事实作为说话的手段，是媒体表达倾向性最佳的选择，也是较为致效的方法。既然表达倾向具有必然性，具有合理的客观基础，是媒体应尽的职责和义务，是社会和公众的要求与需要，那么，新闻传播媒体就应当寻找较为高明致效的方式方法。对于传播客观事实信息的新闻媒介来说，其"天然"的手段当然是将倾向负载于新闻事实信息之上，以"暗示"而非"明示"的方式进行传播。由于一般说来，"对记者的观点读者并无兴趣，读者自己会替自己做出判断和决定"，因此"记者必须尽最大努力用事实本身来说话"[1]。"用事实'说话'，它所

---

[1]　童兵. 理论新闻传播学导论 [M]. 北京：中国人民大学出版社，2000：85.

表达的，常常是一种无形的意见。……它能够使受众在获知事实的信息的同时，不知不觉地接受报道者的观点和意见，因而具有特殊的潜移默化的力量。"① 用事实说话，"从心理角度看，就是一种暗示"②，它把观点、态度、意见、情感等因素寓于新闻事实的逻辑之中，以间接、含蓄的方法对受众进行说服和引导，"受众不易产生类似警觉、防范等预期反应，比较容易不自觉地接受说服者的引导"③。因此，"以传播事实信息的方式向受众暗示某种态度、某种观点"，是"大众传媒最得心应手的方法"④，也是符合新闻传播规律和信息接受心理规律的。

二、传播倾向的基本内容

在新闻传播活动中，传播者对新闻事实的反映和把握是多方式的，诸如认知方式、道德方式、审美方式、功利方式等，记者的理性思维与非理性心理因素往往会以统一的形式贯穿于这些把握方式之中。因此，尽管新闻以报道事实信息为基本使命，但由于前述的原因，新闻事实信息中必然会有丰富多彩的倾向性内容，包括传播者对社会生活各个方面的态度、意见和看法，都可以通过对千差万别的新闻事实的报道表达出来、传播出去。以往人们主要从理性的一面去思考传播倾向的问题，即把传播倾向的内容限制在理性意见、观念等范围之内，但事实上，传播倾向的内容还包含着诸如情感、意志等非理性的因素，而且，倾向性中的非理性因素往往对受众具有更大的影响，对受众态度和行为的改变更具有潜移默化的作用。因此，从理性与非理性两个方面考虑有利于比较准确地把握倾向性的

---

① 甘惜分 . 新闻学大辞典［M］. 郑州：河南人民出版社，1993：4.
② 郑兴东 . 受众心理与传媒引导［M］. 北京：新华出版社，1999：283.
③ 同②.
④ 同②.

内涵，从而使探讨传播倾向的内容更符合新闻传播的实际，也更有利于寻找科学、合理、有效的倾向表达方法。当然，在现实的新闻传播中，这两种倾向内容的表达常常是融为一体的，但有时也会出现两种倾向背离或不完全一致的情况。

（一）理性倾向内容

这里所讲的理性倾向内容，主要是指在对新闻事实理性认识的基础上，以理性方式表达的倾向。这种认识理性的特征在于"诉诸论理""具有明显的逻辑性要求"和"追求认识的普遍性与必然性"[①]。因此，以理性方式表达的倾向，总是一种自觉的倾向，有着明确意图的倾向，它重视新闻事实内在的逻辑力量，尊重新闻事实本身能够说明的"道理"。在倾向的表现方式上，多是传播者对新闻事实的意见和看法、分析和评论，是以新闻事实"是什么"为根据，推出"应如何"的价值倾向，实质上是从新闻事实的"存在判断"，推出传播者意欲表达的某种"价值判断"[②]。理性倾向的特征在于尊重事实，以"理"服人，传播者在表达倾向时的态度是冷静的、理智的，追求倾向正确性与合理性的统一、真理性与价值性的统一。由于理性倾向总是以以"理"服人的面目出现，把价值的、功利的倾向贯注于事实的逻辑之中，因此，往往更易为受众从理智上认可和接受。但同时，对有些受众也就增加了理解和接受倾向的智力难度。如果一种传播倾向的表达不被媒体的目标受众所觉察、理解，其表达是毫无意义的。但是，也应该注意到，理性倾向正确合理表达的前提是对新闻事实必须有全面、客观、正确的认识和把握。如果失去这一前提，倾向就有可能失去合理性和公正性。即使有了这一前提，传播者亦可能在某种信仰、信

---

① 陈新夏. 人的尺度：主体尺度研究 [M]. 长沙：湖南出版社，1995：130 – 133.
② 瓦耶纳. 当代新闻学 [M]. 丁雪英，连燕堂，译. 北京：新华出版社，1986：27.

念或功利目的下，以非理性的方式扭曲新闻事实内在逻辑可以雄辩的东西，或附加新闻事实自身难以承载的"道理"，这当然在本质上背离了理性精神。

（二）非理性倾向内容

非理性倾向是相对理性倾向而言的，但这里的"非理性"内容不是相对"理性认识"的"感性认识"，而主要是指人的精神生活中的各种非理性因素，这些因素大致可以分为两类："一类属于人类知识能力的范畴，如直觉、顿悟等思维形式。另一类是直接体现人的需要与动机的精神力量，如情感、信念、意志、欲望等"①。我们此处所说的非理性倾向内容，主要是指后一类因素在新闻传播中所传播的倾向。"从实践观点去看人，需要、欲求、情感、意志都是现实的人不可缺少的。"② 记者作为新闻传播实践的活动者，当然也不能例外，也有自己的信仰、信念、意志和七情六欲，他在采写新闻事实信息的活动中，既要按理性的规则去进行，也会诉诸非理性的方式，即既有"清明的理智"，又有"特别丰富的情感"③。如果以逻辑分割的眼光去观照记者的采写活动，我们很容易发现记者不仅是理智的观察家、真相的探索者，也是拥有独立意志、特有情感和欲求和心理个性、伦理个性、社会个性的人，他必然会"带着情感来对待人民生活状况的"④，他在深入到新闻事件的时候，往往会对某些当事人产生同情，而对某些当事人产生反感，他"容易失去那种善于用最优美、最谦恭的方式来表达思想的美学技巧"⑤。所有这些决定了传播者必然会将自己独特的意志、情感、信仰、信念等等倾向自然而然地、不知不觉地表达在

① 陈新夏. 人的尺度：主体尺度研究 [M]. 长沙：湖南出版社，1995：134.
② 高清海. 哲学的创新 [M]. 长春：吉林人民出版社，1997：104.
③ 秋江. 新闻记者的态度 [M] // 徐培汀，裘正义. 中国新闻传播学说史. 重庆：重庆出版社，1994：431.
④ 马克思恩格斯全集：第1卷 [M]. 2版. 北京：人民出版社，1995：378.
⑤ 同④357.

对新闻事实信息的传播中。这方面的例子，只要翻阅任何一篇新闻特写、通讯作品，就可看得一清二楚。非理性倾向的表达不仅体现在新闻作品的遣词造句中，也体现在作品营造的整体的气息里，是一种无形的、自然的流露，是在对受众的感染中实现倾向的传递，它的突出特征在于以"情"感人。与理性倾向相比，它似乎是不自觉的、无意的。对它的感受与理解一般不存在智力上的难度，因而更易为广大受众所接受。但这种非理性倾向一旦被受众拒绝，则会影响受众与一定媒体长久的亲和力，直接影响到传播目的的实现。

理性倾向与非理性倾向在新闻作品中常常是统一的，但也会因作品内容的不同、题材的差别以及记者个性的不同，有所侧重，有些理性倾向强一些，有些非理性倾向内容多一些。有时，在新闻作品中，也会出现"情"与"理"两种倾向背离的情况，因为不少新闻事实的发生是"合情"不"合理"的或"合理"不"合情"的。传播者如果不能控制自己的情感，就有可能在作品中改变事实本身的面目，造成以情伤理的结果。那些"人情稿""关系稿"的出现，就是这一方面的典型表现。因而，传播者、控制者的主观原因，也会造成两种倾向内容的背离现象。

三、表达倾向的基本方法

通过传播新闻事实信息来表达传播倾向，首先依赖于新闻事实的特征，其次决定于倾向内容的特性——理性的还是非理性的内容，然后才能确立恰当的表达方法。任何新闻作品，作为一个整体的信息系统，其内容在直接表现上都是事实信息与倾向性信息的统一体，在此统一体中，不仅包含着这两种信息，同时还蕴含着可以进一步推理或想象的道理。使这一"统一体"达到"天人合一"的状态，关键之一就是要看表达倾向的方法。有些新闻事实，只要客观地加以报道，就可以表达传播者的倾向，事实本身内在的逻辑结构中所包含的信息就可成为直接的说话手段；有些新闻事实，只有报道时机、力度、角度、话语、镜头、画面等等选择恰当，才能较好地表达传播倾向；还有一些新闻事实，传播者必须公开站出来进行议论和评价，才能把必须表达的倾向传播出去。但无论新闻事实如何千差万别，无论说话的具体艺术、技巧等怎样新奇多变，从总体上看，可以概括为三种。

（一）公开表达法

公开表达法，简单地讲，就是在新闻作品中旗帜鲜明地、毫不遮掩地表达传播者对一定新闻事实的看法和意见、立场和态度、情感和好恶。它是以可见的主观方式表达主观的倾向，与以"客观"的方式表达主观倾向的隐蔽表达法形成对比。

公开表达法依然是用事实说话，事实依然是说话的基础和根据，不过"说话"与"事实"在表达形式上是"分离"的——事实是事实，意见是意见，情感是情感。但它们在客观逻辑上具有内在的统一性，即所说的话是事实能够说的话，所表达的情感是传播者应有的情感。公开表达倾向的基本方式大致有两种：一是直述式，就是"在新闻报道中，有一些句子，乃至有一些段落是记者直接站出来说话的"①；另一种是配套式，"所谓的'配套式'是指新闻报道和新闻评论的配套"，"这是中国的编辑和记者的一种创造"②。公开表达的优点在于事实信息与意见信息一目了然，传播者对新闻事实的认识、态度、立场、意见、情感等跃然纸上。传播者的信心和目的在于从事实出发，以"理"服人，以"情"感人。对传播的接受

---

① 艾丰. 新闻写作方法论［M］. 北京：人民日报出版社，1994：122.
② 同①124.

者来说，则可以从自己的知识、经验、信念、情感等出发，既可同时接受事实信息和倾向信息，亦可只接受事实信息而不赞赏倾向信息。从传播者角度看，这里既有对接受者的"强迫"，亦有对接受者的"尊重"，可以从不同的角度做出说明。但就新闻传播来说，由于其天职在于传播信息，因此，就一般情况而言，受众接受期待对倾向信息兴趣不大。这一点，对强调个性独立的西方受众不必多说，就是对我国受众来说，也由于长期的"意见＋例子"的报道模式，在说教中"培养"了人们对公开表达法的反感情绪和逆反心理。因此，大多数新闻传播研究者认为，就我国新闻传播中的倾向表达实际情况来看，应该减少公开表达法的运用。但事情的另一面是，公开表达的传统培养了我国受众——特别是年龄较大、文化水平不太高的受众——对新闻传播的一种接受习惯，希望看到媒体公开的而不是隐蔽的评论和态度，特别是对一些重大新闻事件或社会热点、难点、疑点问题，尤其具有这种视听期待，总想看看听听《人民日报》、新华社、中央电视台、中央人民广播电台等媒体的报道和意见。即使一些文化层次较高的受众也不例外。就目前的社会发展实际来看，一方面是人们对各种信息选择的自由度增大，获取信息的渠道增多，对信息价值的判断力增强，不期望新闻媒体的"教导"和"点拨"；另一方面是人们被信息洪流冲得不知所措，在一些重大新闻事件面前倍感茫然，期望得到信息"把关人"的指点和引导。再考虑到传播媒体不只是为了传播信息、报道新闻，我们认为，公开表达倾向的方法仍然是说服受众、服务受众、引导舆论的有力手段。不能因为历史上有过失误而因噎废食。就我国新闻传播的实际运作来看，以公开的方式表达倾向仍然是最主要的方式，特别是在大是大非面前，我们主流媒体"说话"的基本理念依然是旗帜鲜明，绝不吞吞吐吐。对中国受众来说，这种方式还是有效的、恰当的。但对那些一般的事实，应当把"说话"的"余地"留给广大的受众，让他们去做出自己的判断。

（二）隐蔽表达法

隐蔽表达倾向的直接意义是指倾向表达者不在新闻作品中以公开的身份出现，"把舌头藏在嘴巴里"，其实质则是指传播者以比较高明的传播艺术性和技巧性，在新闻作品中，以"客观""无色""中立"的形式显示主观的倾向性，其核心特征是以"客观陈述"的方法，充分驾驭和运用新闻事实内在的逻辑力量，表达"无形的意见"。我国著名学者王元化先生在谈到文学倾向性的表达时曾说："真正的倾向性不能游离于艺术形象的真实性之外，而是从艺术形象本身自然而然流露出来的"，"硬加到作品上去的倾向性是造成概念化的根源之一"①。我们认为，这一看法对新闻倾向性的表达也是适用的。

隐蔽表达法的具体方式丰富多彩，可根据不同新闻事实的具体特征、社会所营造的传播环境、受众具有的普遍的接受方式和接受心理，以及传播者自己的新闻风格进行选择。艾丰先生在其《新闻写作方法论》一著中，总结概括了七种用事实说话的基本方式，其中有五种都可以看作是间接或隐蔽的方式——"纯客观"方式：只报道事实，新闻中几乎没有记者的任何观点；材料或事实的组合方式：材料和事实的选择组合已经体现了记者的"说话"；引述他人观点的方式：就是借别人的口说自己的话；"化名"方式：记者在报道中故意不表明说话的就是自己，而是用一些别的化名来说；渗入方式：通过遣词造句，表达自己的情感，字里行间见立场、表爱憎。②

隐蔽表达法的好处在于它比较符合传播接受心理，受众在一种自主的状态下，在一种潜移默化的情境中与传播者构建的新闻作品信息进行交

---

① 王元化.王元化集：第2卷 文艺评论［M］.武汉：湖北教育出版社，2007：113.
② 艾丰.新闻写作方法论［M］.北京：人民日报出版社，1994：113-124.

流，这就更有可能使受众在接受事实信息的不知不觉中，接受传播者理性的和非理性的倾向性信息，甚至可能体悟出更深层次的道理。这是因为"接收者对评价性语言的劝说性、诱导性往往存有戒意，而对事实描述则放松警惕，以为陈述者是价值中立的，因此就更容易受这种伪装过的价值判断的诱导"①。隐蔽表达法之所以可能产生上述"理想效果"的更根本的原因是：它更契合新闻传播要真实、客观的内在要求。当受众觉得所视听的新闻文本符合新闻的本质时，他们更有可能接受文本中的倾向性信息。如今受众具有的普遍的新闻观念，早已不是过去那种纯粹的宣传观念，而是信息观念。在这种大的新闻传播观念背景下，隐蔽表达法更能显示出特有的价值。

正因为上述种种原因，在人们的主体性越来越强，价值取向越来越多元化、多层次化，特别是信息传播越来越多渠道化、自由化的社会大背景下，在新闻传播中，以隐蔽的方法表达传播者的倾向性，"让事实自己说话，不必再加上任何的渲染"②，会越来越成为传播者的首选方式。毛泽东当年所呼喊的"请看事实"的方式③，将会在今后的新闻传播倾向表达中产生出越来越强烈的回音。

就中国新闻传播的实际情况来看，尽管人们已经普遍认识到了隐蔽表达法的独特价值，但在具体操作层面上，不管是在国际传播方面，还是在对内新闻报道方面，与西方传播者对这一方法的熟练运用相比，中国记者的水平还比较低，技巧还显得比较笨拙。这恐怕也是现在中国新闻难以广布世界的重要原因之一，也是国内不少人对新闻传播逆反的重要原因。我

---

① 冯平．评价论［M］．北京：东方出版社，1995：41.
② 曾虚白．文学作品与新闻作品［M］//徐培汀，裘正义．中国新闻传播学说史．重庆：重庆出版社，1994：423.
③ 中共中央宣传部新闻局．马克思主义新闻工作文献选读［M］．北京：人民出版社，1990：135.

们以为，学会熟练运用隐蔽表达法，是中国新闻传播与世界新闻传播在操作层面接轨的重要一环。恰好在这一环节上，没有直接的意识形态、价值观念的冲突，但意识形态、价值观念的东西，只有以符合新闻传播规律的方式传播，才会取得比较好的效果。中国的新闻传播者必须在这一高度上充分认识隐蔽表达法的价值，驾驭隐蔽表达法，使中国的声音能够真正传播到世界的各个角落，早日实现宏图大志。在国内传播上，则必须尽快认识"受众主体时代"正在到来的意义，充分认识在倾向表达方面存在的问题，寻找适合中国受众特点的表达方式和方法，这也是实行引导舆论的需求。

（三）混合表达法

公开表达与隐蔽表达的区别是相对的，事实上，除了极个别情况外，绝大多数新闻作品，在表达倾向时运用的都是"混合表达"法，即既有公开表达，又有隐蔽表达，或者公开和隐蔽中同时也渗透着隐蔽和公开的方法。比如公开的评论有赖于事实的逻辑内涵，隐蔽的情感有赖于公开的遣词造句方法。总之，两种方法的区别不是绝对的。一般说来，对那些事态趋向明朗、是非善恶分明的新闻事件、社会现象，传播者多会选择公开表达的方式表明自己的立场和看法；对那些一时动向不明，真相难以辨清的新闻事件，传播者即使内在倾向明显，但为了观望事态的发展变化，避免使自己被动难堪或无回旋余地，多会选择隐蔽表达的方式。有明有暗的混合表达方法，使传播者能够根据新闻事实的特征，灵活多样地表达倾向性信息。既可以通过事实的逻辑力量反映事实信息的意义，又可以通过画龙点睛的评论升华新闻信息的价值，亦可以在字里行间显露传播者的情感态度。具有不同兴趣、不同文化层次、不同价值取向的受众，可以各取所好，接受传播者的某种影响。但混合表达法也往往会使"新闻"传播变得不伦不类，影响受众对事实信息的准确把握，导致对整个新闻作品的厌恶，如此，倾向性信息的传达就会彻底落空。应该说，在中国的新闻传播中，这是一个很普遍的问题。尽管这些年来，从事新闻宣传的传播者逐渐认识到了这一问题，但在实际的操作中，新闻与评论不分、事实与价值混淆的现象并没有得到根本的转变，极大地影响了新闻传播的效果。

如何使混合法致效，其实和其他两种方法的运用一样，主要是把握好"度"的问题。怎样才能把握好用事实"说话"的度，这是下面将要论述的内容。

四、表达倾向的基本原则

新闻传播媒体的本质在于传播信息、报道新闻，但"新闻报道不只要公断现实的事件，还要有价值标准"[①]。新闻传播的功能并非仅限于传播事实信息，其中最为重要的一点是还要"说话"，还要通过传播事实信息来表达倾向、引导舆论。如前文所说，新闻媒体表达传播倾向具有必然性、合理性，"它的陈述均有倾向性"，"新闻背后还有要表达的信息"[②]。但这并不意味着倾向的表达是绝对自由的，可以随心所欲、任意为之。相反，倾向表达要想取得良好的效果，达到预期的目的，首要的是必须按照新闻传播规律办事。在充分了解社会实际、受众需要的基础上，以实事求是的精神驾驭用事实说话的手段，用辩证唯物主义的思维方式处理报道事实与表达意见的复杂关系，从而使传播倾向的表达处在合理有效的限度之内。具体讲，表达传播倾向应遵循以下几条基本原则。

---

① 喻国明. 嬗变的轨迹：社会变革中的中国新闻传播与新闻理论 [M]. 北京：中央编译出版社，1996：25.

② 同①

（一）态度上：尊重事实

用事实说话，内在地包含着一种关系，事实与说话的关系，即客观性与主观性的关系。事实是客观的，说话是主观的。那么，以什么样的态度对待二者的关系呢？我们认为，在事实与说话的关系上，应该坚持辩证唯物主义对待客观事实的基本态度——尊重事实，即把事实作为说话的前提。

把新闻事实作为说话的前提，其基本含义是：传播者欲说的话，必须是新闻事实本身能够说得明白的话、说得合理的话、说得正确的话。新闻事实是客观存在的，不以任何人的意志为转移，它"不是为满足我们的某种意愿和说某种话而存在的、而生成的"①。但是，我们一旦与新闻事实建立起关系，它对我们便有了多种多样的意义，它的性质和属性也会在这种关系中表现出多种多样的功能。因此，当传播者意欲利用新闻事实的性质和属性等表达自己的主观认识、见解、意愿等等倾向时，就得首先搞清楚新闻事实的性质、属性等能否表达想要表达的东西。如果新闻事实所包含的意义与传播者想表达的倾向相一致，那么传播者的说话就是顺理成章的；如果传播者通过某种改变或扭曲新闻事实本来面目的方式，牵强附会地表达自己的倾向，这种表达的合理性就值得怀疑，因为它背离了尊重事实的唯物主义精神。陆定一在《我们对于新闻学的基本观点》一文中说："唯物论与唯心论在新闻学理论中的一条明确的界线，就是是否主张尊重事实，而且是否在实践中真正尊重事实。"②

态度上尊重事实，也是遵循新闻传播规律的前提，新闻传播说到底是对事实信息的传播，如果没有了对事实的尊重，新闻传播便失去了存在的基础和意义，用事实说话的原则本身也就成了一句空话。

---

① 艾丰. 新闻写作方法论［M］. 北京：人民日报出版社，1994：93.
② 陆定一. 我们对于新闻学的基本观点［M］//陆定一新闻文选. 北京：新华出版社，1987：6.

（二）方法上：从事实出发

尊重事实就意味着说话必须从事实出发，其具体内容大致包括这样几点。

1. 事实是说话的根据

用事实说话，表面上看，"话"来源于传播者，说什么话是由传播者决定的，但实际上，"话"应该来源于新闻事实，传播者能够说什么是由新闻事实决定的。新闻中事实与观点的关系，应是事实决定观点，而不是观点决定事实，这是从事实出发的根本所在。新闻的倾向应当由事实本身来决定，"记者只能忠于事实所固有的内在指向，而不能用主观意向代替客观倾向"[①]。如果相反，"那就等于说让客观为主观服务，这在马克思主义哲学中不仅是说不通的，而且是错误的"[②]。新闻事实一旦生成，便具有了相对稳定的性质和属性，它所包含的意义对一定的主体也就基本确定下来了，用它所能表达的意见和倾向同样也就大致确定了。在这种情况下，传播者意欲表达的观点、意见和倾向若正与新闻事实本身的意义相契合，就可以选择这样的新闻事实进行报道，若不契合，就可能放弃报道这样的新闻事实。这正是我们在新闻传播实践中经常可以看到的景象，有些事实显然具有"新闻性"，但并未被作为新闻去报道；而有些事实新闻性并不强，却被作为"新闻"去大肆报道。正如郑保卫先生所说："为了表达自己的某种倾向、某种立场，新闻机构有时可以小题大做，有时也可以大题小做，有时则可以充耳不闻，过目不见，来个有闻不录。"[③] 毛泽东所说的"新闻、旧闻、不闻"，不仅是指新闻报道的时机问题，其实也是表达倾向的原则和手段。如果传播者一味地从主观愿望出发，把自己当作

---

① 刘建明. 宏观新闻学 [M]. 北京：中国人民大学出版社，1991：48.
② 艾丰. 新闻写作方法论 [M]. 北京：人民日报出版社，1994：93.
③ 郑保卫. 新闻学导论 [M]. 北京：新华出版社，1990：60.

"话源"，无视新闻事实的客观含义，背离新闻的真实性，就极有可能形成事实与说话两张皮的现象，造成主观主义的倾向。这样的说话，自然不会有好的效果。因此，用事实说话，必须以事实为根据，必须以真实为基础，"倾向性在任何时候都不可跨过真实性这一界限，不然，新闻就会成为谎言和谣言"①。

从新闻传播的宏观层面上看，以事实为根据，必须从事实的总体情况出发，至少应该从能够反映总体情况的主要事实出发。如果"胡乱抽出一些个别事实和玩弄实例"，以证明传播者欲传观念、意见的正确性、情感态度的正当性，那事实"就只能是一种儿戏，或者连儿戏也不如"。正确的做法是，"从事实的整体上、从它们的联系中去掌握事实"，这样，才称得上是以事实为根据，说出的话才会成为"顽强的东西"②。在实际的新闻传播中，人们经常可以发现：有些媒体从一些个别的事实得出一些不恰当的总体性结论；有些报道从一个侧面出发，却得出全面的概括。如此等等，应该说没有把握好以事实为根据的说话原则。

2. 事实规定着说话的范围和程度

任何事实都是多属性的，包含有多侧面、多层次的意义。正因为这样，面对同样的新闻事实，不同性质的传播媒体、代表不同主体利益的传播媒体及其记者，可以表达出具有一定差异甚至是完全不同的意见和倾向，即可以说出具有一定差别甚至是完全相反的话来。这种情况在现实的新闻传播中是司空见惯的。但这并不意味着所有的"说话"都是公正的、合理的、正确的。事实确实是由多种要素构成的，具有多侧面、多层次的属性，但事实也确实又是具有稳定性质的统一体；事实确实具有多侧面、多层次的含义，但事实也确实具有反映自身本质属性的主导含义。因此，

---

① 黄旦. 新闻传播学 [M]. 杭州：杭州大学出版社，1997：256.
② 列宁全集：第28卷 [M]. 2版. 北京：人民出版社，1990：364.

人们既可以从某一侧面认识它，也可以抓住某一要素反映它，亦可从整体上把握它，这样自然就会报道出同一新闻事实不同的侧面、不同的层次，传达出不同的倾向、说出不同的话。但无可否认的是，无论从逻辑上讲，还是从传播实践上说，只有真实、客观、全面、本质地反映了新闻事实，并以此为根据所表达的倾向、所说的话，才是最为合理的、公正的、正确的。那些只根据新闻事实的某一要素、某一侧面、某一层次、某一属性所表达的倾向、所说的话，必然是一孔之见、一面之词、一己之理。至于抛开新闻事实，为所欲为地说话，像林彪、"四人帮"鼓吹的"事实为政治服务"那样①，把新闻事实当作手中的"玩物"，任意扭曲捏造，则完全超出了事实容许的说话范围和程度，这与新闻传播中的"用事实说话"的原则是彻底背道而驰了。因此，在用事实说话时，首先要准确把握事实，然后在事实容许的范围内说话，在事实容许的程度、分寸内说话，不要离开事实作判断，不要违背事实的客观性来作判断。不可因主观意图而削足适履，更不能以私利之需篡改、歪曲事实，不可让新闻事实超负荷地说话，承担它不能说明的观念、意图等等，不可把某一事实变成"万能事实"，想说什么就说什么，不能拔高或贬低事实的含义，说大话、空话、甚至假话。不然，就会走进马克思所反对的按希望描写事实的歪道，违背新闻传播规律的内在要求。总之，"我们的报刊、电视和所有的宣传工作都要注意"，"不能拿空话而是要拿事实"来说话。②

3. 事实制约着说话的方式

所谓事实制约着说话的方式，首先是指，新闻传播具有自己的特征，不同于哲学、文学、评论等说话方式。"哲学通过概括与抽象，用理性结

---

① 童兵. 主体与喉舌：共和国新闻传播轨迹审视 [M]. 郑州：河南人民出版社，1994：145 -
147.

② 邓小平. 邓小平文选：第三卷 [M]. 北京：人民出版社，1993：111.

论说话，诉诸人们的理智；文学再现社会生活，用艺术形象说话，诉诸人们的情感；评论通过证明与推理，用逻辑结论说话，诉诸人们的心理；新闻则是报道事实，用事实说话，诉诸人们的思想。"[①] 以什么样的方式用事实说话，并不是传播者纯粹主观的选择，而是同样要受到新闻事实的客观制约，受到整体新闻传播环境的影响。"怎样用事实说话，方法很多，但有一点共同之处，就是必须抓住事物的特点，进行客观、具体、精练的叙述。"[②] 由于不同的新闻事实具有不同的内容和不同的外在表现形式，这就从客观上决定了"说话"的具体方法也会有所不同。对此，前文已有所论，就不再赘述了。用事实说话，无论采取何种方式，都要考虑到新闻事实的特征。只有符合事实内容和形式的说话方式才是恰当的、高明的、有效的，说话方式的艺术性、技巧性、创新性都必须建立在新闻事实容许的范围之内。传播者要像巴甫洛夫所说的那样，"要研究事实，对比事实，积累事实"，有了事实，所说之"话"才能"飞腾起来"，落入受众的心灵。

（三）目标上：正确引导舆论

用事实说话的目的在于引导舆论，实现新闻传播的意图性，在于让受众接受传播者的观念和倾向。因此，在试图表达倾向、说点什么的时候，还应树立以下几种意识。

1. 受众意识

不管是传播信息、报道新闻，还是表达倾向、发表意见，其对象都是广大的受众。只有受众认可的传播内容、愿意接受的传播倾向，才能真正实现传播的效用。然而，"传播媒介、传播者再强大、再权威，面对受众也可能显得脆弱无力。因为他们都不可能使传播单方面地、直接地注入受

---

① 刘夏塘. 比较新闻学［M］. 北京：北京语言文化大学出版社，1997：72.
② 洪和临. 新闻要用事实说话［M］//穆青，等. 新闻采写经验谈：新华社记者训练班专题报告选集. 北京：新华出版社，1983：31－32.

众的心田"①。因此，传播者在用事实说话时，不仅要尊重事实、从事实出发，而且还要从受众的需要出发，研究受众的接受心理。新闻事实千差万别，包含的意义丰富多彩。作为具有受众意识的传播者，应做到：一是要在其中选择那些新鲜的、受众感兴趣的，特别是与他们的利益相关的新闻事实进行报道；二是要寻找、挖掘、开发那些他们期望知道又有所疑惑的新闻信息资源，进行解释和说明；三是要充分反映和发表广大受众对有关新闻事实、事件的看法和意见；四是要以受众喜闻乐见的方式表达传播倾向，这既包括内容又包括形式；五是以平等的态度对待普通的受众，以真诚的方式表达媒体的倾向；六是注意及时研究受众的接受心理，了解并把握影响新闻传播的各种自然的、社会的因素。这样，传播者的话才能说得既符合事实的本来含义，又符合广大受众的愿望。

2. 引导意识

树立受众意识，并不是让传播者奉行"尾巴主义"，一味跟着受众跑，不分美丑善恶，迎合受众的各种需要，而是要在了解受众需要，把握受众心理的前提下，在整个社会政治、经济、文化等所营造的新闻传播环境中，主动积极地适应受众、引导受众。"对社会负责的新闻媒介或记者，应当在新闻中表达正确的倾向，用正确思想去引导公众"②，用健康有益的东西引导受众。既然要说话，其根本用意就在于"引导"，因此，就我国的新闻媒体来说，媒介及其记者在选择事实和评价事实时，"必须站在人民的立场上，肯定进步、扬弃腐朽，坚持正义、歌颂光明、反对黑暗，使新闻报道成为主持公道、推进历史前进的力量"③。由于传播者处于"上下"相接的桥梁纽带地位，处于信息网络的交汇点上，各种信息全面

① 郑兴东. 受众心理与传媒引导 [M]. 北京：新华出版社，1999：6.
② 刘建明. 宏观新闻学 [M]. 北京：中国人民大学出版社，1991：70.
③ 同②.

掌握，天下大事先知先觉。比起一般的受众来，传播者的眼界应该更远一些，视野应该更宽一些，对社会的发展趋势看得更清楚一些，对社会生活中的各种热点、难点、疑点、盲点、冰点问题的理解更透彻一些。这样传播者应该有能力用事实说话，并通过说话给人们提供一些正确认识各种社会现象的参考意见，从而起到引导舆论的作用，这对于改革开放力度不断加大的中国来说尤为重要。

3. 责任意识

任何说话都会对别人产生某种影响。传播者用事实所说的话对人们的影响往往会更大一些。一是因为新闻传播在现代信息社会中具有特殊的影响力；二是因为"事实胜于雄辩"具有的内在逻辑力量，"是一种无形的意见"，"接受事实的读者也就会接受叙述中的观点"[①]；三是就我国新闻传播媒体来说，由于其在社会主义制度下特有的地位，更有着非同寻常的力量。说话，本质上就是引导舆论，而导向正确与否关涉的不只是一个记者、一家媒体的命运，而且会关涉到一个国家的前途命运，一个民族的祸福。江泽民就曾反复强调过，舆论工作是"党和国家的前途命运所系的工作"[②]。因此，传播者用事实说话，必须有一种强烈的责任意识，记者在新闻作品中所说的话，不只是个人行为，更是一种媒介行为。在我国，新闻机构是党、政府和人民的喉舌，也是为社会主义服务、为人民服务的社会舆论工具，因此，传播者在说话时不只是对自己负责，对所属的媒体负责，更重要的是必须对社会负责、对党负责、对社会公众负责，这是应有的责任意识。

---

① 胡乔木. 人人要学会写新闻［M］//中国社会科学院新闻研究所. 中国共产党新闻工作文件汇编：1921—1949 年下. 北京：新华出版社，1980：226.

② 张宿堂，何加正，王忠家，孟仁泉. 江泽民总书记视察人民日报社［N］. 人民日报，1996-09-27（1）.

第七章　新闻真实的确证

　　一切新闻的主要因素是真实……真实就是判别真正新闻的准绳。衡量一个新闻内在的真实性，也就是衡量这个新闻的品质。

——卡斯柏·约斯特

　　资产阶级新闻事业和无产阶级新闻事业在根本观点上分歧很多，唯独在新闻报道必须真实这一主张上有着惊人的一致。

——甘惜分

　　新闻传播作为一种认识活动，是对事实世界中新闻事实的反映，反映结果体现为新闻作品。如前所述，新闻作品所包含的信息不只是对新闻事实的反映，还包含有传播者对新闻事实的意见、观点以及情感和态度等因素，是多种信息的统一体。因此，要讨论新闻真实的确证，首先碰到的问题是确证的具体对象是什么，"确证"本身的意思是什么，"真实"的含义是什么，只有搞清楚这些前提性问题，才能谈到确证的方法与手段问题。

　　新闻不是事实本身或事实的某一属性，新闻是新闻事实所呈现出来的信息，具有不以任何人的意志为转移的客观性。从理论逻辑上说，新闻不应包含传播者对新闻事实发表的意见和评论，也不应包含传播者对新闻事实表达出的情感态度。套用一句话："新闻就是新闻。"

　　所谓"确证"新闻"真实"，就是通过实践活动证实新闻作品中陈述的事实信息所依托的新闻事实是客观存在的，作品对事实的陈述在一定的条件下是全面的、正确的。而衡量新闻事实是否客观存在的直接方法，就是看新闻报道的事实是否存在着或存在过（找到足以证明存在着或存在过的事实证据），显然，如同"科学事实是确证或反驳科学假说和科学理论的基本手段"① 一样，新闻事实是确证新闻真实性的根本手段，是唯一有权利的"说话"者。

新闻的真实性，从本质上说，是指新闻报道与所反映的客观事实的符合性及符合程度，符合就是真实，不符合就是不真实。但是，由于新闻报道与客观事实之间的符合往往有个程度问题，因此，新闻真实同样有一个"真实度"的问题，即新闻真实，既有"质"的规定性，也有"量"的差别性，完整的"真实性"含义应是"质"与"量"的统一。讨论新闻的真实性，不能仅仅停留在新闻作品中陈述的事实是否是客观存在的，还应进一步探究这种"陈述"是不是全面地、正确地反映了客观事实的本来面目。这一点不仅是对具体新闻作品真实性的要求，也是对总体报道真实性的要求。

新闻作品中传播者对新闻事实的评论和评论是否正确，不属于新闻的真实性问题，而属于意见的真理性问题，当然，也要经过实践的检验才能证明其正确性；传播者对新闻事实的情感态度，则属于一种价值评价的方式，只能从事实出发，并依据一定的价值准则说其应该与否、合理与否，它既不属于新闻的真实性问题，也不属于新闻的正确性问题。因此，对新闻作品中的这两种因素我们在此不作考察。

---

① 刘大椿. 科学哲学通论［M］. 北京：中国人民大学出版社，1998：68.

一、新闻真实的含义

"真实"是新闻的生命，人们也因此极为关注新闻真实这一问题。正如童兵先生所说："有关真实性的争议，始终是新闻学的一个热门课题。"[①] 但本章不准备罗列以往的共识或争议，只欲在吸收已有成果的基础上，对新闻的真实性进行一番哲学的思辨考量和新闻学科的实证分析，并将针对以往对新闻真实性绝对化的认识倾向，重点对新闻真实的有限性和相对性做出阐述，力求对新闻真实问题做出新的系统阐述。

（一）真实性的哲学考量

在哲学家们看来，真实大致有三重规定："一指客体世界本身的运动、变化、发展及其规律性。二指认识的真实性、真理性。在这重含义上，当人的认识反映了客观事物及其规律时即谓'真'，否则即谓'假'。三指人所追求的一种境界。在这种境界中，人的思想和行为达到了与规律性的高度一致。"[②] 第一重真实性可以看作是存在论意义上的真实，反映着真实的客观实在性，第二重显然是认识论意义上的真实，反映着真实乃是主观与客观的一种符合关系，第三重则侧重于实践活动的真实，追求认识与存在的现实统一、事实与价值的统一，追求真实所体现的善和美的境界。新闻真实的要义在于认识论意义的真实，并以存在论意义的真实为前设。因此，我们将主要在存在论和认识论意义上来考量新闻真实的内涵。

1. 真实性的存在论意义

新闻的本源是事实，是客观的存在物，这是新闻必须真实的内在根

---

① 童兵. 中西新闻比较论纲［M］北京：新华出版社，1999：311.
② 周文彰. 狡黠的心灵：主体认识图式概论［M］. 北京：中国人民大学出版社，1991：53.

据。因此，当我们谈论新闻的真实性时，首先是说新闻报道中所陈述的对象是存在的、客观的，是可以在一定时空条件下直接经验的东西。对受众来说，他们"相信的只是真正存在的东西"①。如果在一定时空条件下，无法经验到新闻作品中陈述的事物，那么，这种报道就必然是虚假的，因为一切存在的基本形式是空间和时间，时间以外的存在和空间以外的存在，同样是非常荒诞的事情。"空间和时间是一切实体的存在形式。只有在空间和时间内的存在才是存在。"② 但存在论意义上的真实性仅是一定具体事实要素、事项的真实性，即这一意义上的真实只是要求新闻作品中所陈述的事实是客观存在的，但并不要求"陈述"本身是周全的，即并不必然要求"陈述"必须是对一定客观事实的全面反映。因此，存在论意义上的新闻真实并不必然确保对整个新闻事实的报道是真实的，只是确保新闻作品中陈述的所有事实是存在的。

2. 真实性的认识论意义

认识论意义上的新闻真实性，有两个方面的基本内容：一是反映新闻事实的全面性。它不仅要求新闻作品中所陈述的事实是客观存在的，达到存在论意义上的真实，而且要求"陈述"本身对新闻事实的反映必须是全面的、周全的，对新闻事实的要素构成、事项构成、要素构成关系、事项构成关系，以及事实与环境的关系事项都没有损害性的遗漏。这样，"新闻成为本源的复制，就达到了完全真实"③，达到了认识与对象的完全符合。如果有了某一遗漏，必然会造成某种失实现象。二是反映新闻事实的正确性。即要求新闻作品在全面陈述新闻事实和正确把握新闻事实的基础上，进一步揭示出新闻事实发生发展的原因及其本质。这是对新闻真实的

---

① 马克思恩格斯全集：第1卷［M］. 北京：人民出版社，1956：236.
② 费尔巴哈. 费尔巴哈哲学著作选：上［M］. 北京：商务印书馆，1984：109.
③ 刘建明. 现代新闻理论［M］. 北京：民族出版社，1999：45.

真理性要求。如果说全面性还有可能停留在与事实现象层面符合上的话，那么，正确性则是与新闻事实某一本质层面的符合。如前所说，新闻真实的根本要求是认识论意义上的真实，是主观与客观的符合。如果停留在存在论意义上的真实水平上，则极有可能把片面的真实认作是完全的真实，把浅层次的真实当作深层次的真实，把"有闻必录"式的真实误作为事实的真实。但需要说明的是，对大部分新闻报道来说，传播者能够把新闻事实现象层面的东西说清楚就足够了，并且对新闻事实本质层面的揭示也要按照新闻传播的规律，在报道过程中逐步实现。那种每一篇新闻报道都要揭示事实本质的要求既无必要，也难以实现。我们应该以现实的、科学的态度理解认识论意义上的真实性。

（二）真实性的学科分析

所谓真实性的学科分析，就是从新闻学科以及新闻传播实际情况出发来分析真实性的具体内涵。由于客观事实是新闻的本源，总是以个别的、具体的方式存在着，任何新闻报道的内容总是具体的，它的真实性我们称作"具体真实"（亦有人称作事实真实、个体真实等）。同时，任何新闻传播媒体的报道，总是通过日复一日的具体报道，构成一个新闻系列，反映着现实世界不同领域和整体面貌的变动情况，这种由具体报道累积的总和报道的真实性，我们称作"总体真实"或"整体真实"。可见，新闻真实包括具体真实和总体真实两个紧密联系的层面。要想从学科角度建立系统的、科学的新闻真实观，就得同时观照和探究具体真实、整体真实及二者的关系。

1. 具体真实

"标准的新闻是具体事实的报道"[①]，所以，从学科角度看，新闻真实

---

① 刘建明. 现代新闻理论 [M]. 北京：民族出版社，1999：45.

性首先指的就是单篇新闻报道的具体真实。单篇报道的特点在于它具有鲜明的独立性，当报道以作品形式存在时，可以将其所陈述的内容看作一个有机的静态系统，考察它的真实性①。

要素真实。从新闻事实的要素构成来看，可以说任何单一的新闻事实都是由多要素构成的一个有机统一体，人们常说的 5 个 W，相互联系、相互作用，才体现为一个完整的事实。因此，新闻具体真实最基本的含义就是作品中陈述的 5 个 W 真实可靠，5 个 W 之间的关系真实可靠。在一些新闻作品中，并不是每个要素都有，但那是在能够说明新闻事实情况下的写作方法，没有在作品中直接出现的因素，能够通过上下文或语境获得准确的把握。对新闻真实来说，基本要素的全真是基本的要求，不能缺少。

事项真实。如我们在第二章所说，事项就是构成新闻事实的具体项目，反映着事实要素的演变情况。新闻事实都是由一系列相关事项构成的，包括主要事项、次要事项、边缘事项、背景事项和关系事项等。这些事项是在一定的时空中形成、变化和发展的，并造成一定的结果，作为整体反映着一件新闻事实的 H（怎么样 HOW）和 M（意义 MEANING）。因此，从系统论的观点看，要保证对新闻事实整体反映的真实，原则上就必须保证对构成整体的每一事项反映的真实。在实现新闻报道真实性的过程中，传播者需要剖析一件新闻事实是由哪些事项构成的，这些事项间是什么样的关系，把事项及事项间的关系都准确地反映出来了，新闻也就真实了。

但在实际的新闻报道中，记者面对的既有简单事实，又有复杂事实，而新闻真实报道的难度集中体现在对复杂事实的报道上。复杂事实是由大量事项有机构成的，因此，若想在整体的"质"上达到对它的真实报道，

---

① 对同一新闻事件、事实的系列、连续的动态报道的真实性，我们将其列入整体真实中讨论。

就得在事项的"量"上首先达到真实。但事项的量很多，而新闻报道的量是有限的，记者必须挑选重点的事项，特别是能够反映事实本质面貌的事项，才能准确地表现事实。这就进一步提醒传播者，在实现新闻报道真实性的过程中，面对复杂事实，不仅要观察、了解、把握事实系统构成的所有事项，而且要从大量的事项中抓住能够反映事实整体特性的那些事项。其实，这也正是系统理论在真实性问题上所启示我们的：构成一个系统的众多元素，在系统中的地位、对系统的作用或贡献，"往往都有明显的差别，有时甚至有重大不同，可能形成决定与被决定的关系"①。因此，只要抓住重要的、决定新闻事实根本性质的主要事项，新闻报道至少是基本真实的。在新闻报道中，经常可以发现在一些新闻作品中，凡是写入的事项、细节都是真实的，可以说达到了存在论意义上的真实，可作品在整体上对新闻事实的反映却是不真实的。这是为什么呢？就是因为这些事项的真，仅是事项的真、部分的真，而部分是不等于全部和整体的，部分的真并不意味着系统的真、整体的真。部分真实总是片面的真实。进一步说，如果这些部分在构成新闻事实系统的因素中处于次要的、非主导的地位，那么，关于这样的部分报道得再多，新闻报道仍然是"失真"的。

关系真实。尽管我们在上文的要素真实和事项真实中已经涉及关系真实的问题，但由于关系真实特别是事项间的关系真实是一个比较复杂的问题，许多新闻报道的失真往往是由于没有正确反映出事项之间关系的真实，而是停留在事项的存在论意义上的真实层次上，因而对关系真实需要做一些进一步的说明。

构成事实的各事项相互关联，形成一种比较稳定的结构，可称为事项结构，它决定着一件具体事实的整体面貌。一件新闻作品要真实，必须反

---

① 苗东升. 系统科学辩证法 [M]. 济南：山东教育出版社，1998：340.

映出这种客观的结构。如果在作品中改变了不同事项在客观结构中的地位和层次，就有可能歪曲事实的本来面目，从而造成新闻的失真。在新闻实践中，我们常常看到这样一种情况，有些新闻作品对一件新闻事实不仅进行了全要素的反映，而且对每一事项的叙述也是真实的，可了解真相的人还是认为新闻报道是失真的，这是为什么？就是因为记者很可能只报道了各事项的真，却可能忽视了对各事项或各部分事实之间结构、关系的正确反映。而系统科学最根本的一条原理告诉我们，"部分的简单相加不等于整体，而部分的关系的总和才表现为整体的性质"[1]。从系统论的角度看，记者在报道新闻事实特别是复杂的新闻事实时，既要进行"全员"观照，同时不能忘记各个"成员"之间的结构关系。只有两方面都是真实的，新闻报道才是真实的。

2. 整体真实

新闻传播作为一种描述现实世界最新变动情况的方式，总是通过一篇篇具体的报道来反映现实世界的整体图景。具体报道的整体组合能否呈现现实世界的整体面貌，便涉及新闻报道的整体真实问题。

这里首先碰到的问题是，新闻报道是否应该反映现实世界的整体面貌。不同的新闻传播价值观对此会做出不同的回答，"真实必然与价值和立场不可分割"[2]。如果以"坏事情"才是"好新闻"，或者相反以"好事情"才是"好新闻"的绝对价值取向指导新闻传播，新闻报道呈现的必然是单面的、不健全的世界。如果以"世界是什么，就给人们说它是什么"的价值取向制定新闻传播方针，那新闻报道呈现的当是全面的、健全的世界。作为辩证唯物主义者，我们认为，正确的新闻传播价值取向应是实事

---

① 王雨田. 控制论、信息论、系统科学与哲学［M］. 北京：中国人民大学出版社，1986：501.

② 吕新雨. 当代中国的电视纪录片运动［J］. 读书，1999（5）：7.

求是，应该要求新闻媒体的报道具备整体真实的品格，即不仅在具体的报道中实现新闻的真实，"而且要求在事实的联系和事实的总和上，为人们提供客观、真实的图景，以有助于人们透过这些客观生活的图景，认识社会和时代的本质"①。

整体是由若干个体组成的，整体真实的首要要求是构成整体的所有个体都是真实的。但新闻报道有其自身的制约条件，有其自身的运作规律，不可能报道构成某一整体的所有个体事实，这就产生了选择不同个体的量度比例问题。只有当不同个体的这种量度比例符合整体的本来面目，由个体或是具体报道构成的整体报道才是真实的。如果这种量度比例不符合总体的客观状况，由具体报道构成的整体报道就可能是虚假的。整体真实的内涵有两点：一是构成整体报道的所有具体报道是全真的；二是这些不同具体报道的量度比例是真实的，符合整体客观实际的。量度比例一旦违背客观实际，即使具体报道都是绝对真实的，那也只是存在论意义上的真实，并未达到认识论意义上的全面性和正确性，因而也会使整体报道失真。

关于具体真实前文已作过论述，不必多言了。关于具体量度比例的真实问题，在原则上说必须尊重事实，从事实出发。因此，在追求新闻报道整体真实的问题上，不应该主观预设"九一开""八二开""表扬一万，批评三千"等等的教条原则或比例，这违背了马克思主义实事求是的唯物主义精神，也直接违背了新闻传播真实性规律的要求。在实证操作上则"必须作更为深入的调查与分析，对所报道的同类事实有总体的了解与认识，并努力使公开传播的事实同现实生活中的同类事实大致平衡"②。生活中主流的东西，必须成为新闻传播中的主流新闻，生活中非主流的东西，在

---

① 成美，童兵. 新闻理论教程［M］. 北京：中国人民大学出版社，1993：172.
② 童兵. 理论新闻传播学导论［M］. 北京：中国人民大学出版社，2000：74.

传播渠道中也只能成为非主流的新闻。如果颠倒了这种主流与非主流的关系，新闻传播也将成为颠倒是非、混淆黑白的祸首，必然对社会公众造成误导。至于主流与非主流的区分和判断，尽管十分复杂，但其基本标准应是客观的，要看政治、经济、文化和社会的整体发展现实与未来趋向。媒体和传播者应该懂得如何判断社会发展的总体情况。

整体真实，作为一种传播原则，实质上是要求传播媒体及其记者在总的新闻报道中，必须坚持客观的、全面的理念和方法。因为讲到底，"真正实事求是的态度就一定要求如实地而且全面地看问题"[①]。邓小平所说的应当注意不要把个别的现象当作普遍的现象，不要把局部的东西夸大为整体[②]，江泽民强调的要注意和善于从总体上、本质上以及发展趋势上把握事实的真实性等[③]，其内在的根本要求就是要客观、全面。具体报道量度比例的真实除了以全面和客观去衡量外，找不到其他标准。因此，整体真实在哲学层面上看，必然是存在论意义真实与认识论意义真实的统一。

关于新闻的整体真实问题，我们想在此特别谈一下网络新闻的价值。由于网络新闻的初步兴起，存在着许许多多非规范化的运作，其新闻传播的真实性受到了人们的普遍怀疑，认为网络新闻的真实度低、真实性差。对此，不能人云亦云，而应该进行辩证的思考。首先，不能以点代面、以个别代一般，笼而统之地说网络新闻的真实性差、可信度低。一般而言，凡通过网络传播的新闻，都可称作网络新闻。网络技术本身的特有功能，使任何上网的人都可以匿名的方式发布信息、传播新闻。但我们应当看到，网民浏览的新闻主要来源于新闻专业网站（如新华网、人民网、千龙

---

① 冯契. 认识世界和认识自己 [M]. 上海：华东师范大学出版社，1996：231.
② 新华社新闻研究所. 邓小平论新闻宣传 [M]. 北京：新华出版社，1998：43.
③ 江泽民. 关于党的新闻工作的几个问题：在新闻工作研讨班上的讲话提纲 [J]. 求是，1990（3）：6.

网、东方网等）和按有关规定可以登载新闻的其他网站，只有很少一部分是通过"个人传播"获取的。新闻专业网站和其他正规网站发布的新闻，与传统媒体传播的新闻，在真实性上应该说是同等的，没有本质的差别，因为就我国网络新闻传播的实际情况来看，网络新闻主要来源于传统媒体，网站独立采访的新闻还是相当有限的。况且，即使有了网络记者大规模的独立采访，那也是意味着我国网络新闻传播的发展，而不是意味着网络新闻的失真。网络新闻失实现象主要集中在某些"个人发布者"身上，但这部分新闻的量是极其有限的，不可能影响到网络新闻整体的真实性，那种以点代面、以个别代一般的"惊呼"和"判断"，要么是大惊小怪，要么是鼠目寸光。其次，充分认识网络新闻"整体真实"的价值。如上所言，新闻真实的基本含义是新闻报道与新闻事实的相符，包括具体真实和整体真实。与传统新闻媒体相比，网络新闻的最大优势之一就是它可以容纳"海量"信息，这就为它全面报道新闻事实世界提供了技术基础，但同时也就增加了它在具体报道上失实的可能性，加之它在传播技术上所创造的特有自由，也在一定程度上为一些人提供了在传统媒体上无法实现的制造虚假新闻信息的空间。但不能过分夸大这种可能性，不能过分夸大个别具体失实的负面效应。事实上，人们看重网络新闻的根本点，除了它的迅速、互动、超文本阅读等等之外，更主要的在于它的信息的全面性和丰富性。新闻信息的全面与丰富，确保了人们既可以了解到正面新闻事实，也可以获得负面新闻事实，这无疑有利于人们把握新闻事实世界的整体真实情况。网络新闻传播的整体真实在目前还有一种特殊的意义和价值，这就是它可以促使我们改变一些传统的新闻观念，增强接受负面新闻信息的心理能力，同时提高对负面新闻信息真实性的判断能力，因为网络新闻与传统媒体在传播内容上的一个很大不同，就是它及时报道了相当量的负面新闻事实。

3. 具体真实与整体真实的关系

就新闻传播的实际运作来看，具体报道是实实在在的具体事实的报道，整体报道不过是具体报道在一定时空内组合而成的新闻整体态势或整体面貌。显而易见，整体面貌如何，将直接依赖于具体报道；但事情的另一面是，如果追求报道的全面性，要求一定时期内具体报道的整合能够符合现实生活的整体面貌，那么，这种报道观念就会对具体报道对象的选择，即不同事实量度比例的调整，形成某种制约。可见，具体真实与整体真实既是相辅相成的关系，又是相互制约的关系。这种关系的具体内容，还需作细致的分析。

首先，整体真实的传播理念制约着具体事实的选择，"不顾总体上、本质上的真实，也就会陷入'玩弄个别事实儿戏'的误区"①。新闻报道有了整体真实的要求，对具体事实的选择就不得不考虑它与整体的关系，"每个经验事实，都是由它们与总体的关系而确定的，也只有在这种关系中它们才是可以阐释的"②。而整体对当下具体的新闻报道来说，并没有十分明晰的形象，它是传播者根据以往事实、现实情况和未来可能建构的一种"参考系"，一种理念多于现实的东西。尽管这一参考系来源于以往的经验判断、当下的现实认识、未来的可能推测，但对具体报道来说，它仍然具有"先验"的性质，更具新闻报道理念的性质。因此，如何选择具体事实并通过具体真实达到整体真实的目标，对任何传播机构和传播者来说，尽管在理论上是明晰的，即实事求是，全面客观，但在实际的操作上，并不是一件容易的事。比如，虽然各种新闻媒体都在宣称自己的报道

---

① 徐人仲. 理论精髓与新闻品格 [C] // 中国人民大学新闻学院. 新闻传播学术报告会论文集. 北京：中国人民大学出版社，1997：178.

② 李步楼，李权时，贺绍甲. 现代西方哲学中的真理观 [M]. 武汉：湖北教育出版社，1991：251.

是真实的、全面的，但广大受众对不少媒体的自夸并不理会，依然"固执"地认为，它们的新闻报道是片面的、不可信的。

其次，具体真实相对整体真实来说，是存在论意义上的真实，整体真实则追求存在论真实与认识论真实的统一，它力求达到对现实生活全面的、本质的反映，达到对某一领域在某一时间段的真实的、全面的反映。因此，具体真实的叠加并不必然保证整体真实，尽管整体真实只能通过具体真实来实现。只有具体真实的量度比例是符合整体客观实际的，它们在具体真实的基础上有机统一，才能塑造出整体真实的形象。所以有人说："整体真实从更高的视野俯瞰个体真实，使个体事实和整体真实相统一，这是更高价值的真实。"① 它使社会公众在对具体真实的直接感受与理性认知中，窥探到了现实生活的总体面貌和发展趋势。可见，具体真实与整体真实是两个不同层面的真实。

再次，如上所说，从具体真实及具体真实的组合中，并不必然地归纳出整体真实。同样，从整体真实中也不能够必然地演绎出具体真实来。但是，如果具体报道是虚假的，它们无论进行怎样的量度比例的组合都必然达不到整体真实，其根本原因是，虚假报道与新闻传播的本性背道而驰，失去了谈论真实性的基础。"新闻报道的各个具体事实一旦失实，从'总体上、本质上以及发展趋势上'把握真实，就'毫无基础'"②。但也应该看到，在实际的新闻报道活动中，如果一家媒体关于某一整体对象的报道在不同具体报道的量度比例上是真实的，那么，即使出现偶然的、个别的不实报道，也可能不会直接造成整体报道的虚假，但必然会影响整体真实的程度。影响的大小，还要看该不实报道本身在整体报道中的地位和分

① 刘建明.现代新闻理论［M］.北京：民族出版社，1999：59.
② 徐人仲.理论精髓与新闻品格［C］//中国人民大学新闻学院.新闻传播学术报告会论文集.北京：中国人民大学出版社，1997：178.

量。但无论虚假报道的对象分量是轻是重，都会直接损害传播媒体的形象，影响媒体的公信力。因此，任何失实报道都是负责任的媒体应该极力避免和坚决反对的。

（三）新闻真实的限度

在探索新闻真实性的过程中，以往的探讨比较重视真实绝对性的一面，但对新闻真实性的限度关注不多。比如从理论上不恰当地扩大了新闻真实性涵盖的范围，使新闻报道实践"超负荷"运转；对新闻的事实真实与新闻传播价值取向间的关系揭示不够；对新闻真实的有限性、相对性的一面关注太少；等等。这里，将针对这些问题作一些必要的阐述，以使我们对新闻的真实性有一个比较全面的认识。

1. 新闻真实是新闻传播范围内的真实

所谓"新闻真实是新闻传播范围内的真实"，有以下几点具体的含义。

第一，新闻真实是指新闻报道的真实，即新闻真实的对象是"新闻报道"，并不包括新闻传播媒体上的其他信息，那种把新闻评论、商业广告或其他一般信息等等的真实性也包含在新闻真实性中的做法，实质上泛化了新闻真实的含义，不利于对新闻真实的科学讨论。"新闻"报道的是"新闻事实"，因此，新闻真实的核心意义在于所报道的"新闻事实"是否客观存在，存在，新闻就是真实的，不存在，新闻就是不真实的。并且这种存在的客观性是可以通过实践证明的（随后将具体讨论新闻真实性的确证问题）。超出这一对象范围，谈论新闻真实是无意义的。

第二，在事实世界与新闻事实的关系上，事实世界是全体，新闻事实是部分，而且是很小的一部分。尽管新闻事实具有重要性、显著性、趣味性等等"非常态"的特征，但它毕竟是事实世界中的"微量元素"，不是整个事实世界；尽管新闻事实体现着我们生存于其中的现实世界的最新变动，透露着现实世界未来变化和发展的信息，但我们最多只能说它确实是事实世界中的"精华"，并不是整个现实世界。因此，相对千变万化、纷繁复杂的事实世界，新闻事实可以说是简单的，它难以代表整个事实世界的面貌。这就从根本上决定了：新闻真实只能是关于"新闻事实"的真实；新闻报道的真实，只能是新闻传播范围内的真实。试图通过新闻报道反映整个世界真实面貌是不切实际的设想，也从本质上超出了新闻报道能够承担的任务。

第三，新闻传播只是人类认识、反映事实世界的一种手段，运用这种手段把握到的世界，只能是"新闻世界"，利用这种手段把握到的真实，同样也只能是"新闻世界的真实"，而不是整个事实世界的真实。因此，新闻传播在一定时空内所再现的自然、社会整体的真实面貌，我们认为它只是新闻范围内的真实、新闻报道层次上的真实。如我们在前面曾说的那样，新闻报道，作为一种认识现实世界的方式，只能完成它所担当的任务，对整个自然、社会变动的最新情况的全面反映，并不是新闻传播单枪匹马能够达到的，它需要人类拥有的一切认识工具、认识方法去共同实现。新闻真实是按新闻传播规律达到的一种真实，它所建构的观念化的世界图景，主要是关于现实世界最新的、重要的事实变动图景，并不是关于现实世界日常运行的事无巨细的图景（关于这一点，我们在第八章"媒介世界的创造"中还要加以论述）。因此，对以传播新闻事实信息为基本功能的新闻传播来说，它所反映的世界是极其有限的。

2. 新闻真实是一定新闻传播价值取向下的真实

新闻真实是事实的真实。按理说，事实是不可改变的，新闻报道应该把新闻事实的本来面目原原本本地再现给受众。但是，我们也知道，新闻传播作为一种社会认识活动，必然要受到传播主体新闻价值取向的影响，传播的内容是在传播价值取向下的选择，这就决定了新闻真实必然要受到价值取向的制约。在事实真实与价值追求之间，有时是和谐一致的，有时则会出现冲突和矛盾。就总的原则来看，我们认为，新闻真实是一定传播价值取向下的真实。具体表现在以下几个方面。

其一，新闻价值取向制约着新闻选择的方向和范围，从而也就制约着新闻传播整体真实的面貌特征。选择新闻事实是任何新闻媒体的必然行为，是进行新闻报道的首要环节，但选择什么样的新闻事实，尽管所有的新闻媒体都会在一定程度上遵循新闻传播规律，可不同性质、不同类型、不同层次的媒体会有不同的选择原则或标准。这些原则或标准反映着不同媒体的传播价值取向。由于选择新闻事实的标准有所差别，各媒体再现的"新闻世界"的真实性当然就会有所不同。在以正面报道为主的价值取向下，新闻真实所再现的主要是正面新闻事实的真实，这时人们就很难了解负面新闻事实的真实情况。在以负面报道为主的传播价值取向下，新闻真实再现的主要是负面新闻事实的真实，比如，西方新闻媒体对第三世界国家的报道，往往不顾新闻传播的公正性和全面性，而是从其本国利益和对外战略需要出发，从其本国受众的新闻兴趣出发，从其新闻传播的市场逻辑出发，从其意识形态的偏见出发，选择的要么大多是天灾人祸的负面事实，要么是以自己的价值取向歪曲的一些正面事实，任意取舍的一些事实，这一点，在国际政治新闻报道中表现得尤其突出。如此做来，他们关于一件件具体事实的报道也许是真实的，但这些真实的具体并未反映出第三世界国家的"正面"形象，所以这种真实可以说是一种真实的"虚假"。在以实事求是报道新闻的价值取向下，新闻真实的整体面貌就有可能达到客观、公正和全面，就有可能为受众提供一个真实的"新闻事实世界"。

其二，新闻传播价值取向制约着新闻真实的再现方式。同样是再现新闻事实，不同的传播价值取向对同样的事实会采取不同的甚至是对立的再现方式。在以正面报道为主的价值取向下，对正面事实自然会在报纸的版面上、广播电视的时段上给以充分的保证，并会给予强势处理，以完整再现新闻事实的真实。相反，对负面新闻事实，在能不报道的情况下，常常会隐而不报，对不得不报道的负面新闻事实，则会采取"低调"或"降格"处理的方式，有时在条件允许的情况下，还会寻找特别的新闻角度，采取负面事实正面报道的方式。这样一来，人们对负面新闻事实的了解常常是"犹抱琵琶半遮面"，最终还是弄不清来龙去脉。在以获取商业利润为传播价值取向的情况下，传播者也经常以商业化的方式、方法报道新闻。这在当下的一些晚报、都市报，特别是小报上表现得淋漓尽致，把芝麻大点的新闻事实硬是处理成西瓜大的新闻屡见不鲜，追求刺激性、追求煽情化已经成为惯用的手法，目的多是为了引起"眼球的注意"。这种价值取向下的新闻真实自然会大打折扣。在以负面报道为主的传播价值取向下，再现新闻真实的方式也会发生某种扭曲。美国主流媒体在一定程度上对中国的"妖魔化"报道方式，重要的根源就在于一些美国媒体对中国共产党和中国政府发自于骨子里的敌视态度。在这种态度趋向下，中国就成了"专制、愚昧、落后、不讲人权、不通人道"的国家。无论中国如何发展，如何生机勃勃，它们都会视而不见、充耳不闻，甚至把中国的繁荣富强看成是对未来世界和平发展的威胁。这足以看出传播价值取向对新闻真实报道的巨大影响。

其三，新闻传播价值取向制约着新闻真实的程度。理想状态的新闻真实，是新闻报道与新闻事实完全相符，然而这在传播实践中是很难完美实现的。如前所说，新闻报道与新闻事实之间总是有一个符合的程度问题，即新闻真实有个"量"的问题。在实现新闻真实的程度上，传播价值取向同样具有一定的制约作用。首先，传播价值取向制约着新闻整体真实的程度。如果传播价值取向违背新闻传播规律、违背有关法律规定、违背宣传纪律和宣传政策，只允许报道某些事实，不准报道另一些新闻事实，那就必然会形成"片面的、残缺的"真实，也就大大降低了新闻整体真实的程度，不能为人们提供一个完整的新闻事实世界。其次，传播价值取向制约着新闻的具体真实。对于具体新闻事实的报道，也会由于传播者的价值取向（表现为对一定新闻事实的情感态度、看法意见等）的作用，影响对一件新闻事实全面、客观的再现。如果传播者不顾新闻事实本身的面目，而以自己的情感态度、看法意见，即自己的倾向性或价值取向"策划、驾驭"事实，那就不但会影响具体真实的程度，甚至会扭曲事实，制造虚假的新闻。再次，传播价值取向制约着传播者对整体真实与具体真实关系的处理。新闻的整体真实要通过具体真实来实现。如何选择具体的新闻事实，如何正确对待正面新闻事实、负面新闻事实、中性新闻事实间的量度比例与平衡关系，直接影响着整体新闻报道的真实程度。反过来说，对现实社会的整体状况能否正确把握，做出比较符合实际的认识判断，又会影响到传播者对具体的、不同性质的新闻事实量度比例的把握。我们之所以确立"以正面报道为主"的价值取向，根本的原因在于这是符合中国实际情况的。只要以公正的态度看待当今的中国，我们想绝大多数人会承认中国整体上是国家不断繁荣、人民逐步富裕、社会日益文明的国家。在这种大背景下，如果新闻传播采取"负面报道为主"的价值取向，本身就是不公正的、不合理的，自然在新闻的整体真实上难以反映出中国的面貌。

3. 新闻真实是相对的、有限的真实

前面讨论的两个问题已经在相当程度上说明了新闻真实是相对的、有限的真实。第一个问题指出了新闻真实是新闻传播范围内的真实，它从前提上限制了新闻真实谈论的对象只能是新闻事实，而非整个事实世界；第二个问题则指出了新闻真实是受制约的真实，不同的传播价值取向制约着新闻真实的范围和程度。这里将从以下几个方面进一步阐述新闻真实的相对性和有限性。

首先，新闻真实是传播者认知限度内的真实。新闻报道是传播者对新闻事实认识结果的符号再现，再现的真实程度取决于传播者对新闻事实的认知程度。人的认识能力的有限性，从主体方面决定了真理的相对性，同样，传播者认识新闻事实能力的有限性，决定了新闻真实实现的有限性和相对性。丝毫不差地报道事实的要求，实在是对"神"的要求，而非对活生生的人的要求；新闻传播报道达到百分之百的准确的那种期望，从情感上说也许是应该的，但从理性上说，并不是科学的。理解这一点，有利于创造比较宽松的新闻报道环境，有利于传播者去勇敢地介入最新发生的复杂事实或事件。当然，对新闻传播者自己来说，必须树立实现完全真实的新闻真实观，不能以认识能力的有限性为托词，降低对自己的要求。

其次，新闻认识的特殊性决定了新闻真实的相对性和有限性。新闻认识必须是及时、迅速的反映，它不允许"一停、二看、三通过"式的认识方式。快，就容易看"走眼"，容易顾此失彼，这就从客观上决定了新闻真实有可能是难免"瑕疵"的真实。消除瑕疵的方法只能是过程报道法，真实的相对性和有限性便是必然的。新闻事实孕育、产生、呈现于整个事实世界，五花八门，千变万化，生生不息。新闻事实的多样性、复杂性、变动性等等特征，即使在传播者已有分工的情况下，仍然要求传播者既要成为"杂家"，又要成为"专家"，不然，有些报道就会错过时机，一去不复返。这实在是太难了，难事只能一步一步来，步步紧逼，这正是从相对真实达到绝对真实的途径。新闻认识是对事实的认识，不能想象，不能假设。遇到简单的新闻事实，传播者也许一次就可大功告成；如果碰见复杂的新闻事实，恐怕只好随着事实本身的发展变化去在运动过程中不断接近事实的本来面目。新闻传播特有的监督功能，决定了传播者必须去揭示、揭露、反映"有些人"极力掩盖的一些事实，这无疑增加了认识的难度，增加了出错的概率。"有些人"会想方设法设计圈套，挖下陷阱，传播者必须既勇往直前，又小心翼翼地完成自己的使命。对这类新闻事实的认识反映，只能是有限的，其报道的真实性必然也是有限的。需要说明的是，这有限的真实本身是真实的，有限是对某一事实的整体而言的。一般情况下，传播者总是通过这种有限真实的方法，达到对这类新闻事实最终的整体真实报道。

再次，新闻真实在具体真实和整体真实两个层面上都具有相对性和有限性。对任何具体新闻事实的报道，都不可能穷尽一件事实的所有方面，对新闻传播来说也是没有必要的，因为并不是事实的每一方面、每一细节都具有新闻价值；另一方面，如上所说，传播者对新闻事实的认识由于各种各样的原因，总是受制约的、有局限的，很难对新闻事实的真实性达到绝对的把握，很难对新闻事实的本质达到多层次的认识。况且，对一般的新闻报道来说，达到现象真实也就足够了，进一步的刨根问底有时并不是新闻报道的任务。因而，相对一件事实的整体来说，新闻真实总是停留在一定的范围和一定的层面上。就整体真实而言，相对和有限的特征更加明显：整体真实本身就是一种概括性的真实，是一种具有比例性质的真实，是一种报道了主流情况的真实。这种真实描述的是新闻传播媒体对一定时空范围内新闻事实整体情况的把握，并不刻意追问构成整体的每一新闻报道是否真实，也就是说，某些个别的失实并不会影响整体的真实。

二、确证新闻真实的方法

关于如何确证或检验证实新闻报道的真实性，人们论述得并不多。然而，这是一个相当复杂、也很重要的问题。作为新闻真实理论内在的完备性要求自不必说，就是对新闻报道实践来说，懂得如何确证新闻的真实性，也就在一定程度上懂得了如何在新闻报道中达到真实性，这二者是相辅相成的。

新闻报道作为一种认识活动，形成的当然是一种认识结论。按照辩证唯物主义认识论的基本原理，检验或确证认识是否正确的唯一标准是人们的社会实践活动。但这只是给出了一种总的原则，而对不同认识正确与否的检验，其具体的标准、方法是有所差别的，这是由不同认识对象的特征以及不同认识活动的目标、层次等等因素决定的。

新闻作品是对新闻事实信息的报道，它所陈述的内容都是构成一定事实的要素、事项，以及各要素、事项之间的关系，这些东西一般说来都是感性存在，是人们可以直接经验的对象。不像社会科学、自然科学所揭示出的一般原理或普遍规律，尽管它们也是客观存在的，但人们的感官并不能直接地经验到。因此，在具体检验或确证认识正确性的过程中，证实方法必然具有各自的特点。我们在此使用"确证"一词，是在"顾名思义"的意义上来理解的，即"确确切切地证实"，是从新闻报道追求完全与事实符合这一根本特征出发的。同样，由于新闻作品陈述的是事实，因此，"人们衡量新闻真伪和优劣的依据，当然是客观存在的事实，是人的社会实践了"①，即人们只能以事实作为衡量作品中陈述是否真实的直接标准和尺度。"靠事实说话，作真伪判断"，这也正是我们把"新闻真实性的确证"内容置于"作为说话手段的新闻事实"这一部分的内在根据。

（一）确证什么

"无论考察什么领域的真假都应该从'所知'入手考察，即把有真假者作为所知来考察。"② 确证新闻的真实性，就是确证新闻作品中关于新闻事实的"所知"——表现为"陈述"——是否与客观事实相符。完全相

---

① 成美，童兵. 新闻理论教程［M］. 北京：中国人民大学出版社，1993：174.
② 刘永富. 论真假［M］. 西安：西安交通大学出版社，1994：425.

符，就是完全真实；部分相符，就是部分或局部真实；大部分相符，就是基本真实；完全不符，就是完全虚假，已无任何新闻的特质，属于虚构或造谣。

确证新闻的真实性，从理论原则上，包含两个层面的内容：一是确证新闻作品中陈述的事实是否存在，即构成新闻事实的要素是否真实、事项是否真实、各种关系是否真实。二是确证新闻作品对事实的陈述是否是全面的、正确的，即是否反映了新闻事实的本质，揭示了事实的真相。对大多数新闻作品真实性的确证，只需解决第一层面上的问题就够了，因为大多数新闻报道，"是对事实的直接描述，它不需要经过抽象、概括的思维过程"①。但对一些复杂的特别是涉及一些重大政治、经济、军事、社会事件的新闻报道，对一些重要的非事件性新闻事实的报道，确证第二层上的真实性是非常必要的，因为它往往直接关系到舆论导向的正确性与新闻正义性。

对整体真实的确证常常不是严格意义上的确证，准确点讲是对传播媒体整体新闻报道真实性、可信度的一种评估，直接的表现是媒体的报道是否可信。其内容包括两点：其一是对构成整体报道的各具体报道的真实性的确证，其二是评估具体报道对整体事实各个侧面报道的量度比例是否合乎实际情况。"评估"一词是从实际操作的意义上使用的，因为整体真实很难像具体真实那样去证实或证伪，这一点我们在"如何确证"中还要论及。

（二）如何确证

如何确证就是寻找具体确证的标准和确证的手段或方法。确证真实与否的直接标准唯有客观事实。确证的过程是对先有的对新闻事实的"所

---

① 朱增朴. 传播与现代化［M］. 北京：中国新闻出版社，1989：142.

知"（表现为新闻作品中对新闻事实的陈述）与重新对同一新闻事实的
"所知"（形成一种新的陈述）进行比较。获取两次"陈述"内容的都是基
于实践的认识活动（表现为具体的采访和调查研究活动），那么，后来的
"陈述"为什么能够确证先有的"陈述"呢？这不是一个纯粹的逻辑问题，
而是一个实践问题。实践作为一种直接的感性活动，为我们提供了新的经
验证据，以确证新闻作品中的陈述是否真实。因此，确证的手段或方法只
能是实践，或者说只能以实践作为中介手段，才能确证新闻的真实与否，
但直接的、用来衡量是否真实的只能是客观存在的事实。同时，这里也
说明了确证从原则上说是一个过程，对有些新闻报道真实性的确证也许
会持续很长的时间，甚至会出现"反转"的情况。这一点，只要看一下
"文革"时期的一些新闻报道就会一清二楚。新闻的真实，只有经得起
历史的考验，才能达到新闻真实的最高境界：历史真实。

对新闻真实性的确证不同于对一般科学认识真理性的检验。真理，作
为一种正确的认识，在语言陈述或命题形式上，往往表现为普遍命题，反
映着事物之间或事物内部的联系或本质等。对它的确证和检验除了根据
普遍命题推设具体的可观察的实验和试验外，还可应用逻辑证实的方
法。对新闻报道来说，构成新闻作品的陈述都是特殊命题、事实判断，
"是记者目之所及、耳之所闻的客观情况"①，它不像"普遍命题要求与
条理、规律相一致"②，而是要求与客观存在的感性事实相符合，"其真假
取决于它是否符合与命题相关的实际情况，如果命题符合实际情况，它便
是真的，否则就是假的"③。

新闻报道所构成的事实命题，大多数是描述事实现象的，描述事实是

①　梁衡. 新闻原理的思考 [M]. 北京：人民出版社，1996：69.
②　冯契. 认识世界和认识自己 [M]. 上海：华东师范大学出版社，1996：260.
③　涂纪亮. 英美语言哲学概论 [M]. 北京：人民出版社，1988：43.

如何发生、变化和存在的。这些关于事实现象的识别与记述，如果是符合实际的，当然也是货真价实的真实，对一般新闻报道真实性的要求可以说就是这种现象层次上的真实。但这种现象层次上的真实，并不仅是"现象真实"。任何现象都在不同程度上表现着本质，不同的现象可能表现着同一侧面的本质，也可能表现着本质的不同侧面。但无论如何，本质不会存在于现象之外，也不会先验地产生于现象之前。"抽象的本质总是依附或潜在于具体的现象之中，赤裸裸的一无凭借的本质是没有的。"① 把有些现象说成是本质的现象，把有些现象说成是与本质无关的现象，使其"成为无家可归的孤儿，永远被放逐在本质的圣殿之外"②，是对本质与现象关系的割裂和曲解。黑格尔在他的《小逻辑》中曾这样表述过现象与本质的关系："凡物内面如何，外面的表现也如何。反之，凡物外面如何，内面也如何。凡现象所表现的，没有不在本质内的，凡在本质内没有的，也就不会表现于外。"③ 因此，新闻对事实现象的陈述，总会在不同层次上揭示对象的本质。新闻总是在报道个别中揭示着一般，报道现象中蕴含着本质，这正是具体报道能够体现整体事实面貌的根据。同样，对新闻真实性的确证，也不只是对个别感性事实存在的确证，也包含着对某一种普遍性规律或认识的检验。因此，媒体及其传播者，理应把通过现象揭示本质作为一种自觉的行为，而不应以客观主义的或自然主义的态度与方式作"有闻必录"式的报道。那样，就只能停留在存在论真实的层次上。传播只有自觉地注意到事实现象之间的联系，注意到现象背后的东西，才能达到对事实全面的、正确的认识，达到认识论意义上的真实。但表现在新闻作品中仍然是对具体事实的陈述，而不是抽象的议论、一般的概括、普遍

---

① 王元化. 文学沉思录 [M]. 上海：上海文艺出版社，1983：69.
② 同①70.
③ 黑格尔. 小逻辑 [M]. 贺麟，译，北京：商务印书馆，1980：289.

的结论。新闻作品对事实陈述所形成的命题是一组互有联系的单称判断，是关于一个个个别经验事实的命题。"这种命题的真伪只需也只能通过感觉、观察来直接判定，无须逻辑论证。在这里，实践概念包括直观，但不归结为直观。"① 即要确证新闻作品的真实性，我们只能通过实践活动，以具体经验的方式，诸如感觉、观察去证实或证伪。新闻的真实性也遵循着特别严谨的逻辑，但这种严谨不是通过理论逻辑去证明，而是"可以通过实证的方法得到证明的"②。确证新闻真实可看作是一种"重新采访"，不过它的目的在于证明作品中的事实判断是否是真实的。由于重新采访仍然有出错的可能，因此，对新闻真实的检验具有一定的相对性，这也正是实践标准的相对性与绝对性在新闻确证中的体现。

对于新闻事实已经"消失"的报道的真实性的确证，必须找到能够证实其存在过的、可以直接经验的证据。要肯定作品中的事实判断的真实性，如果判断的对象已不"现在"，就必须有"曾在"的证据，比如对背景事项的证实，对那些没有"遗迹"的细节事实的确证，只有能够提供具有法律意义的证据，才能得到人们的赞同和承认。美国记者约翰·里德在他的著名的新闻作品《震撼世界的十天》的序言中写道：在本书的取材方面，我务必限定我自己只使用我亲身观察到的、经历过的历史事实的实录，以及那些有可靠证据足以证明为真实的记载。新闻报道拒绝任何形式的"合理想象"与推理，如果事实本身是"残缺"的，那就把残缺的事实摆在人们的面前，让受众去想象推理吧，传播者没有任何权利从自己的愿望出发去"弥补"事实的残缺。如果要作这种弥补，也必须在新闻作品中加以适当的说明。

---

① 查汝强. 实践是检验认识的真理性的唯一最终的标准 [M] //中国自然辩证法研究会筹委会. 科学方法论研究. 北京：科学普及出版社，1983：65.

② 丁柏铨. 新闻、广告、文学真实性之比较 [C] //中国人民大学新闻学院. 新闻传播学术报告会论文集. 北京：中国人民大学出版社，1997：207.

对于未来的可能事实，由于还不是事实，谈不上确证的问题。我们能够进行确证的事实只能是预告可能事实的行为本身是不是事实，对此，依赖人们的感觉经验已经足够了。人们在当下能够进行确证的事实，只有既存的事实——历史事实和现存事实。

关于不同具体事实量度比例是否真实反映了整体事实的构成情况，相对具体事实的证实而言，是一个十分复杂的问题。尽管从原则上也要通过实践活动去证实，也要以客观事实为直接的衡量标准，但在具体操作方式上是相当困难的。就目前的情况看，我们也只能提出一些原则性的看法：通过统计的方式、民意调查和测验的方式去证实。一家媒体的整体报道是否真实，表现的结果就是是否可信，而是否可信、可信度是可以通过民意调查、测验等方式解决的问题。民意实质上就是人们实践活动中各种经验的反映，"是社会上大多数成员对公共事务所持有的大体相近的意见、情感和行为倾向的总称"①。这种民意表面上看来是主观的，但其内容是源于客观世界的，人们对媒体新闻报道的感觉和经验判断，在统计意义上是完全可以说明整体报道真实与否的，"他们是新闻信息的收受者，是媒介产品的消费者，又是对信息、讯息、媒介以至传播者的最终检验者"②。当然，可以设想利用内容分析的方法将所有关于某一整体的③具体报道进行考察，然后根据整体的实际情况，衡量这些报道是否达到了整体的真实，但比起民意测验，这可能是更费事的证实活动，其结果也许精确，但很可能没有"模糊"的民意有效、可信。

---

① 喻国明，刘夏阳. 中国民意研究［M］. 北京：中国人民大学出版社，1993：3.
② 童兵. 理论新闻传播学导论［M］. 北京：中国人民大学出版社，2000：140.
③ 某一重大事件的系列报道、一定时期某一领域的报道、一定时空条件下关于整个社会生活面貌的报道。

第八章　媒介世界的创造

它是从真正的现实中不断涌现出而又以累增的精神财富汹涌澎湃地流回现实去的思想世界。

——马克思

一家报纸就是一个国家的文化的一部日记。

——马丁·沃克

每天有百万大众阅读、收看报界和电视中的新闻话语。他们大多数关于世界事件的知识以及形成的看法，似乎都是以这种新闻话语为基础的。恐怕没有哪种其他话语体裁能够同时被如此广泛地传送，被如此之多的人所阅读和了解。因此，其权势潜力的确非同小可。

——冯·戴伊克

现代科学技术的日新月异，早已使我们的世界变得越来越小，已被充满浪漫情怀的人描绘为"地球村"。人们似乎可以从地球的不同地方打开窗户，探出脑袋眺望同类的生活情况。然而，这毕竟是漫画家的奇妙想象。尽管人类的直接交往变得比以往任何一个时代都更频繁便捷，但我们毕竟还是生活在地球的各个角落，人们能够真正经常地直接感知的生存空间依然是非常狭小有限的。

从现实性上说，这个地球上绝大多数的人们关于外在世界的形象和观念还主要依赖于各种媒介的信息和其他渠道的信息。对普通大众来说，外部世界的变化、运动和发展状况很可能就是大众传播媒介和"意见领袖"给他们描绘、营造的那样。"我们都深深地依赖于大众传播。无论是社会还是个人都有这种依赖性。"①"我们今天对整个世界的认识，对全国以至全球政治、经济形势的观察，对周围社会的复写，主要是新闻报道这种意识形态反映给我们的，我们从这面镜子里看到了人类自身发展的一切。"②事实上，"世世代代的人们主要是用他们从报纸上（近代以来还从收音机、电影、电视及新闻杂志中）学来的东西组成了自己对外部世界的概念"③。总之，"现代工业和技术的高度发展已经改变了人类的生存方式，大众传媒无孔不入，成了改造现实的巨大力量"④。

在信息时代已经降临的现代社会，人们在科学技术带来的巨大自由中，又深深感到现代社会越来越巨大化、复杂化，直接经验无论多么丰富也不足以去把握这个世界，理解这个世界。因此，我们完全有理由说，这个世界从空间上说的确是越来越小，但在复杂程度上却是越来越大，似乎把地球也变得越来越大，因为在这复杂的世界中，人们的交往，并不像想象的那样越来越容易，科学技术的进步同时也在人们之间造成某种新的鸿沟。

人们由于实际活动范围有限，精力和注意力有限，不可能和与自己有关的整个现实世界保持直接的感性接触，"在超出自己亲身感知以外的事物，人们只能通过各种'新闻供给机构'去了解"⑤。因此，人们常说我们生活在两个世界之中，一个是真真切切的现实世界，另一个是由大众媒介创造的媒介世界。有人把前者称为"第一经验环境"，将后者称为"第

① 德弗勒，丹尼斯. 大众传播通论［M］. 颜建军，等译. 北京：华夏出版社，1989：4.
② 刘建明. 宏观新闻学［M］. 北京：中国人民大学出版社，1991：28.
③ 施拉姆. 大众传播媒介与社会发展［M］. 金燕宁，等译. 北京：华夏出版社，1990：134.
④ 王华之. 媒体与今日之现实［J］. 读书，1999（8）：104.
⑤ 郭庆光. 传播学教程［M］. 北京：中国人民大学出版社，1999：126.

二经验环境"①。还有人把后者称为"拟态环境""信息环境""拷贝世界"
"虚拟环境"等等。

人们真的生活在两个世界中吗？果真存在一个"媒介世界"吗？如果
有，媒介世界是个什么样子？它是怎么创造出来的？它与现实世界的关系
又是怎样的呢？本章将主要从大众媒介特别是大众媒介新闻传播的角度，
对这些问题作一些简要的阐述，着重说明新闻事实在创造媒介世界中的地
位和作用。

一、媒介世界及其特征

本书所说的媒介，主要是指通常意义上的大众媒介，即报刊、广播、
电视以及正在兴起的"第四媒体"——互联网。

媒介世界，顾名思义，指的是"媒介领域"，"世界"一词不过是在比
喻的意义上使用的，与人们经常说的"文学世界""艺术世界"中的"世
界"相似。但这里的"媒介世界"是相对"现实世界"而言的，指的是大
众传播媒介通过自身的传播手段所创造出来的观念世界、信息环境，是一
个在性质上不同于现实世界的新世界，如同语言、科学或艺术世界。"它
们所创造或结构出来的世界是一个新世界，不是原来的物理世界的翻版，
而是一个思想性的世界。"② 按照我国学者陈力丹的说法，"这个世界不是
实实在在能够感觉到的事件（或人、物、直接听到的观点）本身，而是关
于它们的复制符号或摹写。"③ 这样一种媒介世界，从新闻传播角度观照，
总起来看，具有以下一些主要的特征。

① 崔文华 . 全能语言的文化时代 [M]. 北京：北京师范大学出版社，1998：121.

② 李步楼，李权时，贺绍甲 . 现代西方哲学中的真理观 [M]. 武汉：湖北教育出版社，1991：
43.

③ 陈力丹 . 舆论学：舆论导向研究 [M]. 北京：中国广播电视出版社，1999：65.

1. 反映现实世界的逼真性

陈述事实，是新闻传播最重要的特征。客观、真实、全面地再现现实世界的原貌是新闻媒体最基本的职能。人所共知，新闻传播的生命在于真实地反映现实世界的本来面目。把真实世界的最新变动情况以符号化的方式生动逼真地报道给公众，是媒介创造媒介世界最基本的准则，也是对传播者最基本的职业伦理要求。现在，由于传媒技术突飞猛进的发展，受众通过媒体对一些新闻事件的了解往往超过了身处事件现场的人们，受众听到的、看到的东西比在场的人们更全面、更清晰。传播技术已经有足够的能力把一些重要的和广大受众感兴趣的事实"全真"式地再现出来。

媒介世界与现实世界符合程度的高低，反映着媒介新闻传播观念的合理性和新闻传播的实证水平，从而也直接影响到媒介的公信力和媒介自身的前途命运。因此，逼近现实的原貌，是新闻传播创造媒介世界的直接目标。

2. 再现现实世界变动的及时性

及时或同步再现现实世界的最新变动情况，是新闻媒介的典型特征，也是媒介反映现实世界的典型方法。有人曾形象地说，新闻总是时时刻刻散发着油墨的清香，这只是报纸时代的及时。其实，传播技术的进步，早已使受众对许多现实世界发生的重要事件，以身临其境的"在场"感去同步地获得有关信息。如今，广播电视的各种现场直播几近"家常便饭"，网上直播也初露端倪，及时性越来越接近同时性、实时性。再现现实世界的及时性，决定了媒介世界是常变常新的世界，迅速地反映着现实世界的风云变幻。

3. 凸现现实世界的"非常性"

新闻传播关注的主要是那些"非常态"的事实（关于非常态的意义，参见第一章），这种非常态主要表现为事实相对广大受众各种需要的重要性、显著性、时新性、趣味性等。媒介世界正是用现实世界中凸现出来的这种事实的信息经纬线来编织自己的绚丽景象。新闻传播媒体也正是通过不断再现现实世界中非常态的事实，来吸引和维系广大受众的注意力，并为媒体自身的发展开拓新闻市场。同时，这也说明媒介世界对现实世界的反映并不是事无巨细的，而是凸现现实世界中最为活跃的那些事实。

4. 面向大众的公开性、权威性、显著性和直达性

大众媒介所创造的符号化的媒介世界，体现在一定的载体之中，是公开流通的"货物"，它完全向全社会作无定向的公开的传播，任何人都可自由地选择接受。大众媒介是从事信息生产和传播的专业媒介组织或机构，它所传布的信息具有更大的权威性、可靠性和可信度，更能得到人们的信赖。大众媒介能够通过各种有效的方式选择和表现某些具有显著性的事件或信息，使世人注目。大众媒介通过现代高科技技术，使其传播的任何信息都能够迅速及时地直达所有愿意接收信息的个人，无需任何中介环节。

5. 相对现实世界表现出不同程度的虚幻性

由于现实世界的复杂性、人类认识能力的有限性，以及各种条件的限制，媒介世界对现实世界的反映总是不周全的，往往以点代面，以主观"创造"客观。媒介不可避免地要通过突出法、选择法等来"构造"世界的形象。"构造作用引起人们注意现实的某些方面，而掩盖可能引导受众做出不同反应的其他实质。"[1] "新闻报道并不像镜子那样反映世界，外部世界与由报界制造的符号和形象组成的假环境仅有松散的联系。"[2] 新闻媒介提供给公众的"是新闻媒介的议程——是对世界上发生事件有选择的

---

① 陈力丹. 舆论学：舆论导向研究 [M]. 北京：中国广播电视出版社，1999：208.

② 德弗勒，丹尼斯. 大众传播通论 [M]. 颜建军，等译. 北京：华夏出版社，1989：344.

报道"①。这些就决定了它多多少少具有一定的不可靠性、片面性和虚幻性。这一点，在目前还缺乏足够规范性的网络个体化的新闻传播中表现得尤其明显。顺便说一句，我们以为，网络上的信息传播，其可信性、权威性从总体上看，将建立在类似传统媒体的组织机构的传播上，个体化的信息传播对他人来说具有的主要是一种参考价值，对受众不会形成决定性的影响。

二、创造媒介世界的主要手段

大众媒介对现实世界的认识和反映是全方位的、立体的，手段也是不断更新、丰富多彩的，美国新闻学者约斯特曾指出，报纸提供给我们一部连续不断而又永无止境的电影。在这电影中，我们可以看到整个人类的心态。② 但它的核心功能或本质在于传播信息、报道新闻，为人们提供现实世界的最新变动图景，发挥监测环境、服务社会、服务大众、引导大众的作用。因此，如果说有一个媒介世界存在的话，那也主要是一个"新闻世界"，即由得到传播的新闻信息在人们头脑中建构的关于现实世界图景的符号化、观念化的世界。而建构这一世界的基本"材料"就是"新闻事实"所呈现的信息，是一个由新闻话语所构成的世界。无论报纸、广播中的新闻话语，还是电视、互联网中的新闻话语，都影响人们对这个世界的理解和想象，"影响着我们的知识和（其他）社会再现的基本内容和原则"③。荷兰阿姆斯特丹大学著名的跨学科话语分析学家冯·戴伊克教授指出："每天有百万大众阅读、收看报界和电视中的新闻话语。他们大多

---

① 李彬. 传播学导论 [M]. 北京：新华出版社，1993：143.
② 童兵. 理论新闻传播学导论 [M]. 北京：中国人民大学出版社，2000：108.
③ 戴伊克. 话语 心理 社会 [M]. 施旭，冯冰编译. 北京：中华书局，1993：245.

数关于世界事件的知识以及形成的看法，似乎都是以这种新闻话语为基础的。恐怕没有哪种其他话语体裁能够同时被如此广泛地传送，被如此之多的人所阅读和了解。因此，其权势潜力的确非同小可。"①

新闻事实一方面只是事实世界中的"微量元素"，弥漫于事实世界之中，但另一方面它又是事实世界中的"高能粒子"，闪耀于平淡的事实世界之中，放射着夺目的光芒。新闻事实不是事实世界的全部，但它总是凝结着事实世界的跳跃处和兴奋点，犹如江河的交汇处，又"好像鸟巢筑在树杈上，在微观和宏观的结合点上，其联系越广、越紧、越深、越妙，新闻价值就越大，吸引力就越强"②。新闻事实少见于平平淡淡的日常生活，常生于神秘莫测的政治舞台、风起云涌的经济之海、绚烂多彩的文化天地，但实质上却关系着平民百姓的生活命运。写下这些话，并不是要赞美新闻事实，只是要说明这样一点：新闻事实确实是事实世界中的"佼佼者"，它体现着我们生存于其中的现实世界的最新动态，透露着真实世界未来变化和发展的信息。因此，在一定意义上说，如果知道了事实世界中的新闻事实，也就大致知道了现实世界的运动、变化和发展的一些主体状况。事实上，普通大众今天对世界的了解也主要是通过对新闻事实信息的解读与接受实现的。虽然人们不会完全相信新闻传播媒介所说的一切，但"新闻能够左右我们实际的思考内容……虽然读者有自己的社会/政治观点，新闻话语控驭着社会知识/态度和意识，但如果说它并非总是直接影响我们的看法，那么它起码在一定程度上决定着我们的社会信息处理的原则和策略，即理解社会、政治事件的解释框架"③。如果新闻传播媒介对事实世界变动信息的报道是真实的、客观的、全面的和公正的，它就可能

---

① 戴伊克. 话语 心理 社会 [M]. 施旭，冯冰，编译. 北京：中华书局，1993：199.

② 李峰. 求"神"录 [M] //张维义. 当代"老新闻". 北京：中国广播电视出版社，1994：167.

③ 同①245.

为人们提供一幅比较健全的世界图景。因此，我们认为，创造媒介世界的主要手段是传播新闻事实之信息，是"新闻事实"在"说话"，在为人们描绘着媒介世界的主要图景，这也正是大众媒介的本质所在。大众媒介对于现实世界的写照主要是基于对新闻事实的反映，它的其他功能多依赖于对新闻的传播。相对以真实为生命的新闻传播来说，大众媒介在其他方面所塑造的现实世界的形象，比如通过娱乐材料塑造的形象，就具有更多的"虚幻"性，或具有不同于"新闻真实"的真实性。因此，当人们谈论媒介世界的真实性时，针对的主要是新闻传播所创造的媒介世界。

由于社会制度、文化传统、意识形态、价值观念、民族特性、社会发展水平等的差异，由于数不清、道不明的各种利益的矛盾冲突，新闻体制、新闻观念、新闻接受等等方面，在我们当今的世界上表现得多种多样，尽管其中不乏共同之处。正是因为这样，不同媒介，在似乎一样的"传播信息，报道新闻"的名义下，在似乎一样的"真实、客观、全面、公正"等传播原则下，会创造出不同的媒介世界，会给同样的现实世界塑造出不同的媒介形象。正如麦克卢汉所言，每一种媒介都有自己的文本构建规则，并以自己的方式梳理和呈现事实。不同的媒介可以报道同一个事件，但所产出的是不同的映象和讯息。[1] 相对现实世界而言，这些由不同媒介创造的不同媒介世界在真实性和合理性上，并不是等同的，而是有差别的，有些是不同侧面的差别，有些是不同层次的差别，有些是部分与整体的差别，有些则可能是真实与虚假的对立。因此，对于新闻传播能否通过传播新闻事实之信息，为人们提供真实的世界图景，要做出分别的讨论和说明，大而化之地说媒介世界是虚假的、不真实的，或反而言之，其实都是无多大理论意义的。

---

① 宋小卫. 西方学者论媒介素养教育 [J]. 国际新闻界，2000（4）：56.

三、媒介世界与现实世界的关系

媒介世界与现实世界首先是两个不同的世界。媒介世界是观念化的世界、符号化的世界，现实世界在本质上是物质世界，媒介世界是对现实世界的反映，因此，它们在性质上是不同的。现实世界的存在不依赖于媒介世界，但现实世界的发展变化会在一定程度上，有时会在很大程度上受到媒介世界的反作用。因为它不断从现实世界中涌出，又作为越来越丰富的精神唤起新的生机，流回现实世界。因此，对普通大众来说，"这个'第二经验环境'经常在作息时间、兴趣点、认识范围、价值倾向等诸多方面有力地扰动着'第一经验环境'"①。沙莲香在其所著的《社会心理学》中写道："由大众传播形成的拷贝世界——信息环境，是现代社会中人们无法逃避的生活世界，它同感性世界并驾齐驱，成为决定人们生活情感、生活欲望、期待、认知和态度的两大环境世界。"② 而对正在步入信息时代、知识社会的人类来说，这种"流回现实"去的思想世界会越来越突出地表现出它的巨大作用。泰国未来发展研究所所长吉恩沙·差廖翁沙在 2000年 3 月 12 日的《曼谷邮报》著文指出："大众传媒将成为国家和国际层面增强经济、政治和社会势力的必不可少的工具。衡量成败和力量强弱的将是获取和运用通过大众传媒得到的知识和其他资源的能力。"③ 我国著名新闻史学家方汉奇先生说，随着"新闻传播的媒介日益多元化，新闻传播手段的日趋现代化，'地球村'变得越来越小，新闻传播事业对世界政治

---

① 崔文华．全能语言的文化时代［M］．北京：北京师范大学出版社，1998：121.
② 沙莲香．社会心理学［M］．北京：中国人民大学出版社，1987：59.
③ 吉恩沙·差廖翁沙．新世纪的趋势和挑战［N］．参考消息，2000-03-19（1）.

经济和文化的影响，则变得越来越大。"① 享誉国际、备受推崇的近代史大师英国的霍布斯鲍姆，在其名著《极端的时代》中也指出："随着本世纪的结束，媒体在政治过程中的地位，显然比政党及选举系统更为重要，并极有可能如此持续下去。"② 其实，在经济、文化以及社会生活的各个领域又何尝不是如此？在交往无限扩大的现代社会中，在经济全球化的浪潮中，由于大众传播系统的不断发达，"信息环境与客观环境产生了分离，成了不同于环境本身的'二次环境'，具有了相对独立性，在人与环境的互动过程中也就具有了特殊重要的意义"③，对现实世界表现出强大的反作用。

　　媒介世界对现实世界的反作用表现为两种主要形式：一是媒介世界比较正确、真实、全面地反映了现实世界的最新变动情况，为人们提供了关于现实世界的健全信息，从而有益于人们了解和把握现实世界的运动变化。二是媒介世界未能真实、全面地反映现实世界，或只是提供片面的、不健全的新闻，甚至是以扭曲和错误的方式提供了一幅虚假的现实世界景象，这样的话，"过多地接触'新闻'（那些非常的、不正常的、反常的事件）可能会使受传者对于社会上究竟什么才是通常的、正常的、合乎常规的事情反而知之甚少"④。这必然在一定程度上会导致人们对现实世界形成错误或扭曲的看法，难以把握现实世界的真相。比如，西方一些新闻媒体，特别是美国的主流媒体对中国社会现实的反映，"仍然不能予以公正客观的报道，有的甚至刻意地'妖魔化'中国，别有用心地制造障碍"⑤。

---

　　① 方汉奇．"21世纪新闻传播学系列教材"总序［M］//童兵．理论新闻传播学导论．北京：中国人民大学出版社，2000：1.
　　② 霍布斯鲍姆．极端的时代［M］．郑明萱，译．南京：江苏人民出版社，1999：859.
　　③ 郭庆光．传播学教程［M］．北京：中国人民大学出版社，1999：126.
　　④ 赛弗林，坦卡特．传播学的起源研究与应用［M］．陈韵昭，译．福州：福建人民出版社，1985：210.
　　⑤ 王希．有关中国国际形象的思考［J］．国际新闻界，2000（1）：55-58.

"对中国的报道和分析往往是不公正、带有偏见的"①。这样，西方的普通人就很难通过媒介世界了解中国现实世界的真实情况。事实上，由于长期以来大众媒介传播几乎被发达资本主义国家所垄断，直到目前，"在世界范围内流动的国际新闻主要涉及在世界政治中居于支配地位的几个高度发达国家"②，而大众传播在关注发展中国家或国际事件时，"大多数情况下，报道或是不全面的，或是不真实的"③。文化帝国主义、信息霸权主义，已经是今天人们面对的现实景象。新的网络传播技术能否为人类带来福音，带来信息交流上的自由和平等，至少现在看来还并不那么乐观。

那么，媒介世界能否比较全面、真实地反映现实世界的景象，引导人们准确及时地了解世界、了解自己周围现实环境的客观变化？对此，人们的看法并不完全一致。

有人认为，大众媒介使我们逃避真正的现实，分散了人们对现实世界重要事件的注意力，媒介常常将人们引入诸如暴力、灾害、死亡、性等等一些有限的、狭窄的题材，而对人们真正应当充分关注的一些问题，如贫穷、饥饿、种族主义、环境保护、社会发展等却轻描淡写。因此，看来能够消除遥远距离的现代媒介并未真正消除人们与现实和人们之间的"距离"和"障碍"，没有为人们带来与现实、与他人的"任何接近"④。李普曼早在 20 世纪初就说，大众传播媒介营造的是一个"拟态环境"或者说是"假环境""准环境"。他说："我们可以看到，报道现实环境的新闻传给我们有时快、有时慢，但是，我们总是把我们自己认为是真实的情况当

① 王希. 有关中国国际形象的思考 [J]. 国际新闻界，2000 (1)：55-58.
② 施拉姆. 大众传播媒介与社会发展 [M]. 金燕宁，等译. 北京：华夏出版社，1990：61-63.
③ 赵雪波. 大众传播与国际关系 [J]. 国际新闻界，2000 (1)：67-70.
④ 海德格尔. 诗·语言·思 [M]. 彭富春，译. 北京：文化艺术出版社，1991：146.

作现实环境本身。"① 美国当代著名的传播学者帕梅拉·休梅克女士认为，媒介内容并不完全是对社会的真实反映，媒介在积极建构现实（包括扭曲现实）。传播学者居延安也说："我们看不到世界本身，看到的是被大众媒介有意选择和解释过的世界。"② 有位学者更是不无过激地说："我们是一个媒介社会，在这个社会中，没有什么事物不是和媒介发生联系的——一些事物或是由媒介发起，或是受媒介的影响，或是被媒介强加了，或者由媒介居间联系。没有在媒介中报道的事物，等于社会中根本不存在。"③ 美国著名哲学家杜威甚至说："报纸和无线电是灌输群众偏见的两种最有力的手段。"④ 法兰克福学派的学者们更是针对西方新闻媒介商业目的与经济逻辑的性质批评大众媒介是一种麻醉剂，造成了愚钝的一致。法国先锋派社会学家皮埃尔·布尔迪厄在其《关于电视》和《自由交谈》二著中认为，现代的新闻媒介已经成了精神活动与公众之间的一道屏障或一个过滤器，所谓的名牌主持人和大牌记者以一种肤浅的思维模式和弱智的时髦语言冒充精神生活的全能智者，他们以哗众取宠的"直击报道"和不负责任的"热点评述"而自诩为"社会观察家"和"评论家"，他们是文化假象和思想假象的最大制造者。⑤ 美国前总统尼克松，在尝过了大众媒介传播的酸甜苦辣后这样说道："它像一种洗脑剂，实际上它也确实就是洗脑剂。它歪曲了人们对现实的认识。……事实和幻想的界线已经被混淆到不易被人觉察的地步。"⑥

但从辩证唯物主义和历史唯物主义的基本原理出发，我们认为媒介世

① 李普曼. 舆论学 [M]. 林珊，译. 北京：华夏出版社，1989：2.
② 《复旦学报》编辑部. 断裂与继承 [M]. 上海：上海人民出版社，1987：192.
③ 胡钰. 新闻传播导论. 北京：中国广播电视出版社，1997：5.
④ 杜威. 人的问题 [M]. 付统先，丘椿，译. 上海：上海人民出版社，1986：64.
⑤ 唐绪军. 报业经济与报业经营 [M]. 北京：新华出版社，1999：179.
⑥ 尼克松. 领导者 [M]. 北京：世界知识出版社，1983：397-398.

界能够提供真实的世界图景，因为现实世界是可知的，传播者也具有认识现实世界的能力。但正如我们前面所说，不同传播主体提供的世界图景又是不完全相同的，而是一定有差别的，有时甚至是完全对立的。但我们千万不要忘记，现实世界是唯一的，尽管人们可以着重从不同的侧面去认识它、反映它，但从整体上真实、全面、正确的反映恐怕只有一种。尽管媒介符号具有创造"虚的世界"的能力，但正如日本符号学家池上嘉彦指出的那样，这种能力在以严密的传达为目的的符号体系中，会受到"实的世界"的抑制。片面的深刻也许不失为深刻，但片面的真理对于一个完整的事物或世界来说，就很可能成为谬论。"客观事物的真实面貌只有一种，具有不同立场、观点、方法的新闻机构，对同一事物的多种报道之中，真正符合客观事物真实面貌的，也只有一种。"[①] 同样，根据对现实世界反映所形成的正确的、合理的媒介世界也只能有一种。

要使媒介世界能够为广大受众提供现实世界的真实图景，对于媒介来说，必须坚持已经公认的传播原则——真实、客观、全面、公正等。而是否愿意遵循这些根本原则，则与媒介的传播观念、利益关系等有着千丝万缕的联系。

从事实世界与新闻事实的关系上看，事实世界是全体，新闻事实是部分，部分无论何等突出、何等重要，它并不等于全部，并不就是全部。相对事实世界的纷繁复杂，新闻事实可以说是简单的，因而它往往难以代表整个现实世界的面貌。"拷贝世界不是大众媒介对感性世界的全面复制或模仿，而是依据一定的价值观、政治的或商业的意图，对感性世界的加工和制作，而且这种加工和制作对于感性世界而言只能是某个角度的、相对简单的。"[②] 美国著名的新闻学家麦尔文·曼切尔针对一篇具体的新闻报

---

① 林枫. 新闻改革理论探索 [M]. 北京: 当代中国出版社, 1997: 60.
② 陈力丹. 舆论学: 舆论导向研究 [M]. 北京: 中国广播电视出版社, 1999: 67.

道写道："正像一张地图不可能是领土的完全反映一样，一篇新闻报道实际上只是对现实的一定程度的说明。"① 这一看法置于现实世界与媒介世界的关系中似乎更加准确。因此，媒介不能提供一幅完整的、十分健全的世界图景，最多只能提供一幅现实世界最新主要变动的图景。进一步说，媒介世界与现实世界的差别是绝对的，一致是相对的。差别的绝对性一方面表现在现实世界与媒介世界的性质不同，另一方面则表现在认识论意义上，即媒介世界对现实世界的反映和建构只能近似地或大致地与现实世界相符合，它们永远不可能达到天衣无缝的符合程度。媒介世界建构的观念化图景主要是关于现实世界最新的、重要的变动图景，并不是关于现实世界日常运行的事无巨细的图景。媒介世界与现实世界的一致则主要表现为媒介以客观全面的反映方法，及时甚至是同步地传播现实世界最新变化的信息。因此，两种世界的一致也只能是部分的一致。试图从媒介世界中窥探到整个世界的真实面貌，是不大可能的，在现实性上是难以实现的。对以传播新闻事实之信息为基本任务的新闻传播媒介来说，它所塑造建构的媒介世界对现实世界的本来面目的反映更是有限的。如果考虑到不同媒介间新闻方针、新闻观念等等的差别，那么我们很难肯定地说某一种或某一类媒介能够为人们提供一幅真实全面的现实世界的图景，即使将"现实世界"的范围缩小到一个国家、一个地区，甚至更小的地理、民族等范围。也许我们可以说，所有媒介的"合作"，即由媒介的"整个机体""分裂成许多各不相同的报纸"，通过各种不同特征的"相互补充"②，方能够为人们描绘出一个真实的现实世界。而这一点，还必须以每一媒介都能对某一侧面真实反映为前提。只有这样，"每一片蔷薇花瓣"才都能够"表现了

---

① 曼切尔. 新闻报道与写作 [M]. 艾丰，等译. 北京：广播出版社，1981：202.
② 马克思恩格斯全集：第1卷 [M]. 北京：人民出版社，1956：190.

蔷薇的特质并发散出蔷薇的芬芳"①。

　　媒介及其传播者关于世界图景的最终根据只能是客观的现实世界。媒介创造的媒介世界是否真实地反映了现实世界，最终必须以现实世界的图景为标准和检验的尺度。任何媒介自我标榜的媒介观念都不能成为评判、检验其创造的媒介世界是否真实的标准和尺度。

　　面向未来，我们坚信，人类在自己的艰难旅程中，不断走向完善、走向自觉，一定会从必然王国走向自由王国。媒介世界也会在人们观念的变革中、理性的提升中、科学技术的发展中与现实世界的距离靠得越来越近，对现实世界的反映会越来越真实全面、合理公正。人们可以真正从媒介的传播中把握世界的真实面貌，了解未来生活的可能发展。

---

①　马克思恩格斯全集：第1卷［M］. 北京：人民出版社，1956：190.

主要参考文献

一、中文文献（著作类）

艾丰. 新闻采访方法论 [M]. 北京：人民日报出版社，1989.

艾丰. 新闻写作方法论 [M]. 北京：人民日报出版社，1994.

陈力丹. 精神交往论：马克思恩格斯的传播观 [M]. 北京：开明出版社，1993.

陈力丹. 舆论学：舆论导向研究 [M]. 北京：中国广播电视出版社，1999.

陈清泉，陶铠. 陆定一新闻文选 [M]. 北京：新华出版社，1987.

陈新夏. 人的尺度：主体尺度研究 [M]. 长沙：湖南出版社，1995.

陈原. 社会语言学 [M]. 上海：学林出版社，1983.

成美，童兵. 新闻理论教程 [M]. 北京：中国人民大学出版社，1993.

崔文华. 全能语言的文化时代 [M]. 北京：北京师范大学出版社，1998.

邓小平. 邓小平文选：第3卷 [M]. 北京：人民出版社，1993.

新华社新闻研究所. 邓小平论新闻宣传 [M]. 北京：新华出版社，1998.

冯平. 评价论 [M]. 北京：东方出版社，1995.

冯契. 认识世界和认识自己 [M]. 上海：华东师范大学出版社，1996.

冯友兰. 中国哲学简史 [M]. 涂又光，译. 北京：北京大学出版社，1985.

甘惜分. 新闻论争三十年 [M]. 北京：新华出版社，1988.

甘惜分. 新闻学大辞典 [M]. 郑州：河南人民出版社，1993.

高清海. 哲学的创新 [M]. 长春：吉林人民出版社，1997.

葛力．现代西方哲学辞典［M］．北京：求实出版社，1990.

郭庆光．传播学教程［M］．北京：中国人民大学出版社，1999.

胡钰．新闻传播导论［M］．北京：中国广播电视出版社，1997.

黄旦．新闻传播学［M］．杭州：杭州大学出版社，1997.

黄匡宇．理论电视新闻学［M］．广州：中山大学出版社，1996.

黄希庭．普通心理学［M］．兰州：甘肃人民出版社，1982.

蒋亚平，官健文，林荣强．新闻失实论［M］．北京：中国新闻出版社，1986.

金岳霖．知识论［M］．北京：商务印书馆，1983.

金岳霖文集：第1卷［M］．兰州：甘肃人民出版社，1995.

李彬．传播学导论［M］．北京：新华出版社，1993.

李步楼，李权时，贺绍甲．现代西方哲学中的真理观［M］．武汉：湖北教育出版
　　社，1991.

李德顺．价值论［M］．北京：中国人民大学出版社，1987.

李向明．广播新闻创优谈［M］．北京：中国广播电视出版社，1997.

李岩．广播学导论［M］．杭州：杭州大学出版社，1997.

李元授．新闻信息概论［M］．武汉：武汉大学出版社，1994.

李卓钧．新闻理论纲要［M］．武汉：武汉大学出版社，1995.

中国自然辩证法研究会筹委会．科学方法论研究［M］．北京：科学普及出版
　　社，1983.

梁衡．新闻原理的思考［M］．北京：人民出版社，1996.

林秉贤．社会心理学［M］．北京：群众出版社，1985.

林枫．新闻改革理论探索［M］．北京：当代中国出版社，1997.

林永年．新闻报道形式大全［M］．杭州：杭州大学出版社，1991.

刘大椿．科学技术哲学导论［M］．北京：中国人民大学出版社，2000.

刘大椿．科学哲学［M］．北京：人民出版社，1998.

刘建明．宏观新闻学［M］．北京：中国人民大学出版社，1991.

刘建明 . 现代新闻理论［M］. 北京：民族出版社，1999.

刘九洲 . 新闻学范畴引论［M］. 武汉：华中师范大学出版社，1995.

刘夏塘 . 比较新闻学［M］. 北京：北京语言文化大学出版社，1997.

刘永富 . 论真假［M］. 西安：西安交通大学出版社，1994.

罗国杰 . 马克思主义伦理学［M］. 北京：人民出版社，1982.

吕世伦，文正邦 . 法哲学论［M］. 北京：中国人民大学出版社，1999.

中共中央宣传部新闻局 . 马克思主义新闻工作文献选读［M］. 北京：人民出版
  社，1990.

苗东升 . 系统科学辩证法［M］. 济南：山东教育出版社，1998.

苗东升 . 系统科学精要［M］. 北京：中国人民大学出版社，1998.

南振中 . 记者的发现力［M］. 北京：新华出版社，1999.

彭漪涟 . 事实论［M］. 上海：上海社会科学院出版社，1996.

彭正普 . 当代名记者［M］. 开封：河南大学出版社，1988.

沙莲香 . 社会心理学［M］. 北京：中国人民大学出版社，1987.

司有仑 . 当代西方美学新范畴辞典［M］. 北京：中国人民大学出版社，1996.

孙旭培 . 新闻学新论［M］. 北京：当代中国出版社，1994.

谭学纯，唐跃，朱玲 . 接受修辞学［M］. 上海：上海教育出版社，1992.

唐绪军 . 报业经济与报业经营［M］. 北京：新华出版社，1999.

童兵，展江，郭青春 . 新闻传播学原理［M］. 北京：中央广播电视大学出版
  社，1999.

童兵 . 理论新闻传播学导论［M］. 北京：中国人民大学出版社，2000.

童兵 . 马克思主义新闻思想史稿［M］. 北京：中国人民大学出版社，1989.

童兵 . 中西新闻比较论纲［M］北京：新华出版社，1999.

童兵 . 主体与喉舌：共和国新闻传播轨迹审视［M］. 郑州：河南人民出版
  社，1994.

涂纪亮 . 现代西方语言哲学比较研究［M］. 北京：中国社会科学出版社，1996.

涂纪亮. 英美语言哲学概论 [M]. 北京：人民出版社，1988.

王晓升. 语言与认识 [M]. 北京：中国人民大学出版社，1994.

王欣荣. 传播报道学 [M]. 北京：中国广播电视出版社，1991.

王雨田. 控制论、信息论、系统科学与哲学 [M]. 北京：中国人民大学出版社，1986.

王元化. 文学沉思录 [M]. 上海：上海文艺出版社，1983.

王中义. 记者传播模式论 [M]. 北京：新华出版社，1996。

王子琳. 法律社会学 [M]. 长春：吉林大学出版社，1991.

魏永征. 中国新闻传播法纲要 [M]. 上海：上海社会科学院出版社，1999.

吴缦，曹璐. 新闻广播研究 [M]. 北京：北京广播学院出版社，1997.

吴勤如. 新闻走向科学 [M]. 北京：中国广播电视出版社，1992.

夏基松，张继武. 现代西方哲学辞典 [M]. 合肥：安徽人民出版社，1987.

夏伟东. 道德本质论 [M]. 北京：中国人民大学出版社，1991.

夏甄陶. 认识的主—客体相关原理 [M]. 武汉：湖北教育出版社，1996.

徐培汀，裘正义. 中国新闻传播学说史 [M]. 重庆：重庆出版社，1994.

许全兴，陈战难，宋一秀. 中国现代哲学史 [M]. 北京：北京大学出版社，1992.

严存生. 论法与正义 [M]. 西安：陕西人民出版社，1997.

颜世元. 情感认识论 [M]. 郑州：河南人民出版社，1993.

杨健. 新闻审美 [M]. 北京：新华出版社，1999.

杨清. 简明心理学辞典 [M]. 长春：吉林人民出版社，1985.

姚里军. 新闻写作艺术与技巧 [M]. 北京：中国广播电视出版社，1994.

姚新中. 道德活动论 [M]. 北京：中国人民大学出版社，1990.

叶家铮. 电视媒介研究 [M]. 北京：北京广播学院出版社，1997.

殷鼎. 理解的命运：解释学初论 [M]. 北京：三联书店，1988.

俞虹. 节目主持人通论 [M]. 杭州：杭州大学出版社，1996.

喻国明，刘夏阳. 中国民意研究 [M]. 北京：中国人民大学出版社，1993.

喻国明. 嬗变的轨迹：社会变革中的中国新闻传播与新闻理论 [M]. 北京：中央编译出版社，1996.

张国良. 传播学原理 [M]. 上海：复旦大学出版社，1995.

张昆. 传播观念的历史考察 [M]. 武汉：武汉大学出版社，1997.

张维义. 当代"老新闻"[M]. 北京：中国广播电视出版社，1994.

郑保卫. 新闻学导论 [M]. 北京：新华出版社，1990.

郑兴东. 受众心理与传媒引导 [M]. 北京：新华出版社，1999.

中国人民大学新闻学院. 新闻传播学术报告会论文集 [C]. 北京：中国人民大学出版社，1997.

周昌忠. 西方现代语言哲学 [M]. 上海：上海人民出版社，1992.

周文彰. 狡黠的心灵：主体认识图式概论 [M]. 北京：中国人民大学出版社，1991.

朱增朴. 传播与现代化 [M]. 北京：中国新闻出版社，1989.

二、中文文献（期刊类）

崔保国. 信息行为论：受众研究的一种新思维 [J]. 当代传播，2000（1）：34-37.

曹鹏. 国内报业市场形势分析与经济前景展望 [J]. 当代传播，2000（2）：9-12.

郭镇之. "客观新闻学"[J]. 新闻与传播研究，1998（4）：58-66.

黄旦. 领域·关系·学科：全美传播学会（NCA）第84次年会印象和启示 [J]. 现代传播-北京广播学院学报，1999（1）：54-57.

胡钰. 新闻事实的内涵与生成 [J]. 新闻界，1999（2）：11-13.

江泽民. 关于党的新闻工作的几个问题：在新闻工作研讨班上的讲话提纲 [J]. 求是，1990（3）：3-6.

吕新雨. 当代中国的电视纪录片运动 [J]. 读书，1999（5）：3-9.

欧阳明. 电视评论如何扬长避短：《东方时空·面对面》的启示 [J]. 中国广播

电视学刊，1999（5）：26－28.

秦志希．论新闻事实的确立与意见的生成［J］．新闻大学，1997（3）：15－20.

单波．重建新闻客观性原理［J］．现代传播—北京广播学院学报，1999（1）：28－35.

宋小卫．西方学者论媒介素养教育［J］．国际新闻界，2000（4）：55－58.

孙正东．从靠天吃饭到智力投入——访中国人民大学舆论研究所所长喻国明博士
　　［J］．新闻战线，2000（1）：21－22.

屠忠俊．中国新闻业技术改造的总体态势：之八［J］．当代传播，2000（2）：15－18.

吴飞．西方新闻报道方式变革的内在动力［J］．现代传播—北京广播学院学报，
　　1999（2）：5－10.

王华之．媒体与今日之现实［J］．读书，1999（8）：104－107.

王希．有关中国国际形象的思考［J］．国际新闻界，2000（1）：55－58.

徐培汀．新闻事实倾向性［J］．新闻界，1999（3）：9－10.

徐培汀．新闻与事实［J］．新闻大学，1985（9）：21－23.

杨保军．从新闻作品内容构成探析新闻的真实性［J］．当代传播，1999（5）：45－46.

杨保军．论新闻事实的构成：下［J］．采写编，2000（3）：16－20.

姚福申．事实是客观存在还是经验陈述［J］．新闻大学，1998（1）：93－94.

喻国明．报业市场的发展空间还有多大？［J］．新闻实践，2000（2）：32－34.

喻国明．试论受众注意力资源的获得与维系（下）：关于传播营销的策略分析
　　［J］．当代传播，2000（3）：23－24.

尹连根．用事实说话不是新闻写作规律［J］．新闻传播，1999（3）：36－37.

张雷．注意力的经济观［J］．国际新闻界，2000（4）：37－40.

赵雪波．大众传播与国际关系［J］．国际新闻界，2000（1）：67－70.

三、中文文献（翻译类，包括论文与著作）

霍布斯鲍姆．极端的时代［M］．郑明萱，译．南京：江苏人民出版社，1998.

博登海默．法理学：法律哲学和方法［M］．上海：上海人民出版社，1992.

戴扬，卡茨. 历史的现场直播：媒介事件 [M]. 麻争旗，译. 北京：北京广播学院出版社，2000.

戴伊克. 话语 心理 社会 [M]. 施旭，冯冰，编译. 北京：中华书局，1993.

德弗勒，丹尼斯. 大众传播通论 [M]. 颜建军，等译. 北京：华夏出版社，1989.

费尔巴哈. 费尔巴哈哲学著作选：上 [M]. 北京：商务印书馆，1984.

海德格尔. 诗·语言·思 [M]. 彭富春，译. 北京：文化艺术出版社，1991.

和田洋一. 新闻学概论 [M]. 吴文莉，译. 北京：中国新闻出版社，1985.

勒鲁. 论平等 [M]. 王允道，译. 北京：商务印书馆，1988.

李普曼. 舆论学 [M]. 林珊，译. 北京：华夏出版社，1989.

罗尔斯. 正义论 [M]. 何怀宏，等译. 北京：中国社会科学出版社，1988.

罗素. 我们关于外间世界的知识 [M]. 陈启伟，译. 上海：上海译文出版社，1990.

马克思恩格斯全集：第1卷 [M]. 北京：人民出版社，1956.

曼切尔. 新闻报道与写作 [M]. 艾丰，等编译. 北京：中国广播电视出版社，1981.

梅里尔. 世界新闻大观 [M]. 杜跃进，张晓崧，刘玉亭，等译. 郑州：河南人民出版社，1988.

莫滕森. 跨文化传播学：东方的视角 [M]. 关世杰，胡兴，译. 北京：中国社会科学出版社，1999.

赛弗林，坦卡特. 传播学的起源研究与应用 [M]. 陈韵昭，译. 福州：福建人民出版社，1985.

斯拉姆. 报刊的四种理论 [M]. 中国人民大学新闻系，译. 北京：新华出版社，1980.

宣伟伯. 传媒信息与人：传学概论 [M]. 余也鲁，译. 北京：中国展望出版社，1985.

施拉姆. 大众传播媒介与社会发展 [M]. 金燕宁，等译. 北京：华夏出版社，1990.

瓦耶纳. 当代新闻学 [M]. 丁雪英，连燕堂，译. 北京：新华出版社，1986.

维特根斯坦. 逻辑哲学论 [M]. 郭英，译. 北京：商务印书馆，1962.

小约翰. 传播理论 [M]. 陈德民，叶晓辉，译. 北京：中国社会科学出版社，1999.

后　记

　　起初看来多少有点"不言自明"的题目，却使我攀爬了好几个春秋。不断吸纳新的资料，积极思考各种问题，尽力发表有关看法，随时请教师长学友，伴随着我对这一问题学习、研究和写作的整个过程。现在，终于"生产"出这么个东西。尽管我自己并不十分满意，但看着经过自己大脑和双手反反复复"敲出"的十几万字，说老实话，心里总感一丝欣慰。

　　我学过物理学专科，读过哲学硕士，做过5年多中学教师，当过7年多省级党报编辑、记者。1998年秋天，才半路出家，叩响新闻传播学理论研究的大门，踏进中国人民大学，师从童兵先生，攻读新闻学博士学位。知识积累的薄厚，致思方法的短长，叙述语言的拙巧，尽显论文之中。

　　我之所以选择"新闻事实"来做论文，除了"前言"所述的理由外，还有重要的一点就是，我想通过选择这样一个基础性问题的办法，为自己今后的学习研究工作打下坚实的基础。写作过程中，想到的未必写到了，写了的未必写好了，奠基工作到底做得如何，敬请师长学友们批评指正。

　　新闻事实是老题目，但我相信，只要新闻传播存在，它就是一个说不尽的题目、常说常新的题目。新的传播观念，新的传播技术，新的社会演变，都毫无例外地会促使人们对新闻事实在新闻传播过程中的形态变化、功能作用等常规问题做出新的阐释，对如何对待新闻事实，怎样传播新闻事实信息（传播原则与方法问题）等传统的也是核心的问题进行新的思考。而随着新闻传播质量、水平的不断提高和升级，传播广度、深度的持续扩展和加深，传播技术和手段的日新月异，人们一定会针对不同类别的新闻事实及事实信息的传播进行深入的、精细的专题化研究。比如，关于"媒介事件"①、经济新闻、科技新闻等等的专门性研究，实质上首先是对不同特性"新闻事实"的考量。这恐怕会成为今后一段时间研究"新闻事实"的重要方向。如何针对不同目标受众的需要，展开对新闻事实的专题化探索，会随着"受众主体化"时代的到来，成为"热门"的论题。经济全球化的大势，必将驱使和促进最为敏感的不同"新闻文化"间的广泛交流，这其中必然引起人们在新的层面上对不同新闻观的比较研究，而在我看来，其间的核心问题之一便是"新闻事实观"的比较。政治与社会的民主化进程将为新闻舆论监督功能、引导功能的发挥进一步开辟广阔的天地，而这里的实证操作首先是选择什么样的事实，设定什么样的议程，新闻事实仍然是需要认真研究的问题。第四媒体的迅速崛起，已经对整个新闻传播格局带来了巨大的影响。而从新闻操作层面上看，网络媒体在很多方面与传统媒体是不同的，有些甚至是全新的。网络在新闻事实的发现、发布、再现、传播、接收与接受等诸多方面都有自己的新特点，就是说它对新闻事实在传播过程各个环节的"处理方式"都是有待研究的新课题……总而言之，关于新闻事实这个题目，由于新闻传播无论以什么样的方式呈现，"新闻事实"始终是其运行的核心，因此，我以为值得探索的领域可以说是无限的，值得深思的问题是层出不穷的。我的论文对于这一课题的研究来说，只是宏观层面上的铺垫或漫长道路上的起步……

---

① 戴扬，卡茨. 历史的现场直播：媒介事件 [M]. 麻争旗，译. 北京：北京广播学院出版社，2000.

今天，能够比较顺利地拿出这篇博士论文，除了我自己的艰苦努力之外，还要特别感谢我尊敬的导师童兵先生，他像一面"铜镜"一直悬于我心，成为我为学做人的榜样。学问上的指点，生活上的关心，将使我终生难忘。我的师母林涵教授，几年来也是不断提醒，时常教诲，使我既得到了温暖，又受到了鼓励。我的副导师喻国明、郭庆光两位先生的智慧与辛劳，闪烁流淌于论文开题、写作、修改、定稿的整个过程之中，在此深表谢意。中国人民大学新闻学院的倪宁副教授、涂光晋教授、张征副教授、程曼丽教授、《采写编》主编张梦亭先生、《新闻知识》主编刘民安先生、《当代传播》主编任怀义先生、《山东视听》副主编周军先生等，都为我的论文写作与部分内容的及时公开发表提出过难得的意见，提供过宝贵的阵地。另外，我的朋友党朝辉、杨武、贾玉峰、任莉娟、徐艺源等以各种方式一直关心我的学习和生活，对所有这些无私的帮助和关照，我将念念不忘。最后，我要特别感谢我的妻子成茹，正是她数年如一日，含辛茹苦，勤俭持家，上敬老人，下教女儿，默默支持我的学习，处处关心我的生活，才使我在漫漫求知之路上满怀信心与激情，安心地、一步一个脚印地向上攀登……

杨保军

2000 年 10 月 19 日

于中国人民大学研 1 楼 913 室

图书在版编目（CIP）数据

新闻事实论：新修版/杨保军著 . -- 北京：中国
人民大学出版社，2024.1
中国新闻传播学自主知识体系建设工程
ISBN 978-7-300-32334-3

Ⅰ.①新… Ⅱ.①杨… Ⅲ.①新闻学 Ⅳ.①G210

中国国家版本馆 CIP 数据核字（2023）第 218592 号

中国新闻传播学自主知识体系建设工程
当代中国新闻理论研究

新闻事实论（新修版）

杨保军　著

Xinwen Shishilun

出版发行	中国人民大学出版社	
社　　址	北京中关村大街 31 号	邮政编码　100080
电　　话	010 - 62511242（总编室）	010 - 62511770（质管部）
	010 - 82501766（邮购部）	010 - 62514148（门市部）
	010 - 62515195（发行公司）	010 - 62515275（盗版举报）
网　　址	http://www.crup.com.cn	
经　　销	新华书店	
印　　刷	中煤（北京）印务有限公司	
开　　本	720 mm×1000 mm　1/16	版　　次　2024 年 1 月第 1 版
印　　张	15.5 插页 3	印　　次　2024 年 1 月第 1 次印刷
字　　数	198 000	定　　价　69.00 元